Taschenbücher zur Musikwissenschaft
97

Taschenbücher zur Musikwissenschaft
Herausgegeben von Richard Schaal

97

Heinrichshofen's Verlag
Wilhelmshaven

WALTHER DÜRR

Das deutsche Sololied im 19. Jahrhundert

Untersuchungen zu Sprache und Musik

Heinrichshofen's Verlag
Wilhelmshaven

CIP-Kurztitelaufnahme der Deutschen Bibliothek

Dürr, Walther:
Das deutsche Sololied im 19. Jahrhundert :
Unters. zu Sprache u. Musik / Walther Dürr. —
Wilhelmshaven : Heinrichshofen, 1984.
  (Taschenbücher zur Musikwissenschaft ; 97)
  ISBN 3-7959-0143-X

NE: GT

©
Copyright 1984 by Heinrichshofen's Verlag
Wilhelmshaven, Locarno, Amsterdam
Alle Rechte, auch das der fotomechanischen Wiedergabe
(einschließlich Fotokopie), vorbehalten
All rights reserved
Gesamtherstellung: Heinrichshofen's Druck, Wilhelmshaven
Printed in Germany
ISBN 3-7959-0143-X

Inhaltsverzeichnis

Einleitung 7
   Definitionen — Polyrhythmie — Dichtung und
   Musik — Sprache und Musik
Das Strophenlied. 37
   Grundsätzliches — Reichardt — Schubert —
   Mendelssohn — variiertes Strophenlied — Brahms
Das durchkomponierte Lied 103
   Grundsätzliches — Schubert — Schumann — Wolf
   — Mendelssohn — Brahms — Liszt — Strauss
Die Ballade. 181
   Grundsätzliches — Zumsteeg — Schubert —
   Loewe — Wolf
Liederzyklen 245
   Grundsätzliches — Beethoven — Schubert: zykli-
   sche Disposition und kleine Zyklen — Die schöne
   Müllerin und Winterreise — Schumann — Cornelius
   — Brahms
Nachwort. 313
   Zusammenfassung — Ausblick
Register. 325
   Personen 325
   Liedertitel und Textanfänge 335

Einleitung

Die These gilt als allgemein akzeptiert: zu Beginn des neunzehnten Jahrhunderts habe sich das Lied in Deutschland zu einer neuen, eigenen Gattung ausgeformt, dem deutschen Sololied, dem deutschen Kunstlied, oder auch einfach dem „deutschen Lied". Diese neue Gattung hebe sich nicht nur von den übrigen Gattungen der Vokalmusik, sondern auch von der vorangehenden Liedkomposition deutlich ab — so sehr, daß man gelegentlich die Entstehung der Gattung auf einen einzigen Tag, den 19. Oktober 1814, datieren wollte, den Tag, an dem Schubert sein *Gretchen am Spinnrade* niedergeschrieben hatte[1]. Nicht so eindeutig und unbezweifelbar erscheint dieser Neubeginn jedoch in der Musiktheorie des neunzehnten Jahrhunderts. Dort steht offenbar eine gleichsam offizielle Liedästhetik, die sich vor allem in den Musiklexika spiegelt, einzelnen Überlegungen entgegen, die nach neuen Ansätzen suchen.

In den Musiklexika des Jahrhunderts erscheint die Gattung Lied durchaus nicht als etwas unverwechselbar Neues — sie erwecken eher den Eindruck einer kontinuierlichen Entwicklung, die vor Beginn des Jahrhunderts einsetzt und

1 Vgl. etwa Oskar Bie, *Das deutsche Lied,* Berlin 1926, S. 18; siehe auch Walter Wiora, *Das deutsche Lied. Zur Geschichte und Ästhetik einer musikalischen Gattung,* Wolfenbüttel und Zürich 1971, S. 68, oder Carl Dahlhaus, *Die Musik des 19. Jahrhunderts,* Wiesbaden 1980 (= *Neues Handbuch der Musikwissenschaft,* Band 6), S. 81.

wohl noch über sein Ende hinausreicht. Fast scheint es, als wolle man einen einmal gewonnenen Begriff vom Lied durchaus bewahren — wohl auch entgegen konkreter musikalischer Erfahrung. Diese spricht sich vielfach und gleichsam nur unterschwellig in Einschränkungen und Zusätzen aus.

Mit dem Namen „Lied", heißt es in Heinrich Christoph Kochs 1802 erschienenem *Musikalischen Lexikon*[2], *„bezeichnet man überhaupt jedes lyrische Gedicht von mehrern Strophen, welches zum Gesange bestimmt, und mit einer solchen Melodie verbunden ist, die bey jeder Strophe wiederholt wird, und die zugleich die Eigenschaft hat, daß sie von jedem Menschen, der gesunde und nicht ganz unbiegsame Gesangorgane besitzt, ohne Rücksicht auf künstliche Ausbildung derselben, vorgetragen werden kann."* Deutlich spricht aus dieser Definition die Liedästhetik der Aufklärung, der mittleren Goethe-Zeit: neben dem Prinzip des Strophenliedes (die Melodie wird *„bey jeder Strophe wiederholt"*) werden die Kriterien der „Popularität" und „Sangbarkeit"[3] geltend gemacht; jeder Mensch soll diese Lieder singen können, *„ohne Rücksicht auf künstliche Ausbildung"* seiner Stimme.

Gustav Schilling und Gustav Nauenburg, die Autoren des Artikels *Lied* in Schillings *Universal=Lexicon der Tonkunst*[4] hatten rund dreißig Jahre später größere Schwierig-

---

2 Heinrich Christoph Koch, *Musikalisches Lexikon welches die theoretische und praktische Tonkunst, encyclopädisch bearbeitet, alle alten und neuen Kunstwörter erklärt, und die alten und neuen Instrumente beschrieben enthält*, hier zitiert nach der in Offenbach bei Johann André erschienenen Ausgabe, Sp. 901.

3 Vgl. Heinrich W. Schwab, *Sangbarkeit, Popularität und Kunstlied. Studien zu Lied und Liedästhetik der mittleren Goethezeit 1770–1814*, Regensburg 1965 (= *Studien zur Musikgeschichte des 19. Jahrhunderts*, Band 3).

4 *Encyclopädie der gesammten musikalischen Wissenschaften, oder Universal=Lexicon der Tonkunst*, Band IV, zitiert nach der 2. Auflage, Stuttgart 1841, S. 383 ff.

keiten mit der Definition des Liedbegriffes: *„Den eigentlichen inneren und äußeren Charakter eines Liedes genügend zu bezeichnen, ist in der That sehr schwer, ja fast ganz unmöglich, und hauptsächlich wegen des bisherigen sehr unbestimmten Gebrauchs des Wortes Lied als Namen einer eigenen Dichtungs= und Compositionsart"*, so beginnt der Artikel. Immerhin waren, als die zweite Auflage des Lexikons erschien, aus der das Zitat stammt, nicht nur rund 300 Lieder Schuberts bereits veröffentlicht, sondern auch die meisten Lieder Mendelssohns und Schumanns *Myrthen* op. 25. Die Autoren des Artikels im *Universal=Lexicon* weisen daher zunächst auf eine Besonderheit der Gattung Lied hin, die bei Koch nur erst am Rande eine Rolle spielte. Ein *„wichtiges Kunstprodukt der vereinten Poesie und Musik"* nannte Koch das Lied. Schilling und Nauenburg heben dies nun besonders hervor und stellen es an den Anfang ihrer Darstellung: *„Um jedoch für das musikal. Gewand, die Composition des Liedes, einen nur einigermaßen bestimmten Maaßstab aufzustellen, ist es nothwendig, seinen inneren, poetischen Charakter zuvor zu untersuchen, da Beides, Musik und Dichtung, hier so in und mit einander verschmolzen ist, wie fast bei keiner anderen namhaften Vocalmusik, und aus dem Charakter dieser die ganze Gattung jener gewissermaßen als eine unabweisliche Folge hervorgeht."*

Im unmittelbaren Anschluß daran aber kehren die uns bekannten Kriterien wieder: Das Lied *„ist stets in gleiche Verse und Strophen abgetheilt, so daß es nach ein und derselben Melodie gesungen werden kann"*, auch ist *„seine Form sangbarer als irgend einer andern Dichtung"* und es hat schließlich *„dieselbe Einfachheit, kurze Ab= und Einschnitte, und einen alle diesem entsprechenden geringen Tonumfang, in welchem zumal die Intervalle leicht zu treffen seyn müssen, wie der Sinn der Worte leicht verstanden."*

Gegen Ende des Jahrhunderts, in der zweiten Ausgabe von Hermann Mendels *Musikalischem Conversations-Lexikon* ist in dem Artikel *Lied* der Beginn von Schillings und Nauenburgs Artikel wörtlich übernommen[5]. Die Tatsache dieser Übernahme spricht für sich: Es war offenbar nicht mehr möglich, die gattungstheoretische Vorstellung vom „Lied" mit seinen Erscheinungsformen derart in Einklang zu bringen, daß sich klare Kategorien neu formulieren ließen. Man zog sich daher auf die älteren zurück. Freilich, als August Reissmann, selbst Autor einer Geschichte des deutschen Liedes[6], die erste Ausgabe des Lexikons überarbeitete, genügte ihm dieser Artikel nicht mehr; er verwies daher von diesem auf einen neuen Artikel *Deutsches Lied*, den er selbst geschrieben hatte[7]. Darin verzichtete er jedoch bezeichnenderweise ganz auf allgemeine musikästhetische Postulate und ersetzte sie durch eine kurzgefaßte Geschichte des Liedes. Nicht mehr darum geht es ihm also, wie ein Lied sein soll, sondern darum, wie es gewesen ist. Dabei ergibt sich allerdings auch ihm eine alle Epochen der Liedgeschichte verbindende Gemeinsamkeit: *„Die musikalische Construction des Liedes ist natürlich durch das strophische Versgefüge bedingt".* Die grundsätzliche Vorstellung des Strophenliedes, die wiederum zurückweist auf die Definition des Liedes bei Koch, von der wir ausgegangen sind, ist bei Reissmann zwar erweitert, aber unvermindert verbindlich — sie liegt selbst dem durchkomponierten Liede noch zugrunde: *„Der Componist",* so heißt es am Ende des Arti-

---

5 *Musikalisches Conversations-Lexikon. Eine Encyklopädie der gesammten musikalischen Wissenschaften für Gebildete aller Stände . . . begründet von Hermann Mendel. Vollendet von Dr. August Reissmann. Zweite Ausgabe,* Band VI, Berlin 1880, S. 322—324.

6 August Reissmann, *Das deutsche Lied in seiner historischen Entwicklung,* Kassel 1861.

7 *Musikalisches Conversations-Lexikon,* Band III, Berlin 1880, S. 127 ff.

kels, hat „*selbst im durchcomponirten Liede*" die dichterische Form zu respektieren, so daß „*wie im Strophenliede die einzelnen Verse unter einander zur Strophe, so im durchcomponirten Liede die einzelnen Strophen zum grössern Ganzen verbunden werden müssen, indem sie untereinander in Beziehung treten. So nur gewinnt auch das durchcomponirte Lied künstlerische Form*".

Hinter dieser Forderung steht eine ästhetische Grundkonzeption, die — wiederum abgeleitet aus dem Prinzip des Strophenliedes — die Liedtheorie wie ein roter Faden durchzieht. Es ist die Forderung nach Einheitlichkeit des Ausdrucks, nach einer einzigen, das ganze Lied bestimmenden *Empfindung*. Diese Forderung klingt in Kochs Artikel an, wenn dieser Johann Heinrich Weißmann zitiert: „*Auch liebt in der Form das Lied die Mannigfaltigkeit nicht, wie die Ode, aber die Ode kann die Gleichförmigkeit des Liedes annehmen*"[8]. Worum es dabei aber eigentlich geht, zeigt am deutlichsten eine Bemerkung Ernst Theodor Amadeus Hoffmanns: „*Von dem tiefen Sinn des Liedes angeregt, muß der Komponist alle Momente des Affekts wie in einem Brennpunkt auffassen, aus dem die Melodie hervorstrahlt, deren Töne dann, so wie in der Arie die Worte symbolische Bezeichnung des innern Affekts wurden, hier das Symbol aller der verschiedenen Momente des innern Affekts sind, die des Dichters Lied in sich trägt. Um daher ein Lied zu komponieren, das der Intention des Dichters ganz zusagt, ist es wohl nötig, daß der Komponist nicht sowohl den Sinn des Liedes tief auffasse, als vielmehr selbst Dichter des Liedes werde.*"[9] Hoffmann denkt — 1814 — natürlich an

---

8 *Musikalisches Lexikon*, Sp. 902. Koch verweist hier auf Johann Heinrich Weißmanns *Ode auf das Geburtsfest der Durchl. Fürstin Auguste Luise Friederike etc. nebst einer Abhandlung über die Cantate*, S. 19.

9 In einer Rezension vom September 1814 über Friedrich Wilhelm Riems *Zwölf Lieder alter und neuer Dichter* op. 27; vgl. E.T.A. Hoffmann, *Schriften zur Musik*, hsg. von F. Schnapp, München

Strophenlieder, in denen tatsächlich die eine, allen Strophen gemeinsame Melodie die unterschiedlichen Momente des einen Grundaffekts „*wie in einem Brennpunkt*" in sich fassen muß — aber Voraussetzung dafür ist doch auch, daß das Gedicht selbst nur einem einzigen Grundaffekt verpflichtet ist.

In Schillings und Nauenburgs Artikel ist diese Prämisse daher auch für die Dichtung eindeutig ausgesprochen. Das Lied ist „*eine lyrische Dichtungsart, deren Charakter auf der Darstellung nur e i n e s Gefühls beruht, welches die Seele sanft bewegt . . . Dadurch daß im L*(ied) *das Gefühl mit sich selbst im Ebenmaße steht, unterscheidet es sich gerade auch von allen anderen Dichtungsarten und namentlich von der Ode*". Das Lied ist hier, wie bei Koch, von der Ode abgesetzt, der Mannigfaltigkeit des Affekts zugestanden wird. Diese Differenzierung mag jedoch um 1835 schon als historisch empfunden worden sein. Wer schrieb oder komponierte damals noch Oden im Sinne Kochs oder Weißmanns? So erscheint Einheitlichkeit des Ausdrucks dann doch als Grundmerkmal der Gattung. Wenn beispielsweise Eduard Hanslick die Forderung erhebt, ein Lied müsse vor allem die Grundstimmung eines Gedichtes erfassen und musikalisch vermitteln, dann gilt diese grundsätzlich und allgemein, in den fünfziger Jahren des Jahrhunderts ebenso, wie in den Neunzigern[10].

Sie gilt auch nicht nur in der von der musikalischen Fachwelt formulierten Ästhetik. Bei Hegel etwa liest man: „*Ein Lied z.B., obschon es als Gedicht und Text in sich selbst ein Ganzes von mannigfach nuancierten Stimmungen, Anschauungen und Vorstellungen enthalten*

1963, S. 238. Siehe hierzu auch Arnold Feil, *Franz Schubert. Die schöne Müllerin. Winterreise*, Stuttgart 1975, S. 43.
10 Vgl. Werner Abegg, *Musikästhetik und Musikkritik bei Eduard Hanslick*, Regensburg 1974 (= *Studien zur Musikgeschichte des 19. Jahrhunderts*, Band 44), S. 129.

kann, hat dennoch meist den Grundklang ein und derselben, sich durch alles fortziehenden Empfindung und schlägt dadurch vornehmlich e i n e n Gemütston an. Diesen zu fassen und in Tönen wiederzugeben, macht die Hauptwirksamkeit solcher Liedermelodie aus"[11]. Freilich: verantwortlich für solch einheitliche Empfindung ist nun nicht mehr in erster Linie der Dichter, sondern der Komponist. Auf eine Differenzierung der Dichtungsgattungen kann Hegel daher leicht verzichten. Die Liedmelodie *„kann deshalb auch das ganze Gedicht hindurch für alle Verse, wenn diese auch in ihrem Inhalt vielfach modifiziert sind, dieselbe bleiben und durch diese Wiederkehr gerade, statt dem Eindruck Schaden zu tun, die Eindringlichkeit erhöhen ... Solch ein Ton, mag er auch für ein paar Verse passen und für andere nicht, muß auch im Liede herrschen, weil hier der bestimmte Sinn der Worte nicht das Überwiegende sein darf, sondern die Melodie einfach für sich über der Verschiedenartigkeit schwebt".*

Von Hoffmanns Vorstellung, daß die gemeinsame Melodie die unterschiedlichen Momente des Grundaffekts der Dichtung wie in einem Brennpunkt in sich fassen muß, ist dies weit entfernt: die Musik hat sich von der Dichtung gelöst, die Melodie schwebt *„über der Verschiedenartigkeit"* — vielleicht ist es erst die Melodie, die dem Gedicht einen Grundaffekt verleiht und so *„die Eindringlichkeit"* erhöht. Es ist aber auch dieses Streben nach musikalischer Einheitlichkeit, die das durchkomponierte Lied nun mit dem Strophenlied verbindet, eine Einheitlichkeit, durch die — mit August Reissmanns Worten — *„die einzelnen Strophen zum grösseren Ganzen verbunden werden müssen".* In je-

---

[11] Georg Wilhelm Friedrich Hegel, *Ästhetik*, XIV, 196—197, zitiert nach der Ausgabe Berlin 1955, hsg. von Friedrich Bassenge, S. 852. Auf die besondere Bedeutung des Begriffes „Ton" in diesem Zusammenhang weist Hans Heinrich Eggebrecht hin, vgl. *Prinzipien des Schubert-Liedes*, in: *Archiv für Musikwissenschaft* XXVII, 1970, S. 92.

dem Fall, so meint er, verlangt „*der lyrische Ausdruck*" Prägnanz und knappe Form: „*Das Lied erfordert, dass die Stimmung* (die e i n e Stimmung) *auf ihre Pointen zurückgeführt, zu möglichst gedrängtem Ausdruck kommt*"[12].

Wesentlich, so scheint es also, unterscheidet sich der Liedbegriff gegen Ende des neunzehnten Jahrhunderts nicht von dem der mittleren Goethezeit. Zwar hat er sich erweitert, umgreift Liedformen, von denen man zu Beginn des Jahrhunderts noch nichts hatte wissen wollen, doch einen grundsätzlichen Neuansatz hat man offenbar nicht gesehen — jedenfalls nicht in den musikalischen Lexika.

Allerdings: „*das moderne ‚Lied' ist eine wirklich positiv neue Kunstschöpfung*", liest man in Reissmanns Geschichte des deutschen Liedes[13] — und dort schließt dieses „moderne Lied", definiert als das Lied Schuberts, Schumanns und Mendelssohns, das frühere, das Lied der Goethezeit, durchaus aus. Ist damit aber zugleich auch die Vorstellung eines historischen Kontinuums abgelehnt, die Reissmann in seinem Lexikon-Artikel so nachdrücklich darstellt? Um dieser Frage nachzugehen, wenden wir uns an Hans Georg Nägeli, der wohl zuerst darauf hingewiesen hat, daß das Lied seiner Zeit sich erschöpft habe und daß nur ein neues Lied-Verständnis weiterführen könne.

Nägeli geht davon aus, daß sich das Lied seit der Mitte des 18. Jahrhunderts in drei Epochen entwickelt habe: Während der ersten habe man versucht, „*dem Gange des Dichters im Allgemeinen zu folgen*", doch habe es niemand vermocht, „*seine Kunst bis zu einem speciel-passenden Wortausdruck zu steigern*"[14]; bezeichnend für diese erste

---

12 *Musikalisches Conversations-Lexikon* III, S. 129 f.
13 A. Reissmann, *Das deutsche Lied* (s. Anm. 6), S. 208.
14 Hans Georg Nägeli, *Historisch-kritische Erörterungen und Notizen über die deutsche Gesangs-Cultur*, in: *Allgemeine Musikalische Zeitung* XIII, Leipzig 1811, Sp. 629—642 und 645—652, bes. 633.

Epoche sei die Liedkunst Carl Philipp Emanuel Bachs gewesen. Ihr folgte eine zweite Epoche des *declamatorischen* Stiles, in der die Komponisten nach der *„Wahrheit des Wortausdrucks"* strebten; für diese stehe vor allem Johann Abraham Peter Schulz. In der dritten Epoche dann, in der — mit Nägelis Worten — *„wir nun leben"* — komme die Musik wieder mehr zu ihrem Recht, es gehe nicht mehr nur um Deklamation, sondern auch um Kantabilität, und die Instrumente gewönnen in Vor-, Zwischen- und Nachspielen wieder mehr an Bedeutung. Einen charakteristischen Repräsentanten für diese Epoche vermag Nägeli nicht zu nennen, doch finde man, was er meint, in vielen Liedern Johann Rudolf Zumsteegs, in manchen des späteren Johann Friedrich Reichardt, am ehesten aber bei Karl Friedrich Zelter.

In einem sechs Jahre später entstandenen Aufsatz nun setzt Nägeli diesen drei Epochen eine neue entgegen. Es muß, meint er, *„ein höherer Liederstyl begründet werden, und daraus eine neue Epoche der Liederkunst (nach meiner Eintheilung, die vierte) hervorgehen, deren ausgeprägter Charakter eine bisher noch unerkannte Polyrhythmie seyn wird, also dass Sprach-, Sang- und Spiel-Rhythmus zu einem höheren Kunstganzen verschlungen werden — eine Polyrhythmie, die in der Vocal-Kunst völlig so wichtig ist, als in der Instrumental-Kunst die Polyphonie"*[15]. Sprache, Singstimme und Begleitstimme gehen danach jeweils eigene Wege, verfolgen einen eigenen „Rhythmus", wobei diese eigenen Wege natürlich ebensowohl parallel, als auch divergent verlaufen können. Entscheidend ist dabei allerdings immer das Verhältnis des Ganzen zur Sprache, *„denn alle diese Kunstmittel dienen, wahrhaft angewandt, zur Erhöhung des Wortausdruckes . . ."*. Für den Komponisten bedeutet dies, daß er *„an der Hand der Dichtkunst, fortzuschreiten*

---

[15] H. G. Nägeli, *Die Liederkunst*, in: *Allgemeine Musikalische Zeitung* XIX, Leipzig 1817, Sp. 765 f.

bemühet ist, indem er, von jedem Gedicht individuell angesprochen, dasselbe in seiner speciellen Form zu idealisiren strebt, und so aus jedem eben so gewiss ein neues Kunstganzes hervorbringt."

Nägeli stellt den einheitlichen Liedbegriff damit nicht in Frage: Lied ist in der dritten Epoche nichts anderes als in der vierten, auch wurzelt, ganz im Sinne eines historischen Kontinuums, die vierte Epoche durchaus in der dritten, sie ist eben keine neue erste, auch keine grundsätzlich andere, die den ersten drei Epochen entgegenzustellen wäre: Nägeli bezieht sie durchaus auch auf die Liedkunst Zelters und des späten Reichardt. Dennoch geht es ihm um etwas neues — um ein neues Verhältnis des Tonsetzers zur Sprache, zu seinem Gegenstand. Das musikalische Gewand eines Liedes entsteht ihm nicht mehr gleichsam von selbst beim Lesen eines Gedichtes[16] — der Tonsetzer tut selbst etwas dazu, er *„idealisirt"* das Gedicht *„in seiner speciellen Form",* so daß aus der Verbindung von Musik und Sprache *„ein neues Kunstganzes"* entsteht. Hierin liegt das spezifisch Neue einer romantischen Liedästhetik beschlossen (und auch Schilling und Nauenburg in ihrem Artikel *Lied* im *Universal-Lexikon der Tonkunst* deuteten dies durchaus an), jenes Neue, das dann später das deutsche Sololied im neunzehnten Jahrhundert als gänzlich neue, eigene Gattung

---

16 Im Vorbericht zu seiner 1779 in Berlin erschienenen Sammlung *Oden und Lieder von Klopstock, Stolberg, Claudius und Hölty* schreibt Johann Friedrich Reichardt: *„Meine Melodien entstehen jederzeit aus wiederholtem Lesen des Gedichts von selbst, ohne daß ich darnach suche, und alles was ich weiter daran thue, ist dieses, daß ich sie so lang mit kleinen Abänderungen wiederhole, und sie nicht eh' aufschreibe, als bis ich fühle und erkenne, daß der grammatische, logische, pathetische und musikalische Akzent so gut miteinander verbunden sind, daß die Melodie richtig und angenehm singt, und das nicht nur für eine Strophe, sondern für alle."* Vgl. H.W. Schwab, *Sangbarkeit, Popularität und Kunstlied* (s. Anm. 3), S. 48.

erscheinen ließ: ein polyrhythmisches, das heißt ein dialektisches Verhältnis von Sprache und Musik.

Der Begriff „polyrhythmisch" hat sich in der Liedtheorie nicht durchgesetzt; auch Nägelis Überlegungen wurden in der Folgezeit nicht wieder aufgegriffen, ja, er selbst kommt bereits in den 1826 in Stuttgart und Tübingen erschienenen *Vorlesungen über Musik* nicht wieder darauf zurück. Der Begriff erschien wohl auch als zu mißverständlich. Dennoch werden wir ihn im Laufe der Untersuchungen verwenden, denn er beschreibt das wirklich Neue in Nägelis vierter Epoche, daß nämlich die Sprache, das Gedicht, keine besondere, eigene, sondern wie die beiden anderen eine musikalische Komponente in dem komplexen Kunstwerk Lied ist, der mehr noch als oft einem Cantus firmus im polyphonen Satz (bei dem nicht selten das Augenmerk vor allem auf die kontrapunktierenden Stimmen gelenkt ist) konstitutive Bedeutung zukommt.

Dem neuen Verhältnis der Tonkunst zu ihrem Gegenstand, dem Gedicht, entspricht seit dem Ausgang des 18. Jahrhunderts ein grundsätzlich neues Verhältnis der Dichtung zu ihrem Gegenstand. Gegenstand der Dichtung war zuvor — unbestritten — die Natur im weitesten Sinne des Wortes, das heißt: die Welt, Erde und Himmel, aber auch der Mensch und seine Empfindungen. Diese hatte die Dichtung darzustellen, „nachzuahmen". Jetzt wendet sich der Dichter vom „Außen" ab und einer „Innenwelt" zu, die er sich selber schafft und die sich durch seine Dichtung auch ständig verändert. Die Dichtung ist damit nicht mehr fertiges, in sich vollendetes Abbild eines Gegebenen, sondern Teil eines fortlaufenden Prozesses.

Zu Beginn seiner 23. Vorlesung *„über schöne Literatur und Kunst"*[17] handelt August Wilhelm Schlegel von den

17 *A.W. Schlegels Vorlesungen über schöne Litteratur und Kunst (= Deutsche Litteraturdenkmale des 18. und 19. Jahrhunderts* XVII), Band I, Heilbronn 1884, S. 261 f.

Schwierigkeiten der Definition einer solchen neu verstandenen Poesie: *"Die übrigen Künste haben doch nach ihren beschränkten Medien oder Mitteln der Darstellung eine bestimmte Sphäre, die sich einigermaßen ausmessen läßt. Das Medium der Poesie aber ist eben dasselbe, wodurch der menschliche Geist überhaupt zur Besinnung gelangt, und seine Vorstellungen zu willkührlicher Verknüpfung und Äußerung in die Gewalt bekömmt: die Sprache. Daher ist sie auch nicht an Gegenstände gebunden, sondern sie schafft sich die ihrigen selbst; sie ist die umfassendste aller Künste, und gleichsam der in ihnen überall gegenwärtige Universal-Geist. Dasjenige in den Darstellungen der übrigen Künste, was uns über die gewöhnliche Wirklichkeit in eine Welt der Fantasie erhebt, nennt man das Poetische in ihnen ... Jeder äußern materiellen Darstellung geht eine innre in dem Geiste des Künstlers voran, bey welcher die Sprache immer als Vermittlerin des Bewußtseyns eintritt ... Die Sprache ist kein Produkt der Natur, sondern ein Abdruck des menschlichen Geistes, der darin die Entstehung und Verwandtschaft seiner Vorstellungen und den ganzen Mechanismus seiner Operationen niederlegt. Es wird also in der Poesie schon Gebildetes wieder gebildet; und die Bildsamkeit ihres Organs ist eben so gränzenlos, als die Fähigkeit des Geistes zur Rückkehr auf sich selbst durch immer höher potenzirte Reflexionen."*

Sprache also erscheint hier als von der Poesie getrennt, als ihr spezifisches Medium und *„Vermittlerin des Bewußtseyns"*. Dieses Medium ist zwar selbst schon *„gebildet"*, ist kein *„Produkt der Natur"*, da durch sie erst der menschliche Geist seine Vorstellungen zu *„willkührlicher Verknüpfung und Äußerung in die Gewalt bekömmt"*, in der Poesie aber wird so schon *„Gebildetes wieder gebildet"*. Schlegel deutet die alte Nachahmungslehre neu[18]: Die Poesie ahmt

18 Vgl. hierzu Wolfgang Preisendanz, *Zur Poetik der deutschen Romantik I: Die Abkehr vom Grundsatz der Naturnachahmung,*

nicht mehr unmittelbar die Natur, sondern in der Sprache den Menschen und schließlich *„durch immer höhere potenzirte Reflexionen"* sich selbst nach. Schlegel nennt dies *„Poesie der Poesie".*

Nun war aber die Musik, die Vokalmusik, von altersher eine abgeleitete Kunst: Es war nicht ihre Aufgabe, die Natur direkt nachzuahmen, sondern mittelbar, durch Nachahmung der Sprache. *„Imitazione delle parole"* nannte man das seit dem sechzehnten Jahrhundert. In diesem Vorgang aber war Dichtung mit Sprache gleichgesetzt. Die Dichtung als Sprache ahmte die Natur nach, und die Musik die Dichtung und erst dadurch wiederum die Natur. Wenn nun aber die Dichtung nicht mehr unmittelbar die Natur, sondern die Sprache zum Gegenstand hat, wenn sie also das zunächst in der Sprache gebildete, die Darstellung des Sachverhaltes, in der Poesie wieder bildet, dieses dann überhaupt offen hält für immer höhere Reflexionen, dann bezieht sich die Musik nicht mehr wie bisher unmittelbar auf die Poesie, sondern arbeitet wie diese mit einem gemeinsamen Material: der Sprache.

Beide — Dichter und Musiker — bilden aus dem gleichen Gegenstand neue künstlerische Strukturen, und zwar beide in weiteren höheren Reflexionen. Der Musiker wiederholt den Dichter nicht: Er bildet zunächst zum Medium der Dichtung, der Sprache, sein eigenes Medium, den musikalischen Satz (oder im Sinne Nägelis seine Medien: Singstimme und Instrumentalstimme), und strukturiert diesen dabei parallel zur Dichtung. So ist beider Werk durch das gleiche Material aneinander gekoppelt. Das gleichzeitige Weiterbestehen musikalischer und poetischer Strukturen, die ja nur teilweise kongruent sein können (schon weil Dichter und Musiker als verschiedene Individuen dasselbe Material verschieden interpretieren), das gleichzeitige

in: *Die deutsche Romantik. Poetik, Formen und Motive,* hsg. von Hans Steffen, Göttingen 1967, S. 54 ff., bes. S. 73 f.

Weiterbestehen musikalischer und poetischer Strukturen also, ihre partielle Kongruenz wie Inkongruenz, führen zu einer neuen Perspektive, zu einer Tiefenschichtung und zugleich zu einer offenen Form, die sicherlich ein wesentliches Merkmal des Liedes in Nägelis vierter Epoche, des romantischen Kunstliedes, ist[19].

Romantisches Kunstlied: Hier ist einem Mißverständnis vorzubeugen. Wenn wir den Begriff „romantisch" aus der zeitgenössischen Poetik übernehmen, dann geschieht dies nicht im Sinne des viel beschworenen Gegensatzes von klassisch und romantisch. Keineswegs soll damit etwa entschieden werden, ob Schubert wirklich „Klassiker" oder vielleicht doch „Romantiker" sei. Die Postulierung eines solchen Gegensatzes wäre bei den Romantikern selbst zweifellos auf Unverständnis gestoßen. Nicht zufällig berufen die Dichtungstheoretiker der Romantik, wenn sie von Musik handeln, sich vornehmlich auf Werke der sogenannten Klassiker, auf Mozart und Haydn zumal, später auch auf Beethoven — ebenso wie in dem engeren Rahmen der Dichtkunst auf die Werke Goethes und Schillers. Bei den Musikern ist dies nicht anders. Beethoven, so liest man beispielsweise bei Carl Maria von Weber, der *„alle möglichen künstlichen Verwebungen bunt mengte"* und doch *„vom großen Genius beseelt, aus einem eigentümlichen Gusse seine Werke schuf"*, fehle wahrscheinlich *„der allein Dauer gebende Stempel der Klassizität"* (der dem „Romantiker" Mozart durchaus eigen ist), doch verbinde sich in seiner Kunst auf merkwürdige Weise des Romantische mit dem *„witzig-treuen Geregelten"*.[20]

19 Vgl. hierzu Arnold Feil, *Franz Schubert* (s. Anm. 9), S. 51: *„Schuberts Musik kann nicht ‚nach' dem Text entstanden sein, Text und Musik müssen vielmehr gemeinsam in einem Grund wurzeln, der ‚vor' der Ausformung des Textes liegt."*
20 Carl Maria von Weber, *Tonkünstlers Leben. Fragmente eines Kunstromans*, Kap. 5, zitiert nach C.M.v.Weber, *Kunstansichten*.

Klasisch: das ist so gesehen das *„Geregelte"*, solange es als Modell dient, das sind somit vor allem bestimmte Satztechniken Haydns, Mozarts und Beethovens (oder auch Schuberts), die als vorbildlich gelten. Romantisch: das ist — im Lied — jenes besondere Verhältnis zum Gegenstand der Dichtung, das sich in den beschriebenen offenen Strukturen äußert. Beides, klassisch und romantisch, ist von daher keineswegs unvereinbar.

Diese offene Form resultiert übrigens nicht nur aus dem Verhältnis von Musik und Dichtung. Die Dichtungslehre fordert sie, wie Schlegel zeigte, von der Dichtung, vom romantischen Gedicht schon selbst. Durch das Mittel ironischer Distanzierung des Autors zu seinem Werk entstehen jene höheren Reflexionen, die sich immer weiter potenzieren und notwendig unbegrenzt bleiben (und die vielleicht auch die Bedeutung des Fragmentarischen, des „Unvollendeten" erklären — in der Dichtung der Romantik, wie vielleicht auch in der Musik). So spiegelt sich in der Dichtung das Spannungsverhältnis der den Dichter umgebenden Wirklichkeit zu einer idealen Welt, die er „Unendlichkeit" nennt. Aus der Konfrontation des Realen mit dem Idealen, der „Idealisierung", entsteht ein dialektischer Prozeß, der die Dichtung bestimmt (und somit als offene Form erscheinen muß), der aber durchaus auch auf die Welt zurückwirken soll. Dieser Prozeß wird als Suche dargestellt, als Suche nach der „blauen Blume" der Romantik, die gleichwohl nur im Märchen — und in der Utopie — Erfolg haben kann.

Der Komponist, der solche Dichtung vertont, kann aber nun nicht mehr, wie E.T.A. Hoffmann es wollte, *„alle Momente des Affekts wie in einem Brennpunkt auffassen, aus*

Ausgewählte Schriften, hsg. von Karl Laux, Leipzig 1975, S. 53.
Vgl. hierzu auch Arno Forchert, ,*Klassisch'* und ,*romantisch'* in *der Musikliteratur des frühen 19. Jahrhunderts,* in: *Die Musikforschung* XXXI, 1978, S. 405—425; dort findet man auch weiterführende Literatur.

dem die Melodie hervorstrahlt". Die Komposition faßt nicht zusammen, was ihr vorgegeben ist — wie wäre das bei einem „Prozeß" auch möglich? — sie ist vielmehr parallel zur Dichtung „gerichtet", hat ein Ziel — vorausgesetzt, die „Sprache", die Dichtung und Musik als Material dient, impliziert ein solches Ziel.

Die Parallelität musikalischer und poetischer „Bildung" und das gegenseitige In-Frage-Stellen der daraus gewonnenen Strukturen wirkt im romantischen Sinne ironisch. Inkongruenzen machen die realen „Bedingtheiten", die Imperfektionen musikalischer und poetischer Aussagen angesichts der ihnen zugrundeliegenden Idee bewußt; sie führen zu musikalischer ebenso wie zu *„poetischer Reflexion"* (Friedrich Schlegel)[21]. Sollen freilich solche realen „Bedingtheiten" nicht nur aufgrund unvermeidbarer, gleichsam zufälliger Inkongruenzen dem Hörer bewußt werden, sondern — im Sinne der romantischen Ironie — im Lied zum künstlerischen Prinzip erhoben werden, dann setzt dies bewußte, „reflektierte" Anwendung von Grundgedanken der romantischen Poetik auf das musikalische Kunstwerk voraus. Der Komponist folgt dann zwar nicht mehr in jedem Falle unmittelbar der Dichtung, wohl aber der Literaturtheorie: das Lied erweist sich in diesem Sinne als „literarisiert".

Ist es also wahr, daß zu Beginn des 19. Jahrhunderts eine neue, „vierte" Epoche der *Liederkunst* begann und daß das wesentlich Neue dieser Epoche in ironisch-reflektorischer Arbeit des Komponisten am vorgegebenen Material, der Sprache, bestand, und ist es zugleich wahr, daß der Komponist dabei parallel zum Dichter arbeitete, dann scheint mir die Hauptaufgabe einer Untersuchung zum

---

21 Vgl. Ingrid Strohschneider-Kohrs, *Zur Poetik der deutschen Romantik II: Die romantische Ironie*, in: *Die deutsche Romantik* ... (s. Anm. 18), S. 83 f.

deutschen Sololied im 19. Jahrhundert darin zu bestehen, das jeweils wechselnde Verhältnis der Musik zu sprachlichen Strukturen und poetischen Prozessen zu untersuchen und zu beschreiben. Es wird sich dabei zeigen, ob für die Musik die Charakterisierung als „romantisch" — das heißt für das Lied: der Begriff „romantisches Kunstlied" — für das ganze Jahrhundert zu recht bestehen kann, obwohl doch die „Romantik" in der Literatur schon nach dem ersten Drittel des Jahrhunderts vergangen war.

Zwei Fragen stehen gemeinhin im Vordergrund der Diskussion des Verhältnisses von Sprache und Musik: 1. Inwieweit ist Musik selbst „Sprache", das heißt: inwieweit und nach welchen Regeln ermöglicht sie Mitteilungen, welcher Art sind diese Mitteilungen und bis zu welchem Grade sind sie für Musiker und Hörer eindeutig. 2. Was hat es auf sich mit dem Semantischen in der Musik, mit der Möglichkeit, durch das gesungene Wort (und auch ohne dies) sprachliche Bilder oder Begriffe wiederzugeben. Im Zusammenhang unserer Untersuchungen geht es uns jedoch um eine dritte Fragestellung: Wie wirkt Sprache als vorgegebene Struktur auf Musik, in welcher Weise und bis zu welchem Grade übernimmt die Musik gemeinsame Elemente aus der Sprache? Für diese dritte Frage sind die beiden zuvor genannten zwar keineswegs ohne Relevanz — wenn sie jedoch immer wieder mit anklingen, dann nur am Rande.

Sollte sich nämlich erweisen, daß die Sprache im konkreten musikalischen Kunstwerk auf allen ihren Strukturebenen auf die Musik einwirkt, dann müßte die Musik selbst, in ihrem eigenen Medium, Sprache werden. Im Grundsätzlichen wäre die erste Frage dadurch zwar nur zum Teil beantwortet (denn die Antwort kann natürlich nur für Vokalkompositionen gelten, in denen allein Sprache auf Musik zu wirken vermag), für den speziellen Fall des Liedes aber gilt die Antwort uneingeschränkt. Zum anderen ist die Übernahme sprachlicher Begriffe und Bilder in die Musik, die Ausprägung semantischer Äquivalente, zweifellos eine der Möglichkeiten, in denen der Einfluß der Sprache auf die Musik manifest wird — jedoch, wie sich zeigen wird, keineswegs die bedeutendste.

Wenn Sprache überhaupt auf Musik wirkt, dann muß dies grundsätzlich — natürlich nicht im Einzelfall — auf all jenen Strukturebenen möglich sein, die die Sprache für das Verständnis bereitstellt, soweit sich diese Ebenen der Musik koordinieren lassen[22] (man vergleiche hierzu und zu den folgenden Ausführungen die „schematische Darstellung" auf S. 26). Es ist daher zunächst unsere Aufgabe, solche möglichen Entsprechungen hypothetisch darzustellen und sie dann später am konkreten musikalischen Kunstwerk zu überprüfen.

Dabei ist zunächst zu bedenken, daß sprachliche Mitteilungen in zwei Schichten erfolgen und wahrgenommen werden[23]. Die erste Schicht möchte ich „musikalisch" nennen; sie umgreift die rhythmischen und klanglichen Elemente der Sprache, jene Elemente, die sich uns am deutlichsten darstellen, wenn wir jemanden in einer uns gänzlich frem-

---

22 Zur Frage der „Kontiguität", zu den Berührungspunkten von Sprache und Musik, vgl. Roland Harweg, Ulrich Suerbaum und Heinz Becker, *Sprache und Musik*, in: *Poetica* I, 1967, S. 396 ff. und dagegen Hans Heinrich Baumann, *Musik und sprachliches Modell*, in: *Poetica* II, 1968, S. 435 ff. Die von Harweg vorgestellten Kontaktmöglichkeiten erscheinen freilich von vornherein dadurch eingeschränkt, daß von einer Vermittlung durch den Komponisten, die auch andere als unmittelbare Kontiguität erlaubte, grundsätzlich abgesehen wird.

23 Diese Schichten ließen sich erweitern und präzisieren im Sinne der *strata* Louis Hjelmslevs (vgl. *La stratification du langage*, in: Hjelmslev, *Essais linguistiques*, Kopenhagen 1959, S. 39, oder allgemein *Prolegomena to a Theory of Language*, Madison ²1961): für die beabsichtigten Analysen scheint mir jedoch die Grundunterscheidung Substanz und Form hinreichend.

den Sprache reden hören[24]. In dieser Schicht könnte sich Sprache der Musik unmittelbar mitteilen, sich unmittelbar in Musik verwandeln. Dabei vermittelt sie durchaus auch Informationen, Informationen vor allem emotiver Art: Freude, Trauer, Erregung, Zorn, das heißt solche Informationen, die wir auch einem musikalischen Ablauf zu entnehmen pflegen.

Die zweite Schicht hingegen ist die der semantischen Strukturen, die „Sprache" im engeren Sinne. Diese Strukturen sind an den zeitlich-melodischen Ablauf gebunden und wirken auf diesen zurück. Bei einer Untersuchung der verschiedenen Strukturebenen spielen daher „musikalische" Elemente immer wieder eine Rolle; sie übernehmen die Funktion von Bindegliedern zwischen Sprache und Musik.

Im folgenden nun suchen wir nach solchen Bindegliedern, Berührungspunkten zwischen Sprache und Musik, wo beide Medien einen auch wechselseitigen Einfluß aufeinander auszuüben vermögen. Wir suchen nach solchen Bindegliedern auf drei Strukturebenen[25]: auf der Ebene der

---

[24] Der klangliche Charakter der Sprache ist damit also auch als Klang strukturiert und — entgegen vielfacher Auffassung — weder zufällig noch austauschbar. Vgl. dagegen Roland Harweg etc., *Sprache und Musik* (s. Anm. 22), S. 393, dazu die Ergänzung in *Poetica* I, 1967, S. 556 ff.

[25] Diese Strukturebenen sind von den zuvor genannten Schichten deutlich zu unterscheiden (s. die „schematische Darstellung"), auch wenn der Begriff „Ebene" nicht selten auf das angewendet wird, was hier als „Schicht" bezeichnet ist (vgl. etwa Umberto Eco, *Einführung in die Semiotik*, München 1972, S. 150 f. und 157 ff. = *La Struttura assente*, Mailand 1968, 2. Ausgabe in deutscher Sprache, Kap. A.3.I.6 und A.3.III). Strukturelemente können auf allen drei Ebenen der musikalischen oder der semantischen Schicht zugehören. Versuche zur Koordinierung, die in vielen Punkten an die hier vorgenommenen erinnern, findet man bei Jan Kasen-Bek, *Informationstheorie und Analyse musikalischer Werke*, in: *Archiv für Musikwissenschaft* XXXV, 1978, S. 62 ff.

Schematische Darstellung der möglichen Beziehungen zwischen Sprache und Musik

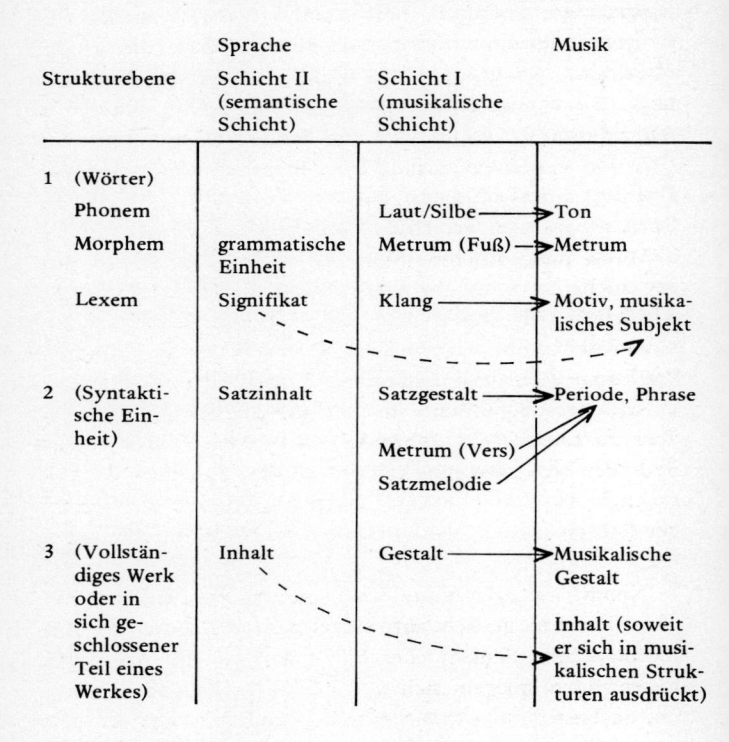

Strukturebene	Sprache — Schicht II (semantische Schicht)	Schicht I (musikalische Schicht)	Musik
1 (Wörter)			
Phonem		Laut/Silbe ⟶	Ton
Morphem	grammatische Einheit	Metrum (Fuß) ⟶	Metrum
Lexem	Signifikat ⤐	Klang ⟶	Motiv, musikalisches Subjekt
2 (Syntaktische Einheit)	Satzinhalt	Satzgestalt ⟶	Periode, Phrase
		Metrum (Vers) ↗	
		Satzmelodie ↗	
3 (Vollständiges Werk oder in sich geschlossener Teil eines Werkes)	Inhalt ⤐	Gestalt ⟶	Musikalische Gestalt
			Inhalt (soweit er sich in musikalischen Strukturen ausdrückt)

Die durchgehenden Linien zeigen eine mögliche unmittelbare Beziehung an, die unterbrochenen hingegen setzen eine Interpretation durch den Komponisten voraus.

Wörter, auf der Ebene der syntaktischen und auf der Ebene der künstlerischen Einheiten. Indem wir Berührungspunkte festlegen, behaupten wir jedoch nicht, daß Korrespondenzen zwischen Sprache und Musik, die wir beobachten, notwendig auch Korrespondenzen der Funktion sind. Die musikalischen Elemente sind im musikalischen Ablauf natürlich von Regeln und Strukturen bestimmt, die sich von denen der sprachlichen Elemente unterscheiden. Das liegt vor allem daran, daß die Musik sich nicht, wie die Sprache, in zwei Schichten artikuliert[26]. Musikalische Bedeutung, musikalisches „Signifikat", ist immer Klang, und als solcher wird er von jedem Element des musikalischen Ablaufs hervorgerufen und bestimmt; zwar kann sich ein semantisches, dem sprachlichen entsprechendes "Signifikat" dem eigentlich musikalischen verbinden, doch bleibt ein solches „Signifikat" im musikalischen Satz, jedenfalls aber im Lied des 19. Jahrhunderts, vereinzelt, akzidentell: Es bilden sich zwar musikalische „Zeichen" heraus, die tatsächlich dieselbe Funktion haben können wie die Wörter der Sprache; diese aber verbinden sich nicht zu einer Syntax.

Nimmt hingegen Vokalmusik, nimmt das Lied sprachliche Elemente in sich auf, sprachliche Elemente, die der musikalischen Schicht ebenso wie der semantischen zugehören, dann spiegeln sich sprachliche Regeln und Strukturen an bestimmten Punkten in den musikalischen, und offensichtlich geschieht dies vor allem dort, wo die musikalischen Strukturen den sprachlichen am meisten ähneln. Wir suchen also zunächst nach solchen möglichen Entsprechungen.

---

26 Marcello Pagnini (*Lingua e musica*, Bologna 1974) meint, daß auch die Musik sich in zwei Schichten artikuliere (s. hierzu vor allem das erste Kapitel *Il Significato*); vgl. dagegen jedoch Rossana Dalmonte's Rezension des Buches in *Lingua e Stile* XII, 1977, S. 702–704.

Das einfache Wort setzt sich aus „Phonemen" zusammen, aus kleinsten identifizierbaren Lauteinheiten, die im allgemeinen den Buchstaben (Vokalen und Konsonanten) entsprechen. Diese Laute gehören der musikalischen Schicht an, denn sie sind klangliche Elemente. In der Musik entsprechen ihnen als kleinste identifizierbare Klangeinheiten die Töne. Daß beide, Phoneme und Töne, im akustisch-physikalischen Sinne in der Regel Frequenzgemische, das heißt: aus Grund- und Obertönen zusammengesetzt, sind, spielt in diesem Zusammenhang keine Rolle. Im 19. Jahrhundert jedenfalls arbeiten Dichter wie Komponisten mit Lauten und Tönen als ihrem Ausgangsmaterial. Freilich: im Lied (wie in der Vokalmusik im allgemeinen) lassen sich Phoneme und Töne nur dann unmittelbar koordinieren, wenn die Phoneme, die Laute, zugleich Silben sind, denn nicht der einzelne Laut, erst die Silbe verbindet sich dem musikalischen Einzelton. Die unterschiedliche Gewichtung der Silben in der Klangstruktur des Wortes wirkt dabei in der Regel direkt, unmittelbar auf die Klangstruktur eines musikalischen Motivs: Betonte Silben erklingen anders als unbetonte, lange Silben anders als kurze, selbst die Vokalfärbung spielt hier nicht selten eine Rolle. Die Klangstruktur des Wortes, die der musikalischen Schicht zugehört, kann übrigens durchaus unabhängig sein von seinem Informationsgehalt. In den romanischen Sprachen haben beispielsweise oft gerade die klanglich hervortretenden Silben, die Endungen, nur grammatische Funktion: Die akzentuierte Silbe in *„amáre"* determiniert lediglich die spezifische Konjugation dieses Verbums. Im Deutschen (und daher auch im deutschen Lied) ist dies anders – doch bezeichnet etwa auch hier in *„ábfahren"* die akzentuierte Silbe nicht die Grundtätigkeit des Fahrens, sondern lediglich den speziellen Umstand, daß diese Tätigkeit eben erst beginnt.

Die kleinsten grammatischen Einheiten der Sprache sind

die Morpheme, Partikel, die als Vor- oder Endsilben (*„gefahren"*, *„Tag-e"*) oder auch als kleine Einzelwörter (*„und"*, *„weil"*) keine selbständige Bedeutung haben, sondern lediglich grammatische Funktion. In der Musik gibt es für sie keine direkte Entsprechung. Man könnte sie vielleicht Intervallen mit grammatischer Funktion und ihrer Stellung im Takt vergleichen, etwa bei der Auflösung von Dissonanzen — ihre grammatische Funktion ist jedoch völlig unabhängig von der der Morpheme in der Sprache. Eine unmittelbare Wirkung des einen Mediums auf das andere läßt sich nicht erkennen. Diese Überlegungen gelten freilich nur für Prosa. In gebundener Sprache, in der Poesie (und diese ist im deutschen Lied ja die sprachliche Vorlage) tritt noch ein grammatisches Element hinzu, das im Gegensatz zu den gewöhnlichen Morphemen mit semantischer Funktion der musikalischen Schicht zugehört: Reim, Metrum. Beides reguliert den sprachlichen Verlauf oft ähnlich zwanghaft, wie die Taktordnung die Intervallfolge in der Musik[27]. Es ist evident, daß von hier aus unmittelbare Wirkungen auf die Musik ausgehen können — bleibt doch die klangliche Wirkung des Reims in der Musik selbst dann erhalten, wenn der Komponist keine zusätzlichen musikalischen Entsprechungen (etwa bestimmte Kadenzformeln) damit verbindet.

Die Wörter im eigentlichen Sinn, die Lexeme, sind die einfachsten Bedeutungsträger in der Sprache. Aus zweifachem Grund können sie im Lied den Motiven zugeordnet werden: 1) das Motiv ist Träger eines einfachen musikalischen „Signifikats", eines besonderen, eigentümlichen Bedeutungsinhaltes — freilich in dem schon beschriebenen, vom sprachlichen „Signifikat" deutlich unterschiedenen Sinne. 2) Es ist gerade das Wort, das auf das Motiv einwirkt, auf seine spezifisch musikalische Gestalt ebenso, wie auf

[27] Zur Funktion des Reims in der Sprache vgl. U. Eco, *Einführung in die Semiotik* (s. Anm. 25), S. 148.

ein eventuelles zusätzliches semantisches „Signifikat". Die Wörter selbst gehören beiden Schichten zu, der musikalischen wie der semantischen. Als Klangstruktur sind sie, wie die musikalischen Motive, zusammengesetzt, als Sinnträger hingegen sind sie elementar — und darin eben unterscheiden sie sich grundsätzlich von musikalischen Motiven. Das Motiv als musikalischer Sinnträger erhält, wir sagten es schon, seinen Sinn unmittelbar aus seinen Bausteinen, den Tönen und Intervallen; es läßt sich daher kürzen, unterteilen, umkehren und dabei immer wieder auf den ursprünglichen Sinn zurückbeziehen. Bei einfachen, nicht zusammengesetzten Wörtern ist das nicht möglich. Geht hingegen der Einfluß eines Wortes auf ein musikalisches Motiv so weit, daß auch dieses einen semantischen Inhalt annimmt (man denke an Begriffe und Bilder, aber auch an Empfindungen, Affekte, selbst an bestimmte rhetorisch-musikalische Figuren), dann wird wohl das Motiv in gewisser Weise zu einem musikalischen „Wort" und behält dennoch alle jene Möglichkeiten der Veränderung bei, von denen eben die Rede war. Auch darin zeigt sich der akzidentelle Charakter eines semantischen „Signifikats" in einem musikalischen Motiv.

Die zweite Ebene, auf der musikalische und sprachliche Strukturen sich koordinieren lassen, ist die des Satzes oder des Satzabschnittes, genauer: der syntaktischen Einheit. Diese ist in der Sprache strukturiert aus Wörtern, Morphemen und — in der Linguistik wird dieses Element nicht selten ebenso vernachlässigt wie die Klangstruktur des Wortes auf der ersten Ebene — der Satzmelodie[28]. Der syntaktischen Einheit entspricht im Lied offensichtlich eine „Periode", das heißt: ein in sich geschlossener Satzabschnitt, der

---

28 Vgl. jedoch etwa M. Pagnini, *Lingua e musica* (s. Anm. 26), S. 19. Pagnini untersucht die melodische Struktur des Versabschnitts *„Amarilli mia bella"* in der Sprache wie in der Komposition Giulio Caccinis.

jeweils durch jene syntaktische Einheit begrenzt wird, die ihm sprachlich zugrundeliegt. Die Verbindung beider Medien ergibt sich so von selbst. Die solcherart gebildete musikalische „Periode" (der Terminus hat mit dem Modell der achttaktigen Periode also nichts zu tun) ist strukturiert aus Motiven, Intervallverbindungen mit grammatischer Funktion (man denke etwa an Kadenzen) und einem allgemeinen Grundduktus (etwa fallende oder steigende Melodik), der ein Äquivalent zur Satzmelodie sein könnte.

In gebundener Sprache kann auf dieser Ebene ein konkurrierendes Modell zur syntaktischen Einheit entstehen: die Verseinheit. Anders als auf der Ebene der Wörter, wo Metrisches auf die Klangstruktur dieser Wörter zwar einwirkt, ohne daß sich dabei konkurrierende Strukturen herausbilden, können auf der Ebene der Syntax Konflikte entstehen, die (wie etwa im Enjambement) auch absichtsvoll verwendet werden. Hier stellt sich dann die Frage, wie Musik sich dazu verhält und ob widersprüchliche sprachliche Strukturen sich etwa im Sinne konkurrierender metrischer und rhythmischer Modelle in der Musik spiegeln.

Sprachlich-musikalische Beziehungen können sich schließlich auf einer dritten Ebene artikulieren: der der inhaltlich-formalen Aussage, der künstlerischen Einheit — in einem abgeschlossenen sprachlichen Gebilde, etwa einem ganzen Gedicht, dem in der Musik die vollständige Komposition, das ganze Lied entspräche. Auf dieser Ebene vor allem ist es, wo prozeßhafter Verlauf, wo ironisch-reflektorische Komposition evident wird. Romantische Liedkomposition in diesem Sinne kann sich zwar auch auf der Ebene syntaktischer Einheiten, selbst auf der der Wörter andeuten, wie sich zeigen wird, erst auf der dritten Ebene aber läßt sie sich bestätigen.

Auf dieser Ebene sind sprachlich-musikalische Entsprechungen in der „musikalischen" Schicht, im Formalen, oft sehr eng: Eine charakteristische Strophenfolge führt in der Regel zu korrespondierenden musikalischen Gestalten. Im Inhaltlichen hingegen treffen wir vielfach auf prinzipiell, das heißt vom Material bedingte unterschiedliche Strukturen, die sich gleichwohl in Parallelen zueinander setzen lassen — man denke etwa an Beziehungen zwischen poetischer Grundstimmung und Tonart, wie an das „pastorale" F-dur.

Auf drei Ebenen kann somit die Sprache im Lied auf die Musik einwirken. Auf denselben drei Ebenen kann ihrerseits die Musik auf die Sprache zurückwirken, kann sich die ursprüngliche Botschaft des Textes verwandeln. Grundsätzlich, so scheint mir, lassen sich dabei fünf Möglichkeiten sprachlich-musikalischer Wechselwirkung unterscheiden:

1. Eine musikalische Linie verbindet sich gleichsam naiv mit dem Text. Dabei bleiben die Strukturelemente des ursprünglichen Textes auf allen drei Ebenen erhalten, die musikalische Linie (nicht ihre Interpretation im konkreten Vortrag) verändert sie nicht. Dies setzt voraus, daß der sprachliche Rhythmus unmittelbar auf den musikalischen übertragen wird, daß die Melodie allgemein und unpersönlich bleibt, sich eventuell auch an die Melodie des gesprochenen Satzes anschließt. Mehrstimmiger Satz ist dann nur im Sinne einfacher, ebenso meist naiver Homophonie möglich; Polyrhythmie in Nägelis Sinne ist ausgeschlossen.

Im Lied läßt sich solches vor allem im Volkslied beobachten, aber auch im volkstümlichen Strophenlied der Goethe-Zeit, in dem sich die Melodie beim Lesen eines Gedichtes, vor allem seiner ersten Strophe, gleichsam wie von selbst ergibt. Es ist daher auch nicht verwunderlich, daß die Liedtheorie dieser Zeit zwischen komponiertem Lied und Volkslied nicht prinzipiell unterscheidet. *„Bezieht sich der Inhalt* (eines Liedes) *auf lokale Verfassung des Staates, auf Sitten, auf das häusliche Leben, auf besondere Verrichtungen der verschiedenen Volksklassen u.s.w.,* *so nennt man es ein Volkslied"*, so liest man in Heinrich Christoph Kochs *Musikalischem Lexikon*[29]. Hier übrigens zeigt sich doch ein grundsätzlicher Wandel im Verlauf des Jahrhunderts. Für August Reissmann stellt sich das Lied *„in zwei Erscheinungsformen dar: als Volkslied . . . und als Kunstlied, das jetzt, nachdem das eigentliche Volkslied längst verstummt ist* (!), *fast ausschliesslich unter dem Begriff deutsches Lied verstanden wird . . ."*[30].

2. Eine musikalische Linie deklamiert einen Text nach bestimmten vorgegebenen Regeln — so etwa im Rezitativ. Der Komponist folgt auch hier jeder Einzelheit des Textes, Rhythmus und Melodie der Singstimme ergeben sich unmittelbar aus der Vorlage. Zugleich aber interpretiert der Komponist den Text, beispielsweise durch Überdehnung einer betonten Silbe, durch Übersteigerung der Satzmelodie. Der hinzutretende Instrumentalpart deutet die musikalische Linie zunächst harmonisch (den Text also nur indirekt), nimmt aber, vor allem im sogenannten *Accompagnato* am musikalischen Satz auch selbständig teil. Nur wenige Lieder gehören dieser zweiten Kategorie sprachlich-musikalischer Beziehungen ganz oder vorwiegend an (man denke etwa an Schuberts *Verklärung*, D 59, oder sein *Trost. An Elisa*, D 97 — beides bezeichnenderweise im Rahmen seines Schaffens sehr frühe Lieder), doch spielt das Rezitativ als Einschub oder als spezifisch rezitatorische Deklamation im Lied eine bedeutende Rolle.

3. Musik interpretiert einen Text in allen seinen Strukturen, sucht für die sprachlichen Gestalten eigentümlich musikalische Parallelen zu bilden. Der Komponist ist sich dabei durchaus seines besonderen musikalischen Mediums

---

29 Sp. 903 (s. Anm. 2). Vgl. hierzu auch Arnold Feil, *Volksmusik und Trivialmusik. Bemerkungen eines Historikers zu ihrer Trennung*, in: *Die Musikforschung* XXVI, 1973, S. 159—166.
30 *Musikalisches Conversations-Lexikon* III (s. Anm. 3 u. 5), S. 127.

bewußt. Er weiß, daß die Musik dem Text etwas hinzufügt — daß aber auch das Lied auf die semantische Präzisierung durch den Text angewiesen ist. Die Musik erscheint dabei als „Konnotation" des Textes, der Text jedoch zugleich als „Konnotation" der Musik. Die Musik gibt sich von daher poetisch, die Sprache hingegen musikalisch.

Dies etwa, wir haben im Anschluß an August Wilhelm Schlegel versucht, es auszuführen, geschieht im „romantischen" Lied: Musik und Text verlaufen dort „polyrhythmisch", parallel. Es muß, so schreibt Hans Georg Nägeli, in der Vokalkomposition, gleich dem doppelten Kontrapunkt in der Polyphonie, *„eine Tonreihe mit einer Wortreihe parallel laufen und dergestalt in Kunsteinklang gebracht werden. Dazu, um zu Einer Wortreihe Eine Tonreihe gut zu combiniren, erfordert es schon Erfindungskraft ... und zwar in dem Maasse, dass bey stetiger Befolgung der Gesetze des Wortausdrucks und dessen tonkünstlerischem Steigern (!) schon eine einstimmige Composition, etwa ein polyrhythmisch durchcomponirtes Lied, völlig so combinatorisch ist, als ein polyphones Instrumentalstück, sogar ein fugirtes, canonisches."*[31]

Die noch folgenden beiden Kategorien spielen in der Lied-Komposition eine geringe Rolle; nur der Vollständigkeit halber seien sie angefügt:

4. In musikalischer Komposition aus der Sprache zeugt Sprache die Musik zwar im Detail, ist aber (so etwa in manchen Arien) nur Mittel für eine im übrigen weitgehend autonome musikalische Komposition. Erhalten bleiben hier zwar verschiedene Strukturelemente der Wörter und einzelner Satzteile — selten aber solche des ganzen Textes. Charakteristisch für solche Kompositionen ist die beliebige Wiederholung von Wörtern und Textabschnitten.

---

31 H. G. Nägeli, *Die Liederkunst* (s. Anm. 15), Sp. 779 f.

5. In musikalischer Komposition mit der Sprache werden Strukturelemente der Sprache wie musikalische Strukturelemente behandelt — so etwa in verschiedenen Kompositionen aus neuester Zeit. Selbst wenn sich eine solche Komposition vorwiegend oder ausschließlich sprachlicher Mittel (etwa gesprochener Laute, Silben und Wörter) bedient und auf das „gesungene" Wort im herkömmlichen Sinn ganz verzichtet, entstehen dabei jedoch musikalische, keine sprachlichen Gestalten.

Wir haben versucht zu zeigen, was grundsätzlich möglich ist, wenn aus Gedichten Lieder werden, wenn Sprache auf Musik einwirkt, einwirken „kann" — entscheidend aber ist, welcher Art die Beziehungen zwischen beiden Medien im Lied des 19. Jahrhunderts wirklich sind — im konkreten, historisch determinierten Einzelfall. Im Mittelpunkt der folgenden Untersuchungen sollen daher ausführliche Analysen stehen, die allein Unterschiede, Entwicklungen zu zeigen vermögen, ebenso wie Gemeinsamkeiten, das aber heißt: das, was das deutsche Sololied im 19. Jahrhundert uns heute als neue, eigene, unverwechselbare Gattung des Liedes erscheinen läßt.

Das Strophenlied

Bei allen Wandlungen, die das „Lied" im Laufe des neunzehnten Jahrhunderts durchmacht, steht doch offenbar, wie wir sehen konnten, als Formprinzip hinter jeder seiner Erscheinungsformen das Strophenlied, die Vorstellung von einer einheitlich geprägten Musik, die die in den verschiedenen Strophen sich darstellenden Textinhalte zusammenfaßt — entweder, indem sie, mit E.T.A. Hoffmann, *„alle Momente des Affekts wie in einem Brennpunkt auffaßt"*[32], oder, mit Hegel, *„einfach für sich über der Verschiedenartigkeit"* der Strophen *„schwebt"*[33]. Es ist dieser Grundgedanke des Strophenliedes, der, trotz aller Gegensätze gerade auch im Hinblick auf eine Musik-Sprache in diesem Jahrhundert, eine kontinuierliche Liedästhetik ermöglicht, der es nicht nur erlaubt, gegen Ende des Jahrhunderts den Artikel „Lied" aus einem Musiklexikon der ersten Hälfte des Jahrhunderts kaum verändert wieder abzudrucken, sondern auch die Gattung zurückzubeziehen auf das Lied des achtzehnten Jahrhunderts.

Das Strophenlied im engeren Sinne setzt voraus, daß Liedmelodie und Liedsatz einer Strophe unverändert für alle Strophen gelten. Das bedeutet für die Dichtung zunächst — gleichgültig, ob man die Funktion der Musik im

---

32 Siehe oben, S. 11, und Anm. 9.
33 Siehe oben, S. 12, und Anm. 11.

Sinne Hoffmanns oder Hegels versteht — daß nicht nur die einzelnen Strophen nach Zahl der Verse und metrischer Ordnung einander entsprechen müssen, sondern daß auch die Struktur der einzelnen Verse in den Strophen einander ähnlich ist. Das heißt: die metrische und syntaktische Disposition, die Zahl und die Gewichtung der Akzente, die Zahl und der Ort der Zäsuren von Vers 1 der ersten Strophe muß der von Vers 1 der folgenden Strophen gleichen, ebenso die von Vers 2 der ersten Strophe der von Vers 2 der folgenden Strophen und so fort. Wenn also etwa der erste Vers mit dem zweiten durch ein Enjambement verbunden ist, dann müssen in den folgenden Strophen an den entsprechenden Stellen Enjambements wiederkehren.

Nur selten allerdings sind strophische Gedichte in dieser Weise konsequent gebaut. Es stellt sich daher die Frage, was dies im einzelnen, konkreten Fall für die Komposition bedeutet. In noch höherem Maße gilt diese Frage, wenn der Komponist im Sinne Hoffmanns nicht nur eine für alle Strophen deklamatorisch korrekte Melodie geben, sondern zugleich *„alle Momente des Affekts"*, die die Dichtung bewegen, zusammenschließen soll. Dann nämlich muß auch in der Dichtung der Affekt der letzten Strophe in der ersten schon mit enthalten sein, ist also eine innere Entwicklung, gar im Sinne eines romantischen „Prozesses", nur schwer denkbar.

Alle diese Überlegungen gehen allerdings davon aus, daß in einem Strophenlied tatsächlich Liedmelodie und Liedsatz einer Strophe unverändert für alle Strophen gelten. In Wahrheit aber trifft dieser Satz nur für die niedergeschriebene oder gedruckte Gestalt eines Strophenliedes zu. Im Vortrag, beim Singen, rechnet der Komponist des Strophenliedes mit Variation von Strophe zu Strophe, mit „Weiterkomposition" durch den Ausführenden im Augenblick der

Aufführung. Durch solche „Weiterkomposition" wird das Lied in Affekt und Deklamation der veränderten Situation der einzelnen Strophe angepaßt. Freilich: „angepaßt" wird in der Regel nur die Liedmelodie; ganz selten nur verändert der Begleiter auch die Instrumentalstimme.

Viel zitiert ist in diesem Zusammenhang ein Bericht über den Besuch des jungen Schauspielers Eduard Genast im Hause Goethe im Jahre 1815. Genast sang damals dem Dichter dessen *Jägers Abendlied* in Johann Friedrich Reichardts Vertonung vor. Goethe *„saß dabei im Lehnstuhl und bedeckte sich mit der Hand die Augen. Gegen Ende des Liedes sprang er auf und rief: Das Lied singst du schlecht! Dann ging er vor sich hinsummend eine Weile im Zimmer auf und ab und fuhr dann fort, indem er vor mich hintrat . . .: Der erste Vers sowie der dritte müssen markig, mit einer Art Wildheit vorgetragen werden, der zweite und vierte weicher; denn da tritt eine andere Empfindung ein. Siehst du so! (indem er scharf markierte:) Da ramm! da ramm! da ramm! da ramm! Dabei bezeichnete er zugleich mit beiden Armen auf und ab fahrend das Tempo und sang dies Da ramm! in einem tiefen Tone"*[34].

Der Sänger hat also der sich wandelnden *Empfindung* entsprechend auch den musikalischen Ausdruck zu verändern, er hat — so notiert Goethe selbst einmal — *„nach Einer Melodie die verschiedenste Bedeutung der einzelnen Strophen hervorzuheben und so die Pflicht des Lyrikers und Epikers zugleich zu erfüllen"*[35]. Dem entspricht — von Seiten der Komponisten — etwa Schuberts Notiz am Ende der zweiten Strophe seiner Vertonung von Goethes *Der Gott und die Bajadere* (D 254): *„NB. Bei diesen Stro-*

---

[34] Goethes Gespräche (Biedermann) II, S. 294, zitiert nach H.W. Schwab, *Sangbarkeit, Popularität und Kunstlied* (s. Anm. 3), S. 69.

[35] *Tag- und Jahreshefte* von 1801, zitiert nach H.W.Schwab, a.a.O., S. 69.

phen sowohl als bei den übrigen muss der Inhalt derselben das Piano und Forte bestimmen"[36]. Hoffmanns These von einer alle Momente des Affekts zusammenfassenden Liedmelodie wäre damit dahin zu revidieren, daß diese Melodie nur mehr die Möglichkeit für die Darstellung aller in einem Lied verlangten Empfindungen bieten muß; sie darf nicht durch zu charakteristische Gestaltung dem Wechsel der Affekte im Vortrag des Liedes durch den Sänger entgegenstehen. So lobt Friedrich Rochlitz in einer Rezension von Reichardts Sammlung *Göthe's Lieder, Oden, Balladen und Romanzen* den Komponisten: *„Eines darf man jedoch selbst diesen Stücken zum Vortheil nachzusagen nicht vergessen: sie sind sämmtlich, nicht nur richtig und mit Verstand, sondern auch sehr einfach behandelt; so bleibt wenigstens dem Sänger von Gefühl und Ausbildung Raum, manches Gute aus eigenem Schatz des Herzens und Geschmacks hinzuzuthun."*[37]

Wie ein Sänger im Verlauf eines Liedes die Deklamation geändert hat, dafür bieten die Singbücher Johann Michael Vogls einige Beispiele. Der berühmte Bariton, der 1814, bei der Neuaufführung des *Fidelio* den Pizzarro gesungen hatte, war nach seiner Begegnung mit Schubert und vor allem nach der berühmten Aufführung von Schuberts *Erlkönig* am 7. März 1821 ein angesehener Liedersänger[38], übrigens auch ein Liedersänger, mit dessen Vortragsweise sich Schubert völlig eins wußte[39]. In seinen Singbüchern nun hat Vogl

36 *Franz Schubert's Werke. Kritisch durchgesehene Gesammtausgabe,* Serie XX, Band 3, hsg. von Eusebius Mandyczewski, Leipzig 1895, S. 33.
37 Anonym erschienene *Recension,* in: *Allgemeine Musikalische Zeitung* Leipzig, XII, 1809–1810, Sp. 8.
38 Vgl. hierzu Andreas Liess, *Johann Michael Vogl. Hofoperist und Schubertsänger,* Graz-Köln 1954, vor allem S. 129 ff.
39 Am 12. September 1825 schrieb Schubert an seinen Bruder Ferdinand über einen Liederabend mit Vogl in Salzburg: *„Die Art und Weise wie Vogl singt und ich accompagnire, wie wir in einem solchen Augenblicke* Eins (Hervorhebung von Schubert)

einige Lieder Schuberts in der Weise niedergeschrieben, wie er sie vortrug, mit all den Veränderungen, die der Sänger damals, nach der Gewohnheit der Zeit, anzubringen pflegte[40]. Die Singbücher selbst sind verloren gegangen — die Abschrift von einem hat sich jedoch im Archiv der Gesellschaft der Musikfreunde in Wien erhalten[41].

Eines der dort überlieferten Lieder Schuberts ist Goethes Ballade *Der Fischer* (D 225). In dieser Ballade, die Schubert als Strophenlied vertont hat, trennt beispielsweise in der ersten Strophe eine deutliche Zäsur den fünften von dem sechsten Vers:

Und wie er sitzt, und wie er lauscht,
Teilt sich die Flut empor.

In Schuberts Komposition ist diese Zäsur durch den Neuansatz des Melodiebogens angedeutet: mit dem Beginn der neuen Zeile fällt die Melodie von der Terz auf den Grundton zurück:

---

zu sein scheinen, ist diesen Leuten etwas ganz Neues, Unerhörtes . . ."; vgl. Otto Erich Deutsch, *Schubert. Die Dokumente seines Lebens,* Kassel etc. 1964 (= *Neue Schubert-Ausgabe,* Serie VIII, Band 5), S. 314.

40 Vgl. hierzu W. Dürr, *Schubert and Johann Michael Vogl: A Reappraisal,* in: *19th Century Music* III, 1979, S. 126—140, und *„Manier" und „Veränderung" in Kompositionen Franz Schuberts,* in: *Zur Aufführungspraxis der Werke Franz Schuberts,* hsg. von Roswitha Karpf, München-Salzburg 1981 (= *Beiträge zur Aufführungspraxis* Band 4), bes. S. 130—137.

41 *Lieder von Franz Schubert, verändert von Michael Vogl,* Archiv der Gesellschaft der Musikfreunde in Wien, Sammlung Witteczek-Spaun, Band 80.

Beispiel 1:

[Notenbeispiel mit Text:]
und wie er sitzt, und wie er lauscht, teilt sich die Flut em-por
Ach, wüß-test du, wie's Fischlein ist so woh-lig auf dem Grund,

Eine stärkere Zäsur konnte Schubert hier jedoch nicht anzeigen, denn in der zweiten Strophe sind die beiden entsprechenden Verse eng aneinander gebunden:

Ach, wüßtest du, wie's Fischlein ist
So wohlig auf dem Grund,

Zwar ist — zur Steigerung der Erwartung, auch hier nach „ist" eine Zäsur möglich, doch ist sie im Text selbst nicht angelegt. Eine entsprechende deklamatorische Interpretation des Melodieverlaufs konnte daher nur dem Sänger vorbehalten bleiben.

In Vogls Niederschrift[42] wird nun die Zäsur ganz deutlich gemacht: Eine Fermate am Ende der Zeile wird unterstützt durch eine nachfolgende Pause und durch die Verkürzung des ersten Tones der neuen Zeile von einer Achtel- zu einer Sechzehntelnote:

---

42 Vogls veränderte Fassung von Schuberts *Der Fischer* ist abgedruckt in: *Neue Schubert-Ausgabe,* Serie IV: *Lieder,* Band 1, hsg. von W. Dürr, Kassel etc. 1970, Teilband b, S. 279–283. Das Lied ist in Vogls Niederschrift nach G-dur transponiert; es wird hier aber, um einen Vergleich zu erleichtern, in der Originaltonart wiedergegeben.

Beispiel 2:

und wie er sitzt, und wie er lauscht, teilt sich die Flut em - por

Gleichzeitig wird auch der Klaviersatz verändert: Um die Fermate wirklich als einen Haltepunkt erscheinen zu lassen, brechen die sonst fortlaufenden Sechzehntelfiguren bei Vogl plötzlich ab. Dem Sänger ist so freie Hand gegeben für den Neuansatz. Vogl allerdings – das sei nicht verschwiegen – deklamiert die zweite Strophe dann in ganz gleicher Weise wie die erste. Da aber seine Niederschrift nicht, wie Schuberts, „Komposition" ist, nicht bindend, sondern als Vorlage für improvisierenden Vortrag bestimmt, hat er auch die Freiheit, eine im Text nicht vorgegebene aber mögliche Zäsur kräftig zu markieren.

Besonders deutlich wird Vogls interpretatorische Deklamation am Schluß des Liedes. Die unterschiedliche syntaktische Struktur der beiden letzten Verse jeder Strophe:

1. Strophe: *Aus dem bewegten Wasser rauscht*
   Ein feuchtes Weib hervor.
4. Strophe: *Halb zog sie ihn, halb sank er hin*
   Und ward nicht mehr gesehn.

läßt in der Komposition des Strophenliedes deutliche Zäsuren wiederum nicht zu:

Beispiel 3:

Vogl hingegen setzt gleich zwei Einschnitte, die den Fluß des Ganzen noch stärker unterbrechen, als in dem vorigen Beispiel; dabei scheut er auch — und das ist etwas ganz Ungewöhnliches — vor Eingriffen in den harmonischen Ablauf des Liedes nicht zurück: Bei der Fermate am Ende der vorletzten Zeile geht er nicht, wie Schubert, von F nach B, von der Dominante in die Tonika, sondern von F nach g, im Sinne eines Trugschlusses in die Mollparallele der Tonika, so das „Hinsinken" auch harmonisch ausmalend.

Die folgende Fermate dann ist wieder zwar nicht von der syntaktischen Struktur gefordert, wohl aber von dem Bedürfnis, nach der vorangehenden Fermate die Spannung nicht gleich abbrechen zu lassen, sondern die Aufmerksamkeit des Zuhörers auf den Schluß des Gedichtes zu lenken: *„Und ward nicht mehr — gesehn".*

Die dramatische Spannung, die der Sänger auf diese Weise hervorruft, erlaubt es allerdings nicht, das Lied nun, wie Schubert es tut, mit nur zwei Melodietönen zu schließen: *„gesehn"*; Vogl wiederholt daher den ganzen letzten Vers noch einmal und erweitert so Schuberts Lied um einen halben Takt:

Beispiel 4:

sank er hin und ward nicht mehr, und ward nicht mehr ge- -sehn.

Die Freiheit des Ausführenden, im Vortrag die Deklamation zu verändern, gilt es im Auge zu behalten, wenn wir im folgenden das Verhältnis von Sprache und Musik im komponierten Strophenlied näher zu bestimmen versuchen.

Wenn vom Strophenlied der Goethe-Zeit die Rede ist, dann werden wir immer wieder auf Goethes *Jägers Abendlied* verwiesen, und zwar vor allem in der Vertonung von Johann Friedrich Reichardt. „*Ein kleines Meisterstück*" nennt es Rochlitz 1809[43], und E.T.A.Hoffmann führt es

---

43 *Recension* in: *Allgemeine Musikalische Zeitung* XII (s. Anm. 37), Sp. 24.

als Beispiel für die „*Kraft des wahren Genius*" an, „*ohne alles Haschen nach Effekt und Originalität, das Gemüt im Innersten anzuregen*"[44].

Goethes Gedicht könnte als Muster eines Strophenliedes gelten:

I   *Im Felde schleich' ich still und wild*
    Gespannt mein Feuerrohr,
    Da schwebt so licht dein liebes Bild,
    Dein süßes Bild mir vor.

II. *Du wandelst jetzt wohl still und mild*
    Durch Feld und liebes Thal,
    Und, ach, mein schnell verrauschend Bild,
    Stellt sich dir's nicht einmal?

III *Des Menschen, der die Welt durchstreift*
    Voll Unmut und Verdruß,
    Nach Osten und nach Westen schweift,
    Weil er dich lassen muß.

IV *Mir ist es, denk' ich nur an dich,*
    Als in den Mond zu sehn;
    Ein stiller Friede kommt auf mich,
    Weiß nicht, wie mir geschehn.

Die vier Strophen entsprechen einander vollkommen: Nicht nur zeigen die korrespondierenden Verse parallelen Bau (der erste und dritte Vers jeder Strophe ist vierhebig, der zweite und vierte dreihebig; alle Verse zeigen ebenmäßigen, an keiner Stelle gestörten, steigenden — jambischen — Rhythmus), nein, auch die inhaltliche Struktur der Verse und Strophen zeigt Korrespondenzen: Die längeren ersten und dritten Verse beginnen gewichtig, fallen danach leicht ab und steigern sich dann wieder gegen das Ende, gegen die Verskadenz; die zweiten Verse begin-

---

44 E.T.A. Hoffmann, *Zwölf Lieder alter und neuerer Dichter ... von W.F. Riem* (Rezension, s. Anm. 9).

nen leichter und zeigen eine gleichmäßigere Steigerung. Eine besondere Stellung als „Conclusio" nehmen die vierten Verse ein. In *„Dein süßes Bild mir vor"* beispielsweise hat jedes Wort sein eigenes Gewicht: *„Bild"* ist das zentrale Wort der zweiten Strophenhälfte; *„süß"* ist ein traditionell besonders empfindungsstarkes Wort; in *„dein"* und *„mir"* spricht sich die Beziehung der beiden Personen des Gedichtes, des Jägers zu der entfernten Geliebten aus; *„vor"* endlich erhält als Reimsilbe unabhängig von jedem Inhalt sein Gewicht.

Auch die Strophen im Ganzen sind jeweils parallel gebaut: Die ersten beiden Verse jeder Strophe sind miteinander eng verbunden, bilden eine syntaktische Einheit. Die dritten und vierten Verse gehören ebenfalls zusammen, doch trennt sie — schon weil ja der letzte Vers als „Conclusio" herausgehoben ist — eine stärkere Zäsur, als die beiden ersten Verse. In der ersten, zweiten und vierten Strophe entsteht dabei eine Art Antithese zwischen erster und zweiter Strophenhälfte. Die erste Hälfte erscheint eher dynamisch und aktiv (ich schleiche; du wandelst; ich denke an dich), die zweite statisch und passiv (da schwebt dein Bild mir vor; mein Bild, stellt sich dir's?; Friede kommt auf mich). Nur die dritte Strophe macht eine Ausnahme; in ihr nämlich bilden alle vier Verse inhaltlich eine Einheit: Die zweite Strophenhälfte wiederholt im Grunde die erste.

Der Affekt der vier Strophen allerdings wechselt — darauf hat uns Goethe selbst schon aufmerksam gemacht. Die erste und dritte Strophe seien markig und wild, die zweite und vierte weicher vorzutragen, denn *„da tritt eine andere Empfindung ein"*. Diesen Wechsel der Affekte darzustellen, das wissen wir, ist jedoch nicht Sache des Komponisten, sondern des Sängers.

Wie nun hat Reichardt das Lied komponiert?

Beispiel 5:

Langsam und leise

Im Fel- de schleich ich still und wild, lausch mit dem Feu- er- rohr; ___ da schwebt so licht dein lie- bes Bild, dein *sü-ßes Bild mir vor_____.*

In einem Strophenlied ist — das zeigten unsere bisherigen Überlegungen deutlich — eine unmittelbare Bindung der Musik an sprachliche Details auf der ersten und weitgehend auch der zweiten Ebene sprachlich-musikalischer Beziehungen ausgeschlossen, von denen wir in der Einleitung sprachen (siehe oben, S. 25 ff.) — das heißt: auf den Ebenen der Wörter und der syntaktischen Einheiten. Wenn Reichardt schreibt, er lese und singe sich so lange in ein Gedicht ein, bis die Melodie für alle Strophen *„richtig und angenehm singt"* (siehe oben, Anm. 16), wenn Affekt und Sprache aller Strophen erst wie in einem Brennpunkt zusammengefaßt und dann neu entwickelt werden, dann können sprachliche Details nicht länger wirksam bleiben, dann treten solche Elemente hervor, die in der Sprache selbst schon allgemein und musikalisch wirksam sind. In der ersten, der musikalischen Schicht der Sprache sind dies vor allem die alle Strophen in gleicher Weise regulierenden Elemente der Metrik, der Vers- und Strophenbau; in der semantischen Schicht ist es der Grundaffekt oder ein gemeinsames inhaltliches Moment.

In Reichardts Komposition (zuerst erschienen 1781, dann — revidiert — 1809 in seiner Sammlung *Göthe's Lieder, Oden, Balladen und Romanzen*) ist die Dominanz des Metrischen sofort und unmittelbar ohrenfällig. Die Singstimme deklamiert in einer gleichmäßigen Folge von Jamben — auch dann, wenn die unbetonte Silbe inhaltlich gewichtiger ist, als die betonte, so etwa zu Beginn des zweiten Verses: *„lausch mit"*. Zäsuren sind nur dort deutlich markiert, wo auch bei der Deklamation des Gedichtes der dreihebige Vers am Ende eine Pause verlangt. So gliedert sich dann auch die Strophe fast zwanglos in zwei Abschnitte: Die erste Strophenhälfte ist durch die Zäsur von der zweiten abgesetzt.

Neben der Metrik ist es die innere Versmelodie, die in Reichardts Lied ihre gleichsam natürliche Korrespondenz findet. Die erste Zeile beginnt steigend — dem gewichtigen Versanfang entsprechend. Sie führt dann hinauf zur Quinte, schließt aber in der Terzlage, die weniger neutral, affektreicher ist, als die Quintlage. Der zweite Vers fällt dagegen zunächst ab und steigt dann zu derselben Terzlage wieder empor. Den melodisch aufsteigenden Formeln der ersten Strophenhälfte setzt der Komponist danach die melodisch absteigenden Formeln der zweiten Strophenhälfte entgegen. Die antithetische Struktur der Strophen (ausgenommen, wie wir gesehen haben, der dritten) findet so ihre Entsprechung.

Im dritten Vers wird dabei die Gleichgewichtigkeit von Versbeginn und Versende besonders deutlich: Beide Vershälften beginnen in der Quintlage und fallen das erste Mal zur Dominante (leichter Takt), das zweite Mal zur Tonika (schwerer Takt) ab, wobei die Aufeinanderfolge von leichtem und schwerem Takt bei aller Gleichgewichtigkeit deutlich macht, daß der Vers wie der musikalische Satz vom Zielpunkt, von der Kadenz her determiniert ist. Der vierte Vers, die Conclusio, faßt musikalisch den Inhalt der ganzen Strophe zusammen: Dreiklangsbrechung (wie in der ersten Strophenhälfte), aber fallende Melodik (wie in der zweiten Strophenhälfte), Wechsel von Dominante und Tonika aber auch Schlußkadenz in die Terzlage.

Im Bereich des Semantischen ist allen Strophen des Gedichtes zunächst die handelnde Person gemeinsam: der Jäger, ebenso die „ferne Geliebte", die jedoch nicht als Person, sondern als „schwebendes Bild" in Erscheinung tritt. Ein Grundaffekt ist, wie gesagt, schwer zu fassen. Am ehesten ist allen Strophen noch eine gewisse innere Erregung gemeinsam, die sich freilich in der letzten Strophe — wohl nur im Sinne einer Illusion — in *„stillen Frieden"* löst.

Reichardts Melodie stellt uns zunächst den Jäger vor. Die Melodie erinnert an ein Hornsignal, an einen als Jäger- und Jagdsymbol allgemein verständlichen musikalischen Topos. Diese Jagdhornmelodie erfüllt damit auch eine weitere für das Lied der mittleren Goethezeit verbindliche Grundforderung: *„Zu dem Ende",* schreibt Johann Abraham Peter Schulz in seinem Vorbericht zu den *Liedern im Volkston*[45], *„habe ich . . . mich in den Melodien selbst der höchsten Simplicität und Faßlichkeit beflissen, ja auf alle*

---

45 J.A. Peter Schulz, *Lieder im Volkston. Erster Theil. Zweyte verbesserte Auflage,* Berlin 1785, Vorbericht. Zitiert nach Max Friedlaender, *Das deutsche Lied im 18. Jahrhundert,* Band I, 1, Stuttgart und Berlin 1902, S. 256. Nicht aus der Ähnlichkeit mit schon Gehörtem allein wächst für Schulz übrigens der *„Schein des Bekannten",* sondern *„durch eine frappante Aehnlichkeit des musikalischen mit dem poetischen Tone des Liedes; durch eine Melodie, deren Fortschreitung sich nie über den Gang des Textes erhebt, noch unter ihm sinkt, die, wie ein Kleid dem Körper, sich der Declamation und dem Metro der Worte anschmiegt, die außerdem in sehr sangbaren Intervallen, in einem allen Stimmen angemeßnen Umfang, und in den allerleichtesten Modulationen fortfließt . . .".* Aus der Übertragung des *„poetischen Tones"* in den musikalischen resultiert dann in unserem Lied eine scheinbar bekannte Hornmelodie.

*Weise den Schein des Bekannten darinzubringen gesucht
. . . in diesem Schein des Bekannten liegt das ganze Geheimnis des Volkstons".* Es gibt nun kaum etwas „Bekannteres"
als solch eine Jagdhornmelodie — auch wenn man wohl vergeblich nach einem Hornsignal suchen wird, wie Reichardt
es hier geschrieben hat. Nicht bekannt soll die Melodie ja
sein, sondern den „Schein" des Bekannten haben. Es ist daher nicht verwunderlich, daß andere Vertonungen des Goetheschen Gedichtes in ganz ähnlicher Weise „bekannt scheinen" — so etwa eine Komposition von Bernhard Anselm
Weber, in der die Hornmelodik der Singstimme in der Begleitung noch verdeutlicht wird[46]. Diese ist durchaus zweistimmig, und zwischen Terzen- und Sextenparallelen vermitteln immer wieder sogenannte „Horn-Quinten".

Während dem Jäger so die Hornmelodik zugeordnet ist,
findet das „schwebende Bild", die entfernte Geliebte, ihr
musikalisches Echo in den eigentümlich schwebenden Terzschlüssen — vor allem in der zweiten Strophenhälfte, in der
von diesem „Bild" ja auch zum erstenmal die Rede ist. Dort
verbindet sich der Terzschluß nämlich mit der ebenso offenen, aber zudem auch tonal mehrdeutigen Quinte; nur wie
zufällig und im Vorübergehen streift die Melodie hier den
Grundton der Tonart. Die Illusion der Nähe der Geliebten,
die der Jäger ja *„lassen muß"* (wie es in der dritten Strophe
heißt), spricht die Musik so deutlich aus.

Schließlich: „innere Erregung". Sie darzustellen, vor allem auch in den unterschiedlichen Nuancen der einzelnen
Strophen, ist Sache des Sängers. Sie klingt aber, allgemeiner
wohl, auch in der Komposition wieder, und zwar — so
seltsam dies zunächst erscheinen mag — in der Tempo- und
Vortragsbezeichnung: *„Langsam und leise".* Die Melodiege-

---

[46] Das Lied ist abgedruckt in: *Gedichte von Goethe in Compositionen seiner Zeitgenossen,* hsg. von Max Friedlaender, Weimar
1896 (= *Schriften der Goethe=Gesellschaft* XI), S. 33.

stalt des Hornsignals läßt nämlich eigentlich den Affekt des
„munteren Jagens", ein leicht beschwingtes Tempo und
deutlich markierte Akzente erwarten. Dieses, der Melodie
eigentlich eigene Tempo, wird hier künstlich zurückgedrängt, die Akzente werden nur „leise" angedeutet. Dabei
entsteht eine unterdrückte Spannung, eben eine „innere
Erregung", die auch das Wort vom „stillen Frieden" in der
letzten Strophe Lügen straft, als Illusion ausweist. In diesem
Sinne ist daher die Tempovorschrift (die in der ersten Fassung von 1781 noch eindringlicher *„mit gedämpfter Stimme
und zurückgehaltener Bewegung"* lautete) nicht nur Vortragsanweisung, sondern Teil der Komposition.

Von der Instrumentalstimme, der „Klavierbegleitung",
war bisher überhaupt nicht die Rede. Der Grund dafür liegt
auf der Hand: Eine selbständige Klavierstimme gibt es
nicht. Der musikalische Inhalt des Liedes ist durch die Liedmelodie gegeben — die Instrumentalstimme fügt dem nichts
hinzu, weder rhythmisch, noch melodisch, noch harmonisch. *„Liedermelodien, in die jeder, der nur Ohren und
Kehle hat, gleich einstimmen soll, müssen für sich ohn' alle
Begleitung bestehen können . . . Eine solche Melodie wird
allemal — um es dem Künstler mit einem Worte zu sagen,
den wahren Charakter des Einklanges (Unisono) haben, also
keiner zusammenklingenden Harmonie bedürfen oder auch
nur Zulaß gestatten"* — dies schrieb Reichardt 1781 in der
Vorrede zu seinen *Frohen Liedern für deutsche Männer*[47];
und wie die in dieser Sammlung vereinigten Volkslieder, so
läßt sich auch *Jägers Nachtlied* ganz ohne Begleitung singen
— es verliert dabei nichts.

So läßt sich Reichardts Lied gleichsam als Paradigma für
die erste der fünf Kategorien einer möglichen Verbindung
von Sprache und Musik im Lied anführen, von denen am
Ende der *Einleitung* die Rede war, als Paradigma jener Kate-

---

47 Zitiert nach A. Feil, *Franz Schubert* (s. Anm. 9), S. 13.

gorie, in der sich eine musikalische Linie wie von selbst mit dem Text verbindet. In Nägelis *Historisch-kritischen Erörterungen* vertritt dies Lied die zweite Epoche der *Liederkunst*, die der „*declamatorischen*" Musik[48].

Im Juni 1815 wendet sich Franz Schubert zum erstenmal *Jägers Abendlied* zu; seine erste Bearbeitung dieses Textes trägt in Otto Erich Deutschs *Thematischem Verzeichnis* seiner Werke die Nummer 215. Die Komposition entstand in Schuberts reichstem Liederjahr, in einer Zeit, in der er sich mehr als sonst jemals mit dem Strophenlied auseinandergesetzt hat. Schubert kannte Reichardts berühmte Komposition ohne Zweifel — und er wollte es ohne Zweifel anders machen als dieser. Vor allem mißfiel ihm wohl die Kürze, die Lakonik der acht Reichardtschen Takte — er wollte weiter ausholen. Daher faßte er jeweils zwei der Goetheschen Strophen zu einer musikalischen zusammen und weitete so das Lied auf 17 Takte[49]. Das hatte allerdings auch fatale Folgen: Die inhaltliche Inkongruenz der ersten und dritten Strophe, die nun musikalisch unmittelbar aufeinander bezogen sind, wird so besonders deutlich. Schubert malt Vers 3—4 der ersten Strophe (*„da schwebt so licht dein liebes Bild, dein süßes Bild mir vor"*) in „schwebenden" Melismen der Singstimme — die Verse 3—4 aus der dritten Strophe (*„nach Osten und nach Westen schweift, weil er dich lassen muß"*) wollen dazu in keiner Weise passen. Wohl deshalb auch hat Schubert die Komposition beiseitegelegt und das Gedicht bald darauf, vermutlich Anfang 1816, noch ein zweites Mal vertont (D 368). In dieser Gestalt hat er das Lied fünf Jahre später zum Stich gegeben; es erschien zusammen mit *Schäfers Klagelied* (D 121), *Heidenröslein* (D 257) und *Meeres Stille* (D 216) in Schuberts Lieder-

48 H.G. Nägeli, *Historisch-kritische Erörterungen* (s. Anm. 14), Sp. 637.
49 Das Lied ist abgedruckt in: *Neue Schubert-Ausgabe*, Serie IV; *Lieder*, Band 1, Kassel etc 1970, Teilband b, S. 198 f.

heft op. 3, das — wie auch die Liederhefte op. 1, 2, 5 — ausschließlich Goethe-Lieder enthält[50].

Diese, Schuberts zweite Bearbeitung des Gedichtes, ist nun wieder ein Strophenlied wie Reichardts Komposition: Jede Strophe des Liedes entspricht einer Strophe des Gedichts. Allerdings hat Schubert Goethes dritte Strophe ausgeschieden — nicht sofort bei der Komposition, jedoch schon unmittelbar darauf in einer Reinschrift des Liedes, die er mit anderen Liedern zusammen Goethe nach Weimar sandte, und dann in der gedruckten Fassung. Schubert eliminert so die einzige in ihrer Struktur von den übrigen abweichende Strophe; das Lied wirkt somit als Strophenlied geschlossener und überzeugender. Es ist dies jedoch ein Eingriff des Musikers in seinen Text, durch den sich der Musiker — ganz wie Nägeli es von den Komponisten seiner vierten Epoche fordert — neben den Dichter stellt, die Dichtung dabei wesentlich verändernd. In Schuberts Lied fehlt nun die entscheidende Zeile *„weil er dich lassen muß"*, die reale Beziehung des Jägers zu seiner Geliebten bleibt so im Unklaren, das Element des Traumhaften tritt dafür umso stärker in den Vordergrund. Aus der Illusion wird Vision.

Schuberts Lied beginnt deklamatorisch — Reichardts Vertonung darin nicht unähnlich. Auch bei Schubert wirkt das Versmetrum konstitutiv:

---

50 Zu Schuberts Goethe-Liedern vgl. W. Dürr, *Aus Schuberts erstem Publikationsplan: Zwei Hefte mit Liedern von Goethe*, in: *Schubert-Studien. Festgabe der Österreichischen Akademie der Wissenschaften zum Schubert-Jahr 1978*, hsg. von Franz Grasberger und Othmar Wessely, Wien 1978, S. 43—56.

Beispiel 6:

Sehr langsam, leise

Im Fel - de schleich ich still und wild

Die akzenttragenden Silben sind in der Musik gedehnt und zudem noch durch melodische Spitzentöne besonders herausgehoben. Allerdings: die Dehnung ist gegenüber Reichardts Komposition noch verstärkt; aus dem Verhältnis 2:1 (für Länge zu Kürze) ist 3:1 geworden, zudem ist das Tempo noch mehr zurückgenommen: *„Sehr langsam, leise"* lautet hier die Vorschrift. Ein solches Dehnungsverhältnis wäre in einem Lied nach Art des Reichardtschen, in dem die Singstimme auch ohne Begleitung nicht nur verständlich, sondern auch singbar bleiben soll, undenkbar — es ist nur möglich, wenn die Klavierstimme wie hier durch ihre Sechzehntelfiguren die Dehnungen untergliedert. Sie setzt dabei auch neue, der Singstimme widersprechende Akzente: man beachte die Akzentzeichen jeweils auf der zweiten, schwächeren Zählzeit des Taktes. Die Klavierstimme ist in diesem Lied also nicht nur konstitutiv für die Komposition (weil die Singstimme ohne sie nicht auskommt), sie ist zugleich auch Widerpart der Singstimme. Unter dem Impetus der darauf folgenden Akzente fordern die Sechzehntel der Klavierstimme die Singstimme übrigens geradezu heraus, nun ihrerseits die Silben zu untergliedern, Melismen einzuführen und so die Sechzehntelbewegung fast im Sinne komplementärer Rhythmen weiterzuführen. Diese Melismen finden sich jedoch jeweils bei den unbetonten Silben, erhöhen deren Gewicht und bilden so ein auch deklamatorisches Gegengewicht zu den überdehnten und melodisch ausgezeichneten betonten Silben.

Der erste Vers endet offen, auf der Dominante; der zweite, der zunächst zur Tonika zurückkehrt, schließt sich daher unmittelbar an ihn an. Auch hierin folgt Schubert wieder wie Reichardt der Struktur der Goetheschen Strophe: In einem großen melodischen Bogen erreicht der Komponist den Schluß, den Kadenzton des ersten Verses (as') dabei durch eine Modulation zur Dominante als neuen Grundton ausweisend. Dann aber geht die Komposition ganz anders weiter, als wir nach Reichardt erwarten: Schubert nutzt nicht die fehlende vierte Hebung im zweiten Vers zu einer die Zäsur deutlich markierenden Pause — im Gegenteil, der dritte Vers folgt unerwartet gleich nach der dritten Hebung, läßt dem zweiten nicht die Zeit, in vier regulären Takten auszuklingen. Die innere Erregung, die das ganze Lied beherrscht, läßt dies nicht zu.

Die Verkürzung des zweiten Verses von vier auf nur drei Takte hat aber Folgen: Die gesteigerte Spannung erzwingt einen Wechsel der Deklamationseinheit. Nicht mehr in Vierteln (beziehungsweise punktierten Vierteln und Achteln) deklamiert Schubert, sondern in Achteln (beziehungsweise punktierten Achteln und Sechzehnteln). Nicht eine Pause also, sondern eine ganz neue rhythmische Gliederung des Taktes (4/8-Takt statt 2/4-Takt) markiert den Bruch in der Strophe. Die antithetische Struktur der beiden Strophenhälften zeigt sich so bereits in der Deklamation.

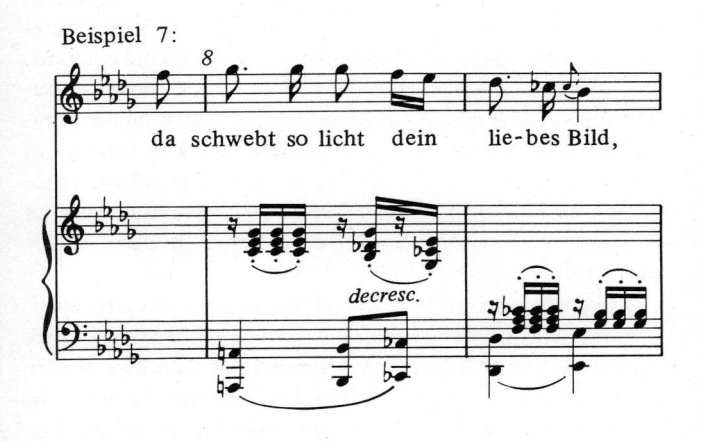

Beispiel 7:

Die Antithese beschränkt sich aber nicht nur auf die Deklamation. Während in der ersten Strophenhälfte Singstimme und Instrumentalstimme zueinander im Gegensatz stehen, ergänzen sie einander hier; die widerborstigen Akzente sind verschwunden, in gleichsam ekstatischem Portato verdoppelt die rechte Hand der Klavierstimme weitgehend die Singstimme, und die Baßlinie führt in ruhiger Zielstrebigkeit zu den (meist allerdings trugschlüssigen) Kadenzen. Während so im Verhältnis von Singstimme und Klavierstimme, in ihrer rhythmischen Struktur, ihrem Bewegungsverlauf die zweite Strophenhälfte ausgeglichener erscheint, als die erste, kehrt sich dieser Eindruck um, betrachten wir den harmonischen Verlauf. Dieser erscheint in der ersten Strophenhälfte fast so einfach wie bei Reichardt; er führt, nach zunächst beharrlich festgehaltener Grundtonart, erst gegen Ende des zweiten Verses in die Dominante. In der zweiten Strophenhälfte hingegen — sie beginnt sofort mit einem verminderten Septakkord — ist er weit gespannt und durchweg mehrdeutig. Die erwarteten Modulationen (zunächst in die Subdominante Ges-dur, dann zurück in die Ausgangstonart Des-dur) werden vermieden. Erst in den letzten beiden Takten haben wir harmonisch wieder sicheren Boden unter den Füßen.

In diesen letzten beiden Takten begegnet uns übrigens zum erstenmal eine Textwiederholung. Wie in einem Madrigal des sechzehnten Jahrhunderts wird der besondere Charakter der Conclusio durch Wiederholung deutlich gemacht. In diesem Lied kommt das vor allem der letzten Strophe zugute. Der Vers *„weiß nicht, wie mir geschehn"* — er steht noch deutlicher für sich, als die letzten Verse der übrigen Strophen — erhält so den Charakter einer Conclusio nicht nur der letzten Strophe, sondern des ganzen Liedes. In Johann Michael Vogls *Veränderung* dieses Liedes wird das durch eine besondere Auszierung dieser letzten Zeile der letzten Strophe noch unterstrichen[51]:

---

51 Vogls veränderte Fassung von Schuberts *Jägers Abendlied* ist abgedruckt in: *Neue Schubert-Ausgabe*, Serie IV: *Lieder*, Band 1 (vgl. Anm. 42), S. 273—275. Das Lied ist in Vogls Niederschrift nach As-dur transponiert; es wird hier aber, um einen Vergleich zu erleichtern, in der Originaltonart wiedergegeben.

Beispiel 8:

(Notenbeispiel: Schubert und Vogel, Takt 10 ff., Text: "weiß nicht, wie mir geschehn, weiß nicht, wie mir geschehn.")

Die Beschreibung der unterschiedlichen Faktur der beiden Strophenhälften führt zu der Frage nach ihrem „Warum" und diese Frage wiederum aus der rein musikalischen Schicht des Gedichtes in die semantische. Anders als für Reichardt stehen für Schubert nicht die Personen des Gedichtes im Vordergrund, sondern dessen Affekte. Nicht auf Hornsignale wird hier angespielt (wenn man nicht die ersten zwei Takte der Singstimme als Relikt davon nehmen will); daß der Liebende ein Jäger ist, erscheint hier unwesentlich. Wesentlich hingegen ist das Bild des Schleichens, das „still" ist (daher die Vortragsbezeichnung *„leise"*), aber „wild", daher die widerborstige Klavierstimme; der Liebende, der Jäger erscheint niedergedrückt, gegen die Realität sich wehrend, die in dem klaren harmonischen Ablauf manifest wird. Ihr stellt sich entgegen die Vision, *„dein liebes Bild".* Innere Konflikte gibt es in einer Vision nicht, Singstimme und Klavier stimmen nun zueinander, aber der schwebende, unwirkliche Charakter der Vision spiegelt sich in den Portato-Figuren des Klaviers, in der exponierten Lage der Singstimme, vor allem aber in der instabilen Harmonik des Abschnitts. Die Antithese von Realität und Vision löst sich jedoch nicht. Sie kann sich auch in einem Strophenlied nicht lösen, in dem musikalische Elemente von Strophe zu Strophe unverändert wiederkehren. Die offene Frage am Ende der letzten Strophe — *„weiß nicht, wie mir geschehn"* — scheint dies jedoch zu rechtfertigen.

Wie in der Mehrzahl der Strophenlieder Schuberts ist die musikalische Faktur von der ersten Strophe abgeleitet. Sie ist hier aber so deutlich inhaltlich definiert, daß sie in den folgenden Strophen auch für sich bestehen kann. So verweist dann etwa in der zweiten Strophe, wenn der Jäger die Geliebte sich vorstellt: *„Du wandelst jetzt wohl still und mild durch Feld und liebes Tal"*, die Musik auf die reale Situation des Jägers, ebenso in der letzten Strophe, bei *„ein stiller Friede kommt auf mich"* auf die Bindung dieses Friedens an seine Vision.

Wenn aber so jede Strophe des Gedichts immer wieder auf die erste Strophe bezogen ist, wenn so das Gedicht durch die Musik neu interpretiert wird im Sinne von Hans Georg Nägelis Polyrhythmie, dann läßt sich auch das wesentlich Neue in dieser Komposition erkennen: Der Musiker bildet eigene Strukturen aus, die parallel zu denen des Gedichtes wirksam sind, sie teils ergänzend, teils auch zu ihnen kontrastierend. Dieses Lied ist — obwohl ein Strophenlied — ein romantisches Lied (vgl. die dritte Kategorie der Beziehungen von Sprache und Musik im Lied), es gehört Nägelis vierter Epoche der *„Liederkunst"* an. Von *„Volkston",* vom *„Schein des Bekannten",* kann hier keine Rede mehr sein. Nicht nur der Charakter der Singstimme verbietet dies, ihr Umfang, die leiterfremden Töne, die zahlreichen Verzierungen — es ist vor allem die Unverzichtbarkeit der Klavierstimme, die auch die Singstimme in der Gestalt, in der Schubert sie niedergeschrieben hat, erst möglich macht.

Für Franz Schubert, der in dieser Weise nicht selten aus einer charakteristischen Strophe oder einer charakteristischen Zeile eine charakteristische Melodie und — wie wir sahen — oft auch einen charakteristischen Satz gestaltet, auf die er dann das ganze Lied bezieht, spielt das Strophenlied eine große Rolle. Auch wenn es in seinem Schaffen nach den Jahren 1815—1816 dem durchkomponierten lyrischen Lied gegenüber etwas zurücktritt, so bleibt es ihm doch bis in seine letzte Zeit hinein gegenwärtig. Die drei Lieder *Der Wallensteiner Lanzknecht beim Trunk* (D 931), *Der Kreuzzug* (D 932) und *Des Fischers Liebesglück* (D 933) vom November 1827 und ebenso *Herbst* (D 945) vom April 1828 — das heißt aber: Schuberts letzte Lieder vor dem *Schwanengesang* — sind reine Strophenlieder, und reine Strophenlieder sind auch vier Lieder aus der *Winterreise* (D 911). Mit Schuberts Tod allerdings wandelt sich das Bild. Das Strophenlied — im allgemeinen Bewußtsein noch immer von dem Liedtypus Reichardts und Zelters geprägt — tritt deutlich in den Hintergrund. Bezeichnend dafür ist gerade *Jägers Abendlied*: Während zu Beginn des Jahrhunderts die bedeutendsten Liedkomponisten den Text vertonen, sind unter den *„mehr als 25 neueren Musikern"*, die gegen Ende des Jahrhunderts auf das Gedicht zurückgegriffen haben[52], keine bekannteren Namen mehr.

Es scheint, daß sich das Strophenlied als *Lied im Volkston* in zunehmendem Maße mit dem Begriff des Volksliedes

---

52 Vgl. Max Friedlaender, *Goethes Gedicht in der Musik*, in: *Goethe-Jahrbuch* XVII, 1896, S. 183.

verbindet, von dem aber das Kunstlied, wie wir sahen[53], sich im gleichen Maße entfernt. Es ist kein Zufall, daß Strophenlieder vor allem dann entstehen, wenn Volkslieder oder Volkstümliches nachgeahmt werden sollen. Man denke an Schumanns *Volksliedchen* op. 51,2 (*"Wenn ich früh in den Garten geh"*) oder an sein „Kinderlied" *Marienwürmchen* op. 79,4 (*"Marienwürmchen, setze dich"*), ebenso an manche Lieder von Brahms, wie das *Ständchen* op. 14,7 (*"Gut Nacht, gut Nacht, mein liebster Schatz"*).

Dort freilich wirkt die Tradition des Reichardtschen und Zelterschen Liedes noch längere Zeit fort, wo die Beziehungen zu den beiden Berliner Meistern räumlich und zeitlich besonders eng erscheinen. Das zeigt sich etwa in den Liedern des zu seiner Zeit sehr beliebten Liederkomponisten Friedrich Curschmann (1805—1841). Curschmann, der in Berlin aufgewachsen ist, dann aber in Kassel Schüler Ludwig Spohrs und Moritz Hauptmanns wurde, stand in seiner Jugendzeit zweifellos unter dem Einfluß des „Berliner Liedes", das ja nicht nur die Komposition und die Salons beherrschte, sondern auch die Musikkritik (die Berliner *Allgemeine Musikalische Zeitung* erscheint auf dem Gebiet des Liedes fast noch konservativer als ihr Leipziger Gegenstück). Dennoch: in den seit etwa 1830 erscheinenden Liederheften Curschmanns erinnern nur wenige Strophenlieder an den Typus der — zugegebenermaßen besonders konsequent „volkstümlichen" — Reichardtschen Vertonung von *Jägers Abendlied,* und fast immer handelt es sich dann um Wiegenlieder (z.B. *"Schlaf, Kindchen, balde!",* op. 5,4), Wanderlieder (*Der lustige Wanderer,* op. 14,5) oder Lieder wie *Altes Volkslied* (op. 5,2). In der Mehrzahl der Lieder aber läßt nicht nur der Fortgang der Harmonie einen Verzicht auf die Klavierbegleitung nicht zu (die Begleitung gehört also zur musikalischen Substanz des Werkes), das

53 Vgl. oben S. 32 f., und Anm. 29.

musikalische Element tritt auch im Sinne von Nägelis Polyrhythmie durchaus gleichwertig neben das poetische. Das macht sich vor allem in zahlreichen Textwiederholungen bemerkbar: *„Nun, armes Herze, sei nicht bang! nun, armes Herze, sei nicht bang! nun muß sich alles wenden, alles wenden, nun muß sich alles, alles wenden"*, heißt es am Ende des zweiten Teils der ersten Strophe von *Frühlingsglaube* (op. 5,3) — Textwiederholungen, die noch weit über die in Schuberts berühmter Vertonung dieses Gedichtes von Uhland hinausgehen[54].

Auch bei einem anderen Berlin eng verbundenen Komponisten sind reine Strophenlieder noch zahlreich: bei Felix Mendelssohn Bartholdy. Das ist nicht verwunderlich. Mendelssohn war nicht nur Schüler Zelters — er verehrte den Meister und war ihm sein Leben lang verbunden — er war auch Schüler Ludwig Bergers (1777—1839), eines Musikers, der durch sein Klavierspiel ebenso, wie durch seine Lieder bekannt war. Diese Lieder dürften nicht ohne Einfluß auf Mendelssohn geblieben sein. Sie schließen zwar vom Typus her an Schulzes *Lieder im Volkston* an, greifen aber harmonisch weit aus, nicht im Sinne unerwarteter Modulationen, aber durch die Verwendung harmoniefremder Töne, chromatischer Linien und Akkordverbindungen und durch eine gewisse Vorliebe für terzverwandte Akkorde[55].

Noch vor seiner ersten Englandreise, vielleicht um 1825 (das heißt: einige Jahre nach Schuberts Komposition des Gedichtes) vertonte auch Mendelssohn Uhlands *Frühlingsglauben*. Das Lied erschien spätestens 1828 als Nr. 8 der

---

54 Eine ausführliche Analyse des Schubertschen Liedes bietet Arnold Feil, *Studien zu Schuberts Rhythmik*, München 1966, S. 30 ff.

55 Vgl. hierzu Luise Leven, *Mendelssohn als Lyriker unter besonderer Berücksichtigung seiner Beziehungen zu Ludwig Berger, Bernhard Klein und Ad. Bernh. Marx*, Diss. Frankfurt M. 1926, S. 20.

zwölf Lieder op. 9. Schuberts Lied kannte Mendelssohn sicher nicht; erst seit 1827 weiß man, daß er sich überhaupt mit Schuberts Liedern beschäftigt hat[56]. Auch Curschmanns Lied, das ja erst nach 1830 erschienen ist, war ihm natürlich unbekannt.

Uhlands Gedicht widersetzt sich einer unmittelbaren, gleichsam naiven Übertragung in Musik. Die beiden Strophen sind nicht nur länger, sie sind auch weniger regelmäßig gebaut als *Jägers Abendlied* von Goethe:

I,1 *Die linden Lüfte sind erwacht,*
Sie säuseln und weben Tag und Nacht,
Sie schaffen an allen Enden.
4 *O frischer Duft, o neuer Klang!*
Nun, armes Herze, sei nicht bang!
Nun muß sich alles, alles wenden.

II,1 *Die Welt wird schöner mit jedem Tag,*
Man weiß nicht, was noch werden mag,
Das Blühen will nicht enden.
4 *Es blüht das fernste, tiefste Tal;*
Nun, armes Herz, vergiß die Qual!
Nun muß sich alles, alles wenden!

Die Verse eins, zwei, vier und fünf jeder Strophe sind vierhebige Verse mit steigendem Rhythmus und männlicher Kadenz. Da jeder Vers im Gedicht mit einem Auftakt beginnt, erlaubt die männliche Kadenz in der Rezitation den unmittelbaren Anschluß des folgenden Verses (will man diesen jedoch vermeiden, um die Zäsuren am Versende deutlich zu machen, dann wird man einen Einschnitt etwa von der Dauer eines Verstaktes — Hebung und Senkung —

---

56 Am 5. Dezember 1827 berichtete die Berliner *Allgemeine Musikalische Zeitung*: „*Herr Bader trug den Erlkönig von Schubert vor, den Herr Felix Mendelssohn am Flügel begleitete*"; vgl. Otto Erich Deutsch, *Schubert. Die Dokumente seines Lebens* (s. Anm. 39), S. 465.

in Kauf nehmen müssen). Der dritte Vers jeder Strophe erscheint dreihebig mit weiblicher Kadenz, doch wird man ihn wohl nach Art volkstümlicher deutscher Metrik („Knittelvers") wie die übrigen Verse vierhebig lesen, indem man die vorletzte Silbe zu einem ganzen Takt dehnt:

Das Blúehen will nicht én - dèn. (x x́x x̀x ─́ x̀)[57]

Der letzte Vers jeder Strophe schließlich überrascht. Man erwartet — in Korrespondenz zum dritten Vers — wieder drei Hebungen mit weiblicher Kadenz: *Nun muß sich alles wenden*. Die Wiederholung des *„alles"* jedoch, die emphatische Steigerung, die darin liegt, durchbricht das Versschema. Der letzte Vers ist in der Deklamation nämlich ebensowenig vierhebig wie der dritte Vers dreihebig gewesen war. Schon die Reimbildung *enden — wenden* zwingt zu analoger Deklamation:

Nun múß sich álles, álles wén - dèn. (x x̀x x́x x́x ─́ x̀)

Der Vers erklingt fünfhebig, in einer für das Lied, das lyrische Gedicht ungewohnten Versart. Zugleich tritt an die Stelle alternierender starker und schwacher Akzente eine Folge von starken Akzenten, die die Emphase noch steigert.

Nun korrespondieren zwar die einzelnen Verse in beiden Strophen hinsichtlich der Anzahl der Hebungen, nicht aber hinsichtlich der Silbenzahl, auch nicht der inneren Struktur. Im „Knittelvers" besteht „Füllungsfreiheit", das heißt: zwischen zwei Hebungen können mehrere unbetonte Silben stehen. So entspricht dem dritten Vers der zweiten Strophe, von dem vorhin die Rede war (*„Das Blúehen will nicht éndèn"*: x x́x x̀x ─́ x̀) in der ersten Strophe der Vers: *„Sie scháffen an àllen Éndèn"* (x x́vv x̀x ─́ x̀). Ähnliche Differenzen gibt es zwischen den ersten und zweiten Versen beider

---

[57] In der Regel enthält jeder Verstakt eine betonte und eine unbetonte Deklamationseinheit (x); zwei Einheiten können sich zu einer Länge verbinden (─), eine Einheit kann auch in zwei oder mehr Werte unterteilt werden (vv).

Strophen. In den vierten Versen wiederum ist zwar die Silbenzahl gleich, der Versaufbau aber verschieden: In der ersten Strophe findet der Komponist eine deutliche Zäsur nach der zweiten Hebung („*O frìscher Dúft / o nèuer Kláng*"), eine Zäsur zwischen zwei gleichgeordneten Anrufungen, über die er kaum hinweggehen kann — in dem entsprechenden Vers der zweiten Strophe könnte er jedoch eine Zäsur, wenn überhaupt, allenfalls vor der dritten Hebung annehmen: „*Es blúeht das férnste, / tíefste Tál*".

Der Komponist könnte nun über solche Strukturverschiedenheiten noch hinweggleiten, wenn er ein metrisch regelmäßiges Gedicht nach Reichardtscher Weise streng skandierend vertont — die unterschiedliche Silbenzahl hier zwingt ihn hingegen zur Anpassung der Melodie an den veränderten Versbau. Schubert beispielsweise hat daher in den verschiedenen Fassungen seiner Komposition des Liedes (D 686; op. 20,2[58]) entweder beide Strophen überhaupt ganz ausgeschrieben, oder aber wenigstens für die Singstimme die zweite Strophe noch einmal notiert. Die ersten Verse beider Strophen unterscheiden sich dabei in seiner Komposition nicht nur rhythmisch, sondern auch melodisch: Die veränderte Satzmelodie wirkt auf die Liedmelodie zurück. Es artikulieren sich nämlich die ersten Verse beider Strophen in jeweils zwei Melodiebögen, die beide verhältnismäßig entspannt beginnen, sich zum Ende hin steigern und nur auf der letzten Silbe vor der Zäsur wieder leicht zurückfallen:

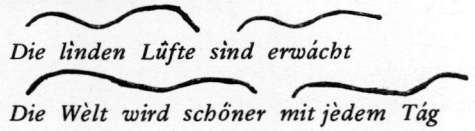

Die linden Lûfte sind erwácht

Die Wèlt wird schôner mit jèdem Tág

---

[58] Die drei Fassungen des Liedes sind abgedruckt in: *Neue Schubert-Ausgabe*, Serie IV: *Lieder*, Band 1 (vgl. Anm. 42).

Die zusätzliche Silbe „*mit*" im ersten Vers der zweiten Strophe gehört syntaktisch-deklamatorisch schon zum zweiten Melodiebogen; Schubert unterteilt daher in der zweiten Strophe nicht einfach das b' der ersten, sondern setzt nach der Zäsur auch melodisch wieder neu an:

Beispiel 9:

Die lin - den Lüf - te sind er - wacht

Die Welt wird schöner mit je - dem Tag

Unter einem Aspekt allerdings entspricht Uhlands Gedicht den ästhetischen Forderungen des Strophenliedes eher in noch höherem Grade als *Jägers Abendlied:* Beide Strophen sind von einer, von derselben Empfindung beherrscht. Die zweite Strophe fügt zu der ersten keine neuen Elemente hinzu, sie variiert diese nur (in den Schlußzeilen gar mit fast denselben Worten), vertieft sie zugleich und spricht das Gemeinte deutlicher aus. Wenn die *„linden Lüfte"* an allen Enden schaffen, dann heißt das: *„Die Welt wird schöner"*, dann heißt das aber auch: *„Nun muß sich alles, alles wenden"*. Der besondere, emphatische Akzent auf *„alles"*, gerade auf *„alles"*, deutet an, daß es nicht nur in der Natur zu blühen beginnt, daß auch des Menschen Herz Angst und Qual vergißt, daß auch die Welt der Menschen mit jedem Tage schöner wird. *Frühlingsglaube* — das ist vielleicht auch der Glaube an einen politischen Frühling. Das Gedicht ist im März 1812 entstanden, als die Hoffnung auf eine Wende, auf ein Ende der napoleonischen Herrschaft, allgemein war — damit verbunden jedoch auch die Hoffnung auf eine grundsätzliche Wende der gesellschaftlichen Verhältnisse. Diese Hoffnung aber war auch um 1830 nur erst ein *Frühlingsglaube*.

Anders als Reichardts und Schuberts Vertonungen von *Jägers Abendlied* beginnt Mendelssohns *Frühlingsglaube* mit einem Vorspiel. Wenn Strophenlieder zu Beginn des 19. Jahrhunderts überhaupt ein Vorspiel besaßen, dann diente dies meist als Intonation für den Sänger, trat an die Stelle eines sonst improvisierten Vorspiels. Es bestand entweder aus einem oder wenigen Akkorden, einer Kadenz, die die Tonart festlegte, oder aber einem Melodiezitat aus dem Lied, das Sänger wie Zuhörer einstimmte; damit aber gehörte es nicht zur eigentlichen Komposition des Liedes, konnte auch wegbleiben, wenn der Sänger seiner nicht bedurfte, oder durch ein anderes ersetzt werden. So sind uns nicht wenige Lieder Schuberts teils mit, teils ohne Vorspiel überliefert[59].

In Mendelssohns (wie übrigens auch in Schuberts, nicht aber in Curschmanns) *Frühlingsglauben* ist dies anders. Das Vorspiel ist hier wesentlicher Teil der Komposition[60]. Es beginnt zunächst zweistimmig, mit einem charakteristischen, drängend-erregten Motiv, zu dem sich bald verstärkend der Baß gesellt. Zunächst verharrt es durchaus auf der Tonika, nur durch leichte Ausweichungen die Erwartung steigernd. Was zunächst nur Bewegung ist, wird dann jedoch melodisch ausgestaltet und präsentiert sich in einem

---

59 Man vergleiche hier etwa die fünf Fassungen von Schuberts *Die Forelle* (D 550; op. 32), in: *Neue Schubert-Ausgabe,* Serie IV, *Lieder,* Band 2, hsg. von W. Dürr, Kassel etc. 1975.
60 Nicht ohne Grund hat Schubert gerade an der metrisch-rhythmischen Gestalt des Vorspiels zu dem Lied gearbeitet; vgl. hierzu Arnold Feil, *Studien zu Schuberts Rhythmik* (s. Anm. 54), S. 30 ff.

regulären vierstimmigen Satz. Endlich aber, als der Hörer am höchsten gespannt ist, den Einsatz der Singstimme erwartend, bricht die Bewegung plötzlich ab, und gründlich, fast pedantisch kadenziert das Vorspiel ab. Die Singstimme setzt ein, aber Singstimme und Klavierstimme nehmen — zumindest vorerst — keinerlei Bezug auf das Vorspiel. Das Vorspiel ist somit zwar wesentlich und charakteristisch, aber doch im eigentlichen Sinne Vorspiel: Es gibt an, worum es geht, es bez*eichnet* den Grundaffekt, hat aber damit seine Aufgabe erfüllt. Auf die eigentlich charakteristische Bewegung kommt Mendelssohn in dem Lied nicht mehr zurück, wohl aber greift der Komponist die melodische Formel vor der Kadenz verschiedentlich — wenn auch versteckt — wieder auf, derart auf das Vorspiel, und was es bezeichnen soll, zurückweisend.

Im eigentlichen Lied ist dann die Singstimme, das Vokale, das beherrschende Element. Nicht im Reichardtschen Sinne: auf das Instrument, auf die begleitende Klavierstimme kann der Sänger nicht verzichten. Dehnungen verlangen metrische, chromatische Linien harmonische Interpretation — das ist wie in Schuberts Lied. Anders als dort aber interpretiert, genauer: präzisiert das Instrument immer nur, was die Singstimme vorgegeben hat. Von den wenigen Stellen abgesehen, in denen Mendelssohn auf das Vorspiel zurückweist, fügt das Instrument nichts hinzu, es übernimmt keine eigene Funktion im polyrhythmischen Spiel.

Wie verhält sich nun die Singstimme zu den Problemen, die der Text stellt? Mendelssohn schreibt die beiden Strophen nicht aus wie Schubert; er behandelt das Gedicht wie ein echtes Strophenlied, mit zwei der Singstimme unterlegten Textstrophen. Er will aber auch dem Sänger nicht freistellen, wie er die Singstimme den sich verändernden Versen anpaßt. So gibt er Varianten durch Stichnoten an. Die Anrufungen im vierten Vers der ersten Strophe (*„O frischer*

Duft! O neuer Klang!") komponiert er etwa durch zwei in gleicher Weise chromatisch absteigende Linien:

Beispiel 10:

O fri-scher Duft! O neu - er Klang!
Nun blüht das fern-ste tief - ste Tal:

Dem Charakter des Anrufs entsprechend trennt er beide Linien durch eine Achtelpause. Im vierten Vers der zweiten Strophe hingegen überbrückt er die Zäsur, muß aber dann die ersten beiden Achtel des zweiten Anrufs binden, die Parallelität der beiden Linien derart verschleiernd.

Die Verse selbst skandiert Mendelssohn nicht, wie Reichardt dies tat. Das Verhältnis von betonter zu unbetonter Silbe ist nicht 2:1 (Viertel zu Achtel), wie es der 6/8-Takt nahelegt, sondern zunächst 5:1 (punktiertes Viertel mit zwei angebundenen Achteln zu einem einzelnen Achtel) und dann 3:3 (aequale Deklamation: erste Takthälfte betonte Silbe, zweite Takthälfte unbetonte Silbe). An die Stelle von skandierender Deklamation tritt so, wie bei Schubert, musikalische Deklamation. Die Überdehnungen (5:1) werden durch die Begleitstimme metrisch definiert. Da diese Begleitung jedoch uncharakteristisch ist, führen die Überdehnungen in der Singstimme zu melodischer Bewegung, zu melismatischen Bildungen. Schon in den ersten zwei Takten der Singstimme ist der ganze Oktavraum umschrieben.

Eine besondere Stellung im ersten Teil des Liedes nimmt, wie man erwarten konnte, der dritte Vers ein: *„Sie schaffen an allen Enden".* Dieser kürzeste Vers der Strophe ist in der Vertonung der längste des ersten Teils! Während die ersten beiden Verse regulär jeweils vier Takte beanspruchen, umfaßt der dritte fünf Takte:

Beispiel 11:

Mendelssohn will offensichtlich eine deutliche Zäsur setzen und dehnt daher die Kadenz „*Enden*" noch über das Maß hinaus, das der Knittelvers vorgibt. Allerdings: ein echter Fünftakter entsteht so auch nicht. Die doppelte Dehnung der vorletzten Silbe entspricht eher einer ausgeschriebenen Fermate vor dem Ende eines Abschnitts, wie sie der Sänger auch frei einführen könnte. Nicht um asymmetrische Metrik handelt es sich hier, sondern um deklamatorische Emphase. Auch hierin — wie bei der Angabe von Stichnoten — schränkt der Komponist die Freiheit des Sängers ein; die Komposition greift auf den Vortrag über.

Solche Übergriffe freilich haben Folgen für den weiteren Verlauf der Komposition. Nach der deklamatorischen Emphase am Ende des dritten Verses kann der Komponist die im Gedicht angelegte Steigerung am Ende der Strophe nicht einfach durch noch größere Dehnung eines Verses wiedergeben. Das kleine Strophenlied würde dadurch aus den Fugen geraten. Er macht daher aus der zweiteiligen Strophe ein dreiteiliges Lied, indem er den Text der zweiten Strophenhälfte wiederholt — vor allem aber deren entscheidende letzte Zeile: „*Nun muß sich alles, alles wenden*". Im zweiten Teil des Liedes vertont Mendelssohn sie wörtlich, deutet sie jedoch metrisch um. Zunächst nimmt er dabei durch die Folge leicht-schwer in der Akzentverteilung noch Bezug auf die erste Strophenhälfte: „*Ò frischer Dúft! Ò neuer Kláng!*" (x̀xx ´ x̀xx ´ ; vgl. oben Beispiel 10). Dann aber, nach einem Crescendo vom Pianissimo zum Forte, setzt die letzte Zeile wirklich volltaktig, mit schwerem Akzent ein: „*Nún mùß sich álles, àlles wéndèn!*" (´ x̀x x̀x x̀x ´ `; vgl. unten, Beispiel 12). Der Vers ist so nicht mehr nur fünf-, er ist sechshebig. Mendelssohn scheint damit zu unterstreichen, daß die Wende nicht irgendwann, daß sie „*nun*", daß sie jetzt kommt.

Das aber ist Anlaß für den Komponisten, bei der Wiederholung der zweiten Strophenhälfte aus diesem Vers deklamatorisch herauszuholen, was in ihm steckt. Auf die Verdopplung des *„alles"* kann er verzichten, das hatte er schon beim erstenmal gebracht. So betont er zunächst das Zwanghafte der Wende, durch Wiederholung des *„muß sich"* an Stelle des *„alles"* und durch Überdehnung des *„muß"* bei gleichzeitiger Rückkehr zu auftaktiger Deklamation. Nachträglich aber erweist sich die Überdehnung auch als Mittel einer Steigerung vom Pianissimo über Forte zum Fortissimo: Diesen stärksten dynamischen Grad des ganzen Liedes erreicht Mendelssohn dann doch erst bei dem entscheidenden Wort *„alles"* — und nicht nur das, Fortissimo singt die Stimme nach einem Oktavsprung einen Ton, der zugleich melodischer Spitzenton des ganzen dritten Liedteiles ist:

Beispiel 12:

muß sich al - les wen - den! nun muß sich al - les wen - den!

Mendelssohns *Frühlingsglaube* kann sich, will man Eric Werner folgen, mit Schuberts Vertonung nicht messen: *„Mendelssohn's version sounds fussily agitated, while in Schubert's it is gloriously impatient"*[61]. Doch steht Mendelssohns Komposition für einen ganzen Typus von Liedern, in denen der Komponist keineswegs mehr gleichsam naiv sprachliche Modelle in musikalische umsetzt, in der er durchaus mit der Sprache als seinem Material arbeitet. Nichts könnte dies deutlicher zeigen, als Mendelssohns Behandlung des letzten Verses des Gedichtes. Diese Arbeit aber ist deklamatorischer Natur (auch wenn die Deklamation verschiedentlich melismatisch geprägt ist). Interpretation resultiert nicht aus musikalischem Satz. Der Komponist verhält sich dem Text gegenüber im Grunde nicht wesentlich anders als der Komponist eines melismatisch ausgeführten Accompagnato-Rezitativs, auch wenn er dieses

---

[61] Eric Werner, *Mendelssohn. A New Image of the Composer and His Age*, London 1963, S. 125. In der deutschen Ausgabe seiner Biographie (*Mendelssohn. Leben und Werk in neuer Sicht*, Zürich 1980) hat Werner dies kühler formuliert: *„Die Stimmung dieses Liedes ist bei Schubert Ungeduld, bei Mendelssohn Aufregung"* (S. 149).

„Rezitativ" in liedhafte Melodik kleidet und es vor allem durch die Klavierbegleitung metrisch definiert (man vergleiche hier die zweite Kategorie sprachlich-musikalischer Beziehungen, oben, S. 33). Das Vorspiel bestätigt diesen „rezitativischen" Charakter. Wie mit erhobenem Zeigefinger, so sahen wir, weist es auf das Lied und nimmt doch nicht selbst daran teil. Nur ein einziges Element scheint weiterzuführen — der letzte Takt des Liedes überhaupt: eine kleine melodische Geste im Pianissimo, die — ohne vom Baß gestützt zu sein — den Schlußton vermeidet, auf der Quinte verharrt. Das ist wie leiser Zweifel, zarte Ironie: „muß" sich alles wenden? muß sich wirklich „alles" wenden? Als Mendelssohn das Lied komponierte, waren die Jahre des Aufbruchs lange vorüber.

Einige der Beobachtungen an Mendelssohns Lied führen auf die wichtigsten Gründe für das Zurückweichen des reinen Strophenliedes seit 1830. Der Komponist will die deklamatorische Variation, die Anpassung der Strophenmelodie an die Struktur des einzelnen Verses, nicht mehr dem Sänger überlassen. Er notiert sie selber. Diese neue Haltung des Komponisten seinem Liede gegenüber hängt auch mit der wachsenden Verbreitung des Liedes durch den Druck zusammen. Die Verleger spüren das Bedürfnis des Publikums, die Lieder so gedruckt zu erhalten, wie sie auch zu singen sind. So hat Schuberts Hauptverleger Anton Diabelli, als er eine neue Ausgabe des Liederzyklus *Die schöne Müllerin* (D 795) vorbereitete, auf Johann Michael Vogls Bearbeitung des Zyklus zurückgegriffen[62]. Manche andere Lieder hat er ähnlich bearbeitet zum Druck vorbereitet,

---

62 Auf diese Bearbeitungen hat zuerst Max Friedlaender aufmerksam gemacht (*Fälschungen in Schubert's Liedern*, in: *Vierteljahrsschrift für Musikwissenschaft* IX, 1893, S. 166—185); sie waren im 19. Jahrhundert weit verbreitet. Einige sind abgedruckt in *Neue Schubert-Ausgabe*, Serie IV, *Lieder*, Band 2 (s. Anm. 59), Anhang.

wenn auch dann nicht erscheinen lassen. Man hatte offenbar doch eingesehen, daß es zwar legitim ist, wenn ein Sänger sich ein Lied für die eigene Stimme, für die eigenen Fähigkeiten und auch seinem eigenen Geschmack entsprechend einrichtet — daß es aber etwas anderes ist, wenn eine solche Einrichtung gedruckt wird, den Anschein der endgültigen Komposition erhält und damit gerade dem Sänger, der diesen Druck verwendet, die Möglichkeit nimmt, sich das Lied einzurichten. Eine gedruckte Einrichtung für den Vortrag ist eine Fälschung.

Die Käufer der Liederdrucke verlangten aber nun in zunehmendem Maße nach Präzisierung des Notentextes. Ein deklamatorisches Modell wie *Jägers Abendlied* von Reichardt läßt sich verhältnismäßig leicht den verschiedenen Strophen anpassen — und dennoch hatte selbst ein Eduard Genast seine Schwierigkeiten damit. Wieviel schwerer mußte es einem Musikdilettanten fallen (und das waren die meisten Käufer der Liederdrucke), eine so differenzierte Musik wie Mendelssohns *Frühlingsglauben* der unterschiedlichen Textstruktur in beiden Strophen anzugleichen. So übernahmen es die Komponisten, die Deklamation in den einzelnen Strophen zu verdeutlichen. Bezeichnenderweise findet man Stichnoten für zu variierende Partien nur verhältnismäßig selten schon in den Manuskripten der Lieder; meist haben die Komponisten sie erst für die Drucklegung angegeben.

Allerdings: nachdem erst einmal der Komponist Varianten in einzelnen Strophen bezeichnet hatte, ist es nicht verwunderlich, wenn nun die Veränderungen in den Strophen auch umfangreicher wurden. Bald war es nicht mehr nur die Singstimme, es war die ganze Komposition, die sich änderte. Das reine Strophenlied wich dem variierten Strophenlied.

Wie dies zuging, läßt sich etwa an dem Autograph von Schuberts vermutlich 1817 entstandenem Lied *Der Schiffer*

(D 536) ablesen[63]. Schubert hatte das Lied zunächst wie ein reines Strophenlied notiert, mit Wiederholungszeichen zu Beginn und am Ende. Dann aber hat er einen Hinweis eingefügt: *„2. u. 4. Strophe"*, und am Ende des Liedes hat er die Veränderungen in beiden Strophen für sich notiert. Worum ging es ihm? Das Gedicht, das Johann Mayrhofer, ein enger Freund Schuberts, geschrieben hat, vergleicht das menschliche Leben mit dem des Schiffers auf dem Fluß, dessen Gefahren dieser frohen Mutes überwindet:

Im Winde, im Sturme befahr ich den Fluß,
Die Kleider durchweichet der Regen im Guß.
Ich peitsche die Wellen mit mächtigem Schlag,
Erhoffend, erhoffend mir heiteren Tag.

In der zweiten Strophe, die die Gefahren darstellt, die dem Schiffer drohen, entspricht dem optimistischen Schlußvers der ersten Strophe ein Vers mit ganz anderem Inhalt (wenn auch gleicher Struktur): *„und Tannen erseufzen wie Geistergestöhn"*. Schubert, der den optimistischen Ton des ersten Verses noch durch kräftige melodische Gestalten unterstrichen hatte, mußte hier die Melodie ändern: Er wendet sie nach Moll und ersetzt die melodischen Gesten durch einen großen, acht Takte überspannenden melodischen Bogen.

In der letzten Strophe entspricht dann dem Vers *„Ich peitsche die Wellen mit mächtigem Schlag"*, mit dem der zweite Teil der ersten Strophe begann, ein Vers, der an die vorangehenden Verse anschließt: *„die Nerven erfrischend, o himmlische Lust!"*. In der ersten Strophe hatte Schubert in den letzten beiden Versen die mächtigen Schläge förmlich nachgemalt — in der letzten Strophe spart er sich nun die

---

[63] Das Autograph ist im Besitz des Wiener Männergesang-Vereines. Ein vollständiges Faksimile davon findet man im *Deutschen Sänger-Kalender 1928*, Wien 1928, S. 428—429; die erste Seite ist abgebildet in *Neue Schubert-Ausgabe*, Serie IV, *Lieder*, Band 1 (s. Anm. 42), S. XXXIV.

Schläge für den letzten Vers auf (*„dem Sturme zu trotzen mit männlicher Brust"*), schließt, der Versstruktur folgend, den dritten Vers an die beiden an und verweist zugleich — durch eine melodische Geste — auf den Schluß des Liedes. Dieser Schluß mündet dann seinerseits in den Ausruf *„o himmlische Lust"*, mit dem der dritte Vers endete. So führt Schubert auch das ganze Lied inhaltlich über Mayrhofer hinaus. Nicht nur Gefahren zu trotzen und damit einen *„heiteren Tag"* immer eher noch zu erhoffen denn zu erfahren, sondern: durch diesen Trotz selbst *„himmlische Lust"* zu fühlen, sich den *„heiteren Tag"* im Widerstand selbst zu schaffen — das zeigt uns Schubert.

Das variierte Strophenlied nimmt einen bedeutenden Platz in Schuberts Schaffen ein. Faßt man alle Typen strophischer Variierung zusammen, dann sind es etwa 200 Lieder, das heißt: ein ganzes Drittel seines Liedschaffens[64]. Alle Typen: das sind etwa Lieder, in denen einzelne Strophen ganz oder teilweise so verändert werden, daß das ursprüngliche Modell noch hindurchscheint — das variierte Strophenlied im engeren Sinn. Es können „wechselstrophische Lieder" sein, in denen zwei, vielleicht auch mehr Strophenmodelle abwechseln und eventuell ebenfalls variiert werden. Es können durchkomponierte Lieder sein, in denen einzelne Strophen variiert wiederkehren. Es können schließlich durchkomponierte Lieder sein, in denen jedoch, im Sinne Reissmanns, ein strophisches Gerüst noch erkennbar bleibt — wie etwa in *Wohin?* aus dem Liederzyklus *Die schöne Müllerin* (D 795, Nr. 2). Die letzten beiden Typen sind dem „durchkomponierten Lied" eher zuzurechnen, als dem Strophenlied; von ihnen soll im nächsten Kapitel die Rede sein. Im folgenden wollen wir uns dem variierten Strophenlied im engeren Sinne zuwenden.

64 Vgl. hierzu Günther Spies, *Studien zum Liede Franz Schuberts. Vorgeschichte, Eigenart und Bedeutung der Strophenvariierung*, Diss. Tübingen 1962 (mschr.), insbesondere S. 16 ff.

In Schuberts *Abendlied für die Entfernte* (D 856), nach einem Gedicht von August Wilhelm Schlegel, sind einzelne Strophen, dem Text entsprechend, nicht neu komponiert, auch nicht teilweise wie in *Der Schiffer*, sondern im engeren Sinne „variiert". Die ersten beiden Strophen, in denen der Dichter von seinen Empfindungen spricht, die ihn mit der Entfernten verbinden, komponiert Schubert in idyllischem Ton, in *mäßiger Bewegung*, in F-dur, der Tonart der Pastorale und der Idylle, in einem wiegenden 6/8-Takt. Und da die Empfindungen von fernher kommen, der Sänger *„den leisen Klängen"* lauscht, setzt auch die Melodie der Singstimme, wie aus dem Ungewissen kommend, in der Quinte ein und fällt zum Grundton hin ab. Das Klavier begleitet die Singstimme in einem vierstimmigen Satz, der an Chorsatz gemahnt.

In der dritten Strophe wendet der Dichter dann seine Gedanken ins Allgemeine:

> *Wenn Ahndung und Erinnerung*
> *Vor unserm Blick sich gatten,*
> *Dann mildert sich zur Dämmerung*
> *Der Seele tiefster Schatten.*
> *Ach, dürften wir mit Träumen nicht*
> *Die Wirklichkeit verweben,*
> *Wie arm an Farbe, Glanz und Licht*
> *Wärst du, o Menschenleben.*

Das sind Grundgedanken der Romantik: Die Gegenwart, die *„Ahndung und Erinnerung"*, Zukünftiges und Vergangenes, in sich aufnimmt, das ist Aufbruch der Wirklichkeit in den Traum, Überwindung der Beschränkungen (der Entfernungen, die den Sänger von der Geliebten trennen). In dieser Strophe wird das Erlebnis des Dichters zur Parabel, zu einer umfassenden Botschaft. Schubert sieht sich außerstande, sie wie die übrigen zu vertonen — er gibt ihr mehr Gewicht, andere Farbe: Er wendet die Melodie nach Moll. Zunächst heißt das lediglich: kleine statt großer Terz, kleine statt großer Sexte bei sonst unveränderter Melodie.

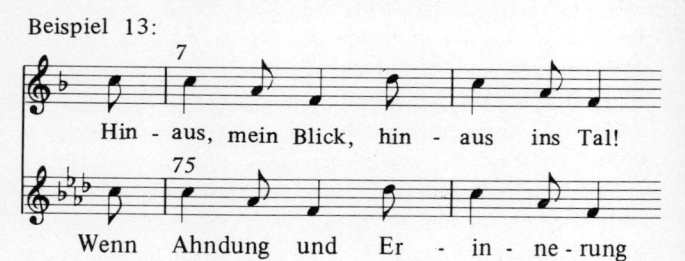

Beispiel 13:

Hin - aus, mein Blick, hin - aus ins Tal!

Wenn Ahndung und Er - in - ne - rung

Dann aber zwingen Modulationen der ursprünglichen Melodie, die Schubert in die Moll-Strophe nicht einfach übernehmen kann, zu umfassenderen Veränderungen. Die Strophe nimmt sich nun aus wie eine Moll-Variation in einem Variationenzyklus. Dabei verändert sich auch die Klavierstimme; sie folgt nicht nur der Singstimme in ihrer ausschweifenderen Harmonik, sie sucht auch einen neuen, ausgeglicheneren Ton für die Zwischenspiele:

Beispiel 14:

Mit der vierten Strophe kehrt Schubert zu der Dur-Melodie der ersten Strophen zurück[65], obwohl auch diese Strophe allgemeinen Charakters ist: Der Dichter zieht hier die Konsequenzen aus der vorangegangenen Strophe; sie handelt von der Unverlierbarkeit der so geschaffenen idealen Wirklichkeit. Man fragt sich nach dem Grund für Schuberts Verfahren. Wäre es nicht angemessener gewesen, der Komponist hätte auf die beiden persönlicheren Durstrophen die beiden allgemeineren Strophen in Moll folgen lassen?

Daß Schubert dies nicht tut, hat vermutlich vorwiegend musikalische Gründe. Schubert möchte den Gegensatz Dur-Moll in der letzten Strophe noch einmal konzentriert darstellen — nun aber, da der Schluß in Dur ja gleichsam vorgeschrieben ist, in umgekehrter Reihenfolge: Moll-Dur. Auch ein inhaltliches Motiv legt den Beginn in Moll nahe: Die letzte Strophe beginnt mit den Versen *„Und wär in Nacht und Nebeldampf auch alles rings erstorben . . ."* — und diese Verse in dem idyllisch-wiegenden Ton der ersten Strophen vorzutragen, das brachte Schubert gewiß nicht über sich. Wenn aber Schubert so in der letzten Strophe den Höhepunkt des Liedes sieht und sie in Moll beginnt, dann muß sie im Gegensatz zur vorletzten stehen: diese also muß eine Dur-Strophe sein.

Für das Lied als polyrhythmisches Kunstwerk in Nägelis Sinne, in dem Text und Musik als einander kontrapunktierende Abläufe verstanden werden, bedeutet dies aber mehr. Indem Schubert nämlich die vorletzte, allgemeinere Strophe mit der Durmelodie der persönlicheren ersten Strophen verbindet, bezieht er neuerlich das Allgemeine auf das Persön-

65 Eine weitere Strophe (vor der dritten) hat Schubert nicht komponiert: *„Und rief auch die Vernunft mir zu: Du mußt der Ahndung zürnen, es wohnt entzückte Seelenruh' nur über den Gestirnen; doch könnt' ich nicht die Schmeichlerin aus meinem Busen jagen: Oft hat sie meinen irren Sinn gestärkt empor getragen."*

liche, gibt den Überlegungen des Sängers den Ton der Empfindungen zurück, aus denen sie erwachsen sind. Die Kombination Moll-Beginn / Dur-Ende in der letzten Strophe erscheint so als natürliche Konsequenz aus den vorangegangenen Strophen, als eine scharf prononcierte Antithese, aus der der Zuhörer (in, mit August Wilhelm Schlegels Worten, *„immer höheren potenzirten Reflexionen"*) sich die Synthese selber bildet. So schuf aus dem überkommenen Modell des Strophenliedes Schubert durch Variation zu dem romantisch-reflektorischen Gedicht ein romantisch-reflektorisches Lied.

Während das reine Strophenlied nach 1830 zurücktritt (wir wiesen schon darauf hin), setzt sich das variierte Strophenlied immer mehr durch. Die Grenzen zum durchkomponierten Lied werden dabei immer fließender. Soweit jedoch das Lied sich an den hergebrachten und theoretisch fixierten Modellen orientiert (man denke etwa an Lieder von Robert Franz, von Johannes Brahms aber auch von Peter Cornelius), setzt dabei das Strophenlied im engeren Sinne weiterhin die Maßstäbe. Schaut man aber nach den Gründen, die den Komponisten eines variierten Strophenliedes nun zur Veränderung des ursprünglichen Modells führen, dann läßt sich ein bemerkenswerter Wandel gegenüber den ersten Jahrzehnten des Jahrhunderts erkennen. Es ist nicht mehr nur Sprachliches, nicht mehr nur poetische Struktur, was zur Veränderung zwingt. Nicht selten führt auch primär Musikalisches dazu.

Veränderungen dieser Art begegnen uns vielfach in der Schlußzeile eines Strophenliedes. Was etwa der Sänger im letzten Vers von Schuberts *Jägers Abendlied* improvisatorisch hinzufügte — eine Veränderung, die den Schluß verstärkt und so die verschiedenen musikalisch lediglich gereihten Strophen zu einem deutlichen Ende bringt und so zusammenschließt — das ist nun komponiert. In dem Lied

Vergessen (op. 5,10) von Robert Franz, einem Lied, das der Komponist auf einen Text seines Freundes Wilhelm Osterwald geschrieben hat und das die Forschung bedeutend nennt[66], enden die ersten beiden der drei kurzen Strophen offen; erst die dritte schließt die Strophe und das ganze Lied in einer weit ausgreifenden Kadenz:

Beispiel 15:

Du hast mir, du, die gan - ze

die Quel - le schwand, ver - dorrt im

das ist al - lein die schwer - ste

Ruh aus mei - nem Her - zen wild geraubt.

Sand sind all die blauen Ver-gißnichtmein.

Pein, die auf ein Men - schen-

---

66 Vgl. Hermann v. d. Pfordten, *Robert Franz*, Leipzig 1923, S. 83. Das Lied erschien zuerst unter dem Titel *Erinnerung*.

her - ze fällt.

In den ersten beiden Strophen modulierte das Lied am Ende jeweils in die Tonika-Parallele (Ces-dur); zugleich überspielte die Klavierstimme den Einschnitt, den das Ende der Melodiezeile mit sich brachte. Dissonante Vorhalte zwangen sie, die Modulationen so weiterzuführen, daß zu Beginn der neuen Strophe die Grundtonart wieder erreicht war. So gingen die Strophen ineinander über.

Aus dem Text läßt sich nun die Veränderung der dritten Strophe ebensowenig ableiten, wie die Konzeption des ganzen Liedes. Die drei Strophen markieren durchaus in sich geschlossene Abschnitte des Gedichts. Die erste spricht von den Empfindungen, die ein *„banger Traum"* ausgelöst hat, die zweite berichtet näher von diesem Traum, in dem *„all die blauen Vergißnichtmein"* verdorrt sind, die dritte endlich bezieht den Traum auf die Erfahrung des Sängers: *„Vergessen, ach! vergessen sein vom liebsten Herzen auf der Welt — das ist allein die schwerste Pein, die auf ein Menschenherze fällt."* Die drei Schritte, die die Strophen bezeichnen, sind zwar unmittelbar aufeinander bezogen und folgerichtig — sie binden die Strophen jedoch keineswegs enger aneinander, als dies in reinen Strophenliedern sonst der Fall ist.

Auch Inhalt oder Struktur der Strophenschlüsse verlangt keine Veränderung der dritten Strophe. Wenn überhaupt ein Strophenschluß metrisch und inhaltlich von den übrigen abweicht, dann ist es der der verhalteneren zweiten Strophe. Ihre metrisch-rhythmischen Differenzen gibt Robert Franz jedoch in ähnlicher Weise wie Mendelssohn in *Frühlingsglaube* durch leichte metrische Varianten an, die am Melodieverlauf so wenig ändern, wie am musikalischen Satz. Die Unterschiede des Affekts hingegen spiegeln sich in der Dynamik: mf ist für die erste Strophe vorgeschrieben, p für die zweite und f für die dritte.

Nein: Die Konzeption des Liedes ist musikalisch begründet. Der Komponist schließt die drei Strophen, die als einzelne für den musikalischen Charakter des Liedes als zu kurz erscheinen (*Larghetto appassionato* lautet die Tempobezeichnung; durchlaufendes Tremolo beherrscht die rechte Hand der Klavierstimme, weitgriffige Akkorde und mächtige, durch die Vorschrift *pesante il basso* bezeichnete Imitationen den Baß), zu einer einzigen zusammen, die in einem dreifachen Anlauf ihr Ziel erreicht.

Ähnliches findet man auch bei Johannes Brahms, etwa in dem im Juni 1868 entstandenen Lied *O liebliche Wangen* (op. 47,4) nach einem Gedicht aus Paul Flemings 1660 erschienenen *Geistlichen und weltlichen Poemata*. In Flemings Gedicht sind alle drei Strophen nach barocker Weise parallel gebaut, Variationen eines schon in der ersten Strophe deutlich angegebenen und ausgeführten Themas. Gerade dies aber mag – im Verein mit dem leidenschaftlichen Affekt des Liedes – Brahms dazu veranlaßt haben, die Schlußsteigerung, die in den beiden ersten Strophen schon in Textwiederholungen, eingebauten Fermaten, chromatisch geführter Melodik auskomponiert ist, in der letzten Strophe zu überhöhen. Anders als bei Franz sind bei Brahms zwar die Strophenenden durch musikalische Zäsuren deutlich bezeichnet — ein entscheidendes Moment aber haben beide Lieder gemeinsam: Die ersten beiden Strophen enden offen: bei Franz durch eine Modulation in die Tonika-Parallele, bei Brahms durch die Vermeidung einer förmlichen Schlußkadenz. Bei ihm führt das Ende jeder Strophe in entgegengesetzten chromatischen Linien in einen Quartsextakkord; die darauf vom Hörer erwartete Kadenz tritt aber nicht ein; der Sänger setzt vielmehr zur neuen Strophe neu an. Erst in der letzten Strophe löst sich die Spannung, das Lied kommt zum Abschluß.

Die so sich ankündigende Musikalisierung des Strophenliedes, in dem musikalisch autonome Formprinzipien die Liedkonzeption entscheidend beeinflussen, zeigen sich auch an anderer Stelle. In Peter Cornelius' Lied *Botschaft* (op. 5,1) besteht die wesentliche Veränderung der zweiten Strophe gegenüber der ersten darin, daß die Klavierstimme in den letzten beiden Takten vollgriffiger wird: Die rechte Klavierhand wird nicht mehr einstimmig, sondern in Oktaven geführt, die linke füllt einen zweistimmigen Satz zu Akkorden auf. Auch hier läßt sich die Verdichtung kaum aus dem Text ableiten — sie ist musikalisch begründet und bewirkt etwas ähnliches wie die Veränderung der Singstimme in den vorigen Beispielen. Die Strophen werden zusammengeschlossen; an die Stelle einer beliebigen Reihung tritt eine auf ein Ziel gerichtete musikalische Form.

Nicht immer aber läßt sich Variation der Klavierstimme in dieser Weise deuten. In dem Lied *Marie* (op. 18,1) auf einen Text von Rudolf Gottschall verändert Robert Franz in den beiden Schlußzeilen jeder Strophe ebenfalls vor allem die Klavierbegleitung, jedoch nicht im Sinne einer Verdichtung:

Beispiel 16:

die! O brech der Sturm die Blumen nie, und nie dein Herz, Ma- rie.

Anders als in den bisherigen Beispielen betrifft die Veränderung hier nicht die Kadenz, den Strophenschluß, sondern die der Kadenz vorausgehenden Takte, und sie ist eher harmonisch-interpretatorischer Natur. Die Singstimme verläuft in beiden Strophen fast gleichlautend. Nur an einer, allerdings bedeutsamen Stelle weicht sie in der zweiten Strophe von der ersten ab: in Takt 31 („*O brech der Sturm*"). Die Variante ist allerdings kaum von der Deklamation her zu erklären — die Akzentverteilung „*Ó brèch der Stùrm diĕ Blùmen nie*" (x̄x ˘ ˊ x̀x x̀) deutet sicher nicht auf eine Erfindung aus der Sprache, sondern eher auf die Übernahme eines geprägten musikalischen Modells. Die Variante in der Singstimme war in der Tat schon vorgegeben: Sie findet sich bereits im ersten Takt des Nachspiels zur ersten Strophe (Takt 16 unseres Beispiels). Die Emphase des Schlusses „*O brech der Sturm*" führt den Komponisten dazu, ein wichtiges instrumentales Motiv in die Singstimme zu übernehmen. So kennzeichnet er musikalisch den Höhepunkt des Liedes — und kann dann dieses Motiv im Nachspiel der zweiten Strophe abgeschwächt wiederholen ($\frac{5}{3}$-Akkord statt Sextakkord).

Nicht hierauf aber beschränkt sich die Veränderung. Die Übernahme des Motivs aus dem Nachspiel, die Eliminierung des *cis* in T. 31 und damit der Modulation nach d-moll führen zu einem ganz neuen harmonischen Verlauf, zu einer veränderten harmonischen Deutung der im übrigen unveränderten Singstimme, einer Veränderung, die nun in keiner Weise mehr auf den Text zu beziehen ist. Es ist, als ob nicht nur, wie Hegel sagte, die Melodie über dem Text schwebe, sondern auch die textgeprägte Melodie über der sich gleichsam frei bewegenden Instrumentalstimme. Der musikalische Satz tritt so deutlich in den Vordergrund der Komposition.

Diese Beobachtung scheint zunächst durchaus im Gegensatz zu Äußerungen zu stehen, die von Robert Franz selbst zum Verhältnis Sprache-Musik überliefert sind: *„Man muß nicht Musik zu den Gedichten machen, sondern die Musik muß gleichsam aus dem Inhalt des Gedichtes herauswachsen"*, sagt er einmal zu seinem Freunde Wilhelm Waldmann[67]. Bezeichnenderweise aber fügt er hinzu: *„Das Gedicht muß in der Musik aufgehen"*. Der Hinweis bedeutet nun nicht, wie auch von der Pfordten ihn verkürzt, daß die Musik allgemein aus dem Gedichte herauswachse, sondern *„aus dem Inhalt des Gedichtes"*. Das sprachlich-deklamatorische Moment tritt dabei deutlich zurück. Der Inhalt einer Zeile (*„O brech der Sturm"*) gibt etwa den Anstoß zu einer dann fast autonomen musikalischen Entwicklung. Dazu paßt eine andere Äußerung des Komponisten gegenüber Waldmann: *„Der Stil"* (gemeint ist hier offenbar die Eigenart des musikalischen Satzes, bei Robert Franz immer auch eine Rückbindung an Bach und Händel) *„ist das Wesentliche. Diese Art der Liederkomposition hat keiner in dem Maße wie ich ... Bei mir gibt die Begleitung gleichsam die Situation wieder, die der Text ausspricht; die Melodie dagegen muß das Bewußtwerden der Situation zur Geltung bringen"*[68]. Der Inhalt des Gedichtes (und eben nicht die Sprache in all ihren Schichten) wirkt somit zuerst auf den musikalischen Satz, auf die *„Begleitung"*. Erst aus dieser erwächst dann die Melodie, die Singstimme, enger gebunden damit an eigentümlich musikalische Prozesse, denn an sprachliche Modelle.

Was dieses Verfahren für das Strophenlied bedeutet, zeige abschließend eines der bekanntesten Lieder von Johannes Brahms, sein wohl 1882 entstandenes *Vergebliches Ständchen* (op. 84,4). Brahms selbst hat dieses Lied über

---

67 Zitiert nach H. v. d. Pfordten, *Robert Franz*, S. 35.
68 Zitiert nach H. v. d. Pfordten, *Robert Franz*, S. 37.

alles geschätzt. *„Für das eine Lied gebe ich die andern alle",* schrieb er einmal an Hanslick[69]. Der Text galt ihm als *Niederrheinisches Volkslied;* er entnahm ihn der 1838—1840 in Berlin erschienenen Sammlung *Deutsche Volkslieder mit ihren Originalweisen* (herausgegeben von A. Kretzschmer und A.W.Zuccalmaglio). Wie Friedlaender nachweist, stammt das Gedicht jedoch von Zuccalmaglio selbst, der damit ein rheinisches Volkslied paraphrasierte[70]. Für die Beurteilung der Konzeption des Liedes ist jedoch allein entscheidend, daß Brahms es für ein Volkslied hielt und den Text entsprechend behandelte: als — wenn auch variiertes — Strophenlied.

I,1 Er: *Guten Abend, mein Schatz,*
2 *Guten Abend, mein Kind!*
3 *Ich komm' aus Lieb' zu dir,*
4 *Ach, mach' mir auf die Tür,*
5 *Mach mir auf die Tür!*

II Sie: *Mein' Tür ist verschlossen,*
Ich laß' dich nicht ein;
Mutter, die rät mir klug,
Wärst du herein mit Fug,
Wär's mit mir vorbei!

III Er: *So kalt ist die Nacht,*
So eisig der Wind,
Daß mir das Herz erfriert,
Mein' Lieb' erlöschen wird,
Öffne mir, mein Kind!

---

69 Vgl. Max Friedlaender, *Brahms' Lieder. Einführung in seine Gesänge für eine und zwei Stimmen,* Berlin und Leipzig 1922, S. 108 f.
70 M. Friedlaender, *Brahms' Lieder . . .,* S. 109 f.

IV *Sie: Löschet dein' Lieb',*
   Laß sie löschen nur!
   Löschet sie immerzu,
   Geh' heim zu Bett, zur Ruh',
   Gute Nacht, mein Knab'!

Volkstümlich ist an diesem Lied die Situation des „*Ständchens*", volkstümlich ist die Dialogform (beides ist nicht selten bei Brahms, der am Volkslied Liedkomposition gleichsam „gelernt" hat) — weniger schon, daß "Sie" das letzte Wort behält. In Zuccalmaglios Vorlage folgt denn auch noch eine fünfte Strophe: „*Schönes Geld und schönes Gut, hübsche Mädchen, die sind gut. Wenn mein Schatz einen andern liebt, bin ich auch nicht betrübt, scher mich nichts darum.*"

Weniger volkstümlich auch ist die metrische Struktur der Strophe. Schon die fünf Zeilen fallen auf, von denen die fünfte jeweils eine Art Pointe darstellt — fünfzeilig ist jedoch auch Zuccalmaglios Vorlage. Aber: die nach der Tradition des sogenannten Knittelverses gebildeten Verse zeigen in dieser Vorlage jeweils drei Hebungen (der letzte Vers zwei mit nachfolgender Pause) — in der Paraphrase hingegen wechselt der Versbau. Die ersten beiden Verse sind zweihebig, meist mit langem Auftakt (wobei der Auftakt vorwiegend zweisilbig ist, aber auch einsilbig sein kann: „*Guten Ábend*" oder „*Mein' Túer*"; die erste Zeile der letzten Strophe ist ohne Auftakt). Die Verse 3—5 sind dreihebig, volltaktig mit wechselnder Füllung („*Mútter, die ráet mir klúg*"; x́vv x́x x́); in der Volksliedweise, bei Zuccalmaglio wie in seiner Vorlage, werden sie freilich zweihebig deklamiert (x́xx x́xx), Versmetrum — die Reimsilbe kann nicht ohne Akzent bleiben — und Singmetrum widersprechen sich hier.

Da zwischen zwei Hebungen in der Mehrzahl der Fälle zwei unbetonte, oft jedoch gewichtige Silben stehen („*Guten Ábend, mein Schátz*", eher vv x́xx x́ als vv x́vv x́) ergibt sich für Brahms als natürliches Metrum für die Deklamation der 3/4-Takt, den ja auch schon der allgemeine Charakter des *Ständchens* nahelegt. Darin ist er angeregt auch durch Zuccalmaglios Liedweise, die ihrerseits nichts anderes ist, als die Adaption der ursprünglichen Volksliedweise an den neuen Text. Dreivierteltakt und volkstümliches Ständchen — das suggeriert ihm jedoch auch schon einen spezifisch musikalischen Charakter: den Ländler. Ländler aber, Tanzlied — das bedeutet viertaktige Phrasen bei in der Phrase verhältnismäßig undifferenzierter, „stampfender" Taktfolge. Brahms schließt daher die beiden ersten Verse, die eigentlich parallel, parataktisch gebaut sind, zu einer Melodiezeile zusammen:

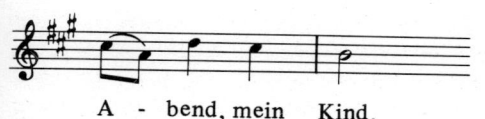

Beispiel 17:

1. Guten A - bend, mein Schatz, guten
2. Mein'— Tür ist ver - schlossen, ich

A - bend, mein Kind,
laß dich nicht ein;

Dabei werden die vier Hebungen nicht nur durch ihre Stellung im Takt, sondern auch durch kleine Melismen ausgezeichnet: aus den metrischen Hebungen werden musikalische Forzati, ganz im Sinne des Tanzliedes. Es scheint, als werde eine metrische Ordnung einem vorgeprägten Modell eingepaßt. Darin nun unterscheidet sich Brahms vom Volkslied, das im zweihebigen Vers die Verskadenz betont und so zu gleichsam „natürlicher" Deklamation findet.

Die vier Takte wiederholt Brahms sofort, im Ganzen unverändert, doch mit unvollständiger Singstimme. Diese pausiert zunächst und setzt erst, gleichsam echohaft, mit der zweiten Hälfte der Melodiezeile, dem zweiten Vers, wieder ein. Nicht deklamatorisch, aber musikalisch ist so ein zweiter Viertakter entstanden. Es folgt eine deutliche Zäsur mit überleitender Instrumentalfigur. Volltaktig beginnt dann der dritte Vers. Diesen Vers deutet Brahms nach dem Vorbild Zuccalmaglios metrisch um: Er ist auch bei ihm nicht dreihebig (*„ich komm' aus Lieb zu dír"* = x́vv x́x ◡̄), sondern zweihebig (*„ich komm' aus Lieb zu dir"* = x́xx x́xx). In der Volksweise erhält jedoch die Reimsilbe einen melodischen Akzent (es ist jeweils der höchste Ton der Melodiezeile), Brahms dagegen behandelt die Reimsilbe als gänzlich unbetont. So werden ihm der dritte und vierte Vers wieder zu zwei zweihebigen Versen, die er zusammenschließen kann, diesmal freilich nicht in einem einzigen Melodiebogen, sondern wirklich parataktisch in zwei parallel gebauten Zweitaktern. Die Reimsilben, die hier deutlich auch als Reim zu hören sind, wirken offenbar doch auf die Musik zurück.

Brahms hat so aus den ersten vier zwei- und dreihebigen Versen drei musikalische Phrasen von je vier Takten gewonnen. Er fügt nun noch eine vierte an, indem er den fünften, letzten Vers wieder verdoppelt. Rhythmisch gestaltet er ihn dabei als eine Art Synthese zwischen auftaktiger erster und volltaktiger zweiter Strophenhälfte (auch dies war bereits im Volkslied vorgebildet): Entsprechend seiner metrischen Struktur deklamiert er ihn zwar volltaktig, knüpft aber durch die beiden kurzen ersten Silben an die auftaktigen Verse an:

Beispiel 18:

mach' mir auf die Tür, mach' mir auf, mach' mir auf, mach' mir auf die Tür!

Vor die Schlußkadenz, vor die vollständige Wiederholung des letzten Verses, setzt Brahms übrigens noch zwei retardierende Takte (*„mach mir auf, mach mir auf"*), die den dann endlich erreichten Schluß unterstreichen, zugleich den Pointencharakter des Schlußverses hervorheben.

So hat Brahms ein volkstümliches Tanzlied komponiert, hat mit musikalischen Mitteln aus einem kunstvollen Strophenbau das hergebrachte Tanz-Modell wieder hergestellt. Es ist ein weiter Weg von Reichardts Lied im Volkston zu diesem volkstümlichen Lied, in dem erst ein fast gewaltsames Umbiegen der Textstruktur zum Ziel führt. Dabei läßt sich ein dem echten Volkslied (nicht dem Lied im Volkston) analoges Verfahren beobachten: Dort wird häufig ein bestimmter Text in ein vorgeprägtes musikalisches Schema eingepaßt (wobei sich dieses Schema nicht explizit in der überlieferten Singweise zeigen muß, es kann sich dabei auch lediglich um metrische Modelle handeln). Brahms kombiniert zwei vorgegebene Modelle: die Weise Zuccalmaglios, möglicherweise in unterbewußter Anlehnung, und das Tanzlied, das er der Weise, kompositorisch handelnd, auferlegt. Wie verfährt er nun in den folgenden Strophen?

Die zweite Strophe ist im wesentlichen identisch mit der ersten — sie bestätigt unsere Beobachtungen. So zeigt der Beginn, in welchem Maße Brahms die ersten vier Takte als Einheit verstanden hat. In der ersten Strophe wäre eine Zäsur am Ende des ersten Verses, nach dem ersten Viertel in Takt 2, unter Umständen möglich — in der zweiten Strophe wäre dann aber eine entsprechende Zäsur erst nach dem zweiten Viertel denkbar (vgl. oben, Beispiel 17): Der musikalische Widerspruch zeigt, Brahms wünscht überhaupt keine Zäsur. Die übrigen Takte dieser ersten musikalischen Phrase verdeutlichen das. Auch hier nämlich werden die analog gebauten Melodieabschnitte jeweils an verschiedenen Stellen syntaktisch gegliedert:

	Takt 1	Takt 2	Takt 3
1. Strophe	2+1 Viertel	1+2 Viertel	2+1 Viertel
2. Strophe	1+2 Viertel	2+1 Viertel	indifferent

Man sieht: Die musikalische Linie ist eben nicht aus dem Text gewonnen — dieser ist ihr angepaßt.

An einer Stelle allerdings weicht die zweite Strophe dann doch auch grundsätzlich von der ersten ab — bei der Wiederholung der ersten vier Takte. Diese Wiederholung ist, darauf wiesen wir schon hin, der Klavierstimme anvertraut; die Singstimme tritt gleichsam nur zufällig hinzu. Nun ist es aber altes Herkommen in der Instrumentalmusik, daß Wiederholungen verändert werden, figuriert; und so verändert denn auch Brahms die Klavierstimme in einer Art Stimmtausch. Die rechte Hand übernimmt etwa die Figuren der linken Hand in der ersten Strophe, die linke Hand hingegen orientiert sich an der zuvor für die rechte Hand geschriebenen Stimme. Im Text läßt sich kein Grund für die Variation erkennen. Immerhin hatte Brahms ja auch die beiden Verse, die er nun vor allem instrumental wiederholt, zu Beginn der zweiten Strophe, vokal, zu einem Satz singen lassen, der sich gegenüber dem der ersten Strophe kaum unterscheidet.

In der dritten Strophe versucht der Liebhaber das Mitleid des Mädchens zu erregen. All die Leiden malt er aus, die er vor ihrer Tür erdulden muß, wenn sie ihn nicht einläßt — bis hin zu der bittersten Konsequenz, daß seine Liebe erlöschen wird. Um dem gerecht zu werden, greift Brahms zu einem ähnlichen Mittel, wie Schubert in *Abendlied für die Entfernte*: er verändert das Tongeschlecht. Die dritte Strophe übernimmt die Melodie der Singstimme weitgehend unverändert von der ersten und zweiten, jedoch aus A-dur nach a-moll gewendet. Die Klavierstimme malt dazu eindringlich das Kriechen und Schleichen des Sängers vor der Tür — das sie übrigens auch sogleich aufgibt, als der Sänger zur Drohung übergeht: *„Daß mir das Herz erfriert, mein' Lieb' erlöschen wird"*. Am Ende der dritten Strophe folgt diesmal ein neues Zwischenspiel. Max Friedlaender charakterisiert es als übermütiges Lachen, durch das das Mädchen Würde und Sicherheit wiedergewinnt[71]. Wie dem auch sei — jedenfalls schneidet das Mädchen, in das Ritornell einfallend, durch den volltaktigen Beginn ihrer letzten Strophe (*„Löschet dein Lieb', laß sie löschen nur"*) dem Liebhaber jedes weitere Wort ab.

In dieser letzten Strophe ist die Singstimme wiederum ganz die gleiche, wie in der ersten — die Klavierstimme ist aber jetzt für beide Hände von Grund auf verändert. Die Figuration wird ausladender, energischer; die Akkorde werden vollgriffiger, und gegen Schluß der Strophe klingen kontrastierende Figuren — teils staccato, teils legato vorgetragen — wie blanker Hohn. Zugleich gewinnt die Strophe so die Qualität eines Höhepunkts, eines musikalischen Höhepunkts, denn die Deklamation der Singstimme verändert

---

71 M. Friedlaender, *Brahms' Lieder . . .*, S. 109.

sich ja nicht. So wie jede Strophe mit einer Pointe schließt, so schließt das ganze Lied mit einer als Pointe verstandenen Strophe — genauer aber: einer als Pointe verstandenen musikalischen Variation.

Es zeigt sich hier deutlich: Das Verhältnis von Text zu Deklamation und zu musikalischem Satz hat sich seit Reichardt fast umgekehrt. Musik entsteht keineswegs mehr wie von selbst aus dem Text, die Klavierstimme stützt nicht mehr nur die Singstimme, die eigentlich auch ohne sie auskommen könnte — nein, es scheint oft fast so, als gebe die Singstimme einem eigentlich autonomen Klavierstück durch Deklamation einen bestimmten Sinn, verdeutliche die musikalischen Linien so, wie vielleicht eine Bildunterschrift graphische Linien verdeutlicht.

Es ist auch nicht mehr so, daß, wie in einem „romantischen" Lied (siehe oben, S. 33 f., dritte Kategorie), Musik einen Text in allen seinen Strukturen interpretiert. Die beiden konkurrierenden Modelle, Volkslied und Tanz, stehen als Vorgabe neben der Sprache; Brahms hat es also mit drei Vorgaben zu tun, mit denen er nach Gutdünken umgehen kann. Das übrigens scheint mir bei einem Komponisten, der vom Volkslied herkommt (und nicht wenige für echte Volkslieder gehaltene Weisen in ganz ähnlicher Manier variativ setzt wie dieses „komponierte" Volkslied), nicht untypisch zu sein[71a]. Brahms' Lied steht daher unter gewissen Aspekten eher der vierten Kategorie nahe, in der Sprache die Musik zwar im Detail zeugt — bei Brahms: mitzeugt — in der diese Details sich aber dann nach weitgehend autonomen, musikalischen Gesetzen zusammenfügen.

Sicher geht das hier nicht so weit, wie etwa in einer Arie, in der die musikalische Form, die Gestalt des Kunstwerks

---

[71a] Der Bedeutung des Volksliedes bei Brahms ist ein eigenes Kapitel gewidmet in Christian Martin Schmidt, *Johannes Brahms und seine Zeit,* o.O. 1983, S. 133—142.

im Ganzen, keineswegs vom Text her vorgegeben sein muß. Die vier „Variationen", die das Lied ausmachen, entsprechen den vier Strophen des Textes, und die „Pointe" jeder „Variation" ist unmittelbare Folge der „Pointe" jeder Textstrophe. Und dennoch: In der Entwicklung des Klaviersatzes zu immer größerem Eigengewicht, die die Entwicklung des Liedes im 19. Jahrhundert überhaupt kennzeichnet, markiert der Instrumentalpart in Brahms' *Vergeblichem Ständchen* so etwas wie einen Endpunkt. Im Rahmen eines Strophenliedes im engeren Sinne, eines volkstümlichen, vom Volkslied angeregten Strophenliedes, konnten musikalische Elemente sich vom Text kaum mehr weiter entfernen — die Grenzen der Gattung hätten sich sonst aufgelöst.

Das durchkomponierte Lied

Ein Lied — oder besser ein Gedicht — „durchkomponieren", das war um die Wende vom 18. zum 19. Jahrhundert durchaus ein Reizwort. „Zelter", so schreibt Goethe am 14. März 1803 an Wilhelm von Humboldt, „trifft den Charakter eines solchen, in gleichen Strophen, wiederkehrenden Ganzen trefflich, so daß es in jedem einzelnen Theile wieder gefühlet wird, da wo andere, durch ein sogenanntes Durchcomponiren, den Eindruck des Ganzen durch vordringende Einzelheiten zerstören"[72]. Etwa zur gleichen Zeit liest man in der Leipziger *Allgemeinen Musikalischen Zeitung* selbst im Hinblick auf Romanzen, das heißt auf längere, balladenähnliche Lieder: „Das sogenannte Durchkomponiren bringt eine neue, nie g a n z zu besiegende Schwierigkeit. Es verschönert nicht nur die Romanze des Dichters". Dieser nämlich hält — „wie auch die Scenen in seinem Gedicht wechseln mögen, durch gleiches Sylbenmaas, durch gleichen Bau der Verse und Strophen usw. fest an der Einheit", der Musiker hingegen zerstört diese „durch Wechsel der Ton-, der Taktarten, durch Beybringung mehrerer Formen seiner Stücke, (Wechsel des Recitativs mit Arienmässigen Gesang u. dergl.)"[73].

[72] J.W. von Goethe, *Weimarer Ausgabe* IV, 16, S. 198; vgl. H.W. Schwab, *Sangbarkeit, Popularität und Kunstlied* (s. Anm. 3), S. 65.
[73] *Allgemeine Musikalische Zeitung* V, 1803, Sp. 494 f.

Dennoch, wo eben diese Einheit des Silbenmaßes, der gleiche Bau der Verse und Strophen nicht gegeben ist — aber auch schon dort, wo in einem Gedicht zu kräftige, einander widersprechende Bilder und gegensätzliche Affekte dargestellt werden, muß der Komponist das Gedicht — wenn er es überhaupt vertonen will — durch- oder, wie man auch sagte, „besonders" komponieren[74]. Der Begriff des „Durchkomponierens", der in der Lexikographie des 18. Jahrhunderts offenbar zum erstenmal 1769 in der *Allgemeinen deutschen Bibliothek* verwendet wird[75], ist daher schon in Kochs Lexikon durchaus neutral definiert: *„Durchkomponirt zeigt an, daß der Tonsetzer zu einem lyrischen Gedichte, welches aus mehrern Strophen bestehet, nicht bloß eine Melodie gesetzt habe, nach welcher eine jede Strophe gesungen wird, sondern daß jede Strophe mit einer ihrem besondern Inhalte und ihrer Wortfügung und Interpunktion angemessenen Melodie versehen worden sey"*[76]. 1835 dann, im zweiten Bande des *Universal-Lexicons der Tonkunst*, wird das Durchkomponieren auch generell ästhetisch gerechtfertigt: *„Es giebt durchcomponirte Gedichte, deren Strophen in der Dichtung zwar eine völlig gleiche äußere Form und Gestaltung haben, ihrem inneren Gehalte, dem Sinne und der Bedeutung ihres Textes zu Folge aber in der Composition aus Recitativen, Arien, Duetten, Chören etc. bestehen. Daraus geht nun auch hervor, welche tiefe Einsicht, welche mehrseitige Bildung, welch' richtiges Verstehen und Empfinden einer Dichtung dazu gehört, dieselbe richtig und so angemessen durchzucomponiren, daß der beabsichtigte Eindruck, das deutliche, klare Wiederempfin-*

---

[74] Vgl. *Allgemeine Musikalische Zeitung* II, 1799, Sp. 30: „... Dergleichen Gedichte müssen entweder durchaus — wie man zu sagen pflegt, oder doch wenigstens einige Strophen darin besonders komponirt werden".

[75] *Allgemeine deutsche Bibliothek* X/1, Berlin und Stettin 1769, S. 243; s. H.W.Schwab, S. 55.

[76] H. Chr. Koch, *Musikalisches Lexikon* (s. Anm. 2), S. 510.

den des durch Töne Ausgesprochenen, wirklich und vollkommen erreicht wird. In dem Falle ist es die schönste Declamation . . ."[77].

Es war also verständlich, daß Schubert seinen *Erlkönig*, in dem verschiedene Personen ganz verschiedenen Charakters auftreten (Vater, Kind, Erlkönig, Erzähler), in dem also auch der Affekt von Strophe zu Strophe wechselt, durchkomponiert hat. Auch Reichardts und Zelters Vertonungen dieser Ballade waren, obwohl dem Strophenlied nahestehend, doch keine reinen Strophenlieder; einzelne Strophen darin waren durchaus „besonders" komponiert. Es war auch verständlich, daß Schubert *Gretchen am Spinnrade* (im Gegensatz etwa zu Gretchens Lied vom *König in Thule*, D 367) nicht als Strophenlied aufgefaßt hat: Die einzelnen Strophen sind dazu zu kurz (vier Verse mit jeweils zwei Hebungen) und im Vergleich zu dieser Kürze zu unregelmäßig (einander entsprechende Verse können teils drei, teils sechs Silben haben). Mehrere Strophen zu einer musikalischen zusammenzufassen, verbietet hingegen die unregelmäßig wiederkehrende Ritornellstrophe *„Meine Ruh ist hin, mein Herz ist schwer".*

Nicht um die „äußere Form" also geht es, wenn man Schubert dennoch immer wieder den Vorwurf gemacht hat, seine Lieder seien zu überraschend, zu willkürlich, zu exzentrisch geschrieben. In ihrer ersten umfangreichen Rezension Schubertscher Werke meinte im Juni 1824 die Leipziger *Allgemeine Musikalische Zeitung* (Rezensent vermutlich Gottfried Wilhelm Fink): *„Hr. Fr. S. schreibt keine eigentlichen Lieder und will keine schreiben . . ., sondern freie Gesänge, manche so frei, daß man sie allenfalls Kapricen oder Phantasien nennen kann . . ."*[78]

---

77 *Encyclopädie der gesammten musikalischen Wissenschaften* (s. Anm. 4), Band II, Stuttgart 1835, S. 521.
78 O. E. Deutsch, *Schubert. Die Dokumente seines Lebens* (s. Anm. 39), S. 244.

— und dies, obwohl unter den elf Liedern, auf die die Rezension sich stützt (op. 21 bis 24), sechs Strophenlieder im engeren Sinne sind. Es scheint also, nicht um die Frage Strophenlied oder durchkomponiertes Lied geht es dem Kritiker, sondern vielmehr um jenes neue, „polyrhythmische" Liedverständnis, auf das uns Hans Georg Nägeli hingewiesen hatte, und in dem auch ein Strophenlied wie ein durchkomponiertes erscheinen mag, dann eben, wenn in solchen Strophenliedern auch Einzelheiten musikalisch herausgearbeitet sind, die sich dem Gesamtaffekt des Gedichtes nicht natürlich einpassen, ihn aber erhellend interpretieren — man erinnere sich an Schuberts *Jägers Abendlied*.

Der Versuch, Einzelheiten des Gedichtes in der Komposition interpretatorisch nachzugehen, führt dann dazu, auch solche Gedichte „durchzukomponieren", die von ihrer strophischen Struktur ebenso wie vom Grundaffekt her sich durchaus zu Strophenliedern eigneten. Ein Beispiel dafür sei Goethes Lied des Harfners *„Wer sich der Einsamkeit ergibt"*. Der Affekt dieses Gedichtes — die verzweifelte Klage eines alten Sängers — ist durchaus einheitlich, ebenso die Strophenbildung: zwei Strophen zu je acht Versen, die einander in ihrer metrischen Struktur entsprechen (bei freilich unregelmäßiger Akzentverteilung; man vergleiche die jeweils ersten Verse beider Strophen).

Im zweiten Buch (Kapitel XIII) von *Wilhelm Meisters Lehrjahren* wendet sich Wilhelm an den alten Harfner: *„Ich finde dich sehr glücklich, daß du dich in der Einsamkeit so angenehm beschäftigen und unterhalten kannst und, da du überall ein Fremdling bist, in deinem Herzen die angenehmste Bekanntschaft findest. Der Alte blickte auf seine Saiten, und nachdem er sanft präludiert, stimmte er an und sang."* Darauf folgt das Gedicht. Goethe hat es auch separat unter seine *Gedichte* aufgenommen; dort steht es in der Reihe der

Harfner-Lieder unter dem Titel *Harfenspieler* an erster Stelle.

I,1 *Wer sich der Einsamkeit ergibt,*
Ach, der ist bald allein;
Ein jeder lebt, ein jeder liebt
Und läßt ihn seiner Pein.
5 *Ja! laßt mich meiner Qual!*
Und kann ich nur einmal
Recht einsam sein,
Dann bin ich nicht allein.

II,1 *Es schleicht ein Liebender lauschend sacht,*
Ob seine Freundin allein?
So überschleicht bei Tag und Nacht
Mich Einsamen die Pein,
5 *Mich Einsamen die Qual.*
Ach, werd ich erst einmal
Einsam im Grabe sein,
Da läßt sie mich allein!

Die beiden Strophen — zwei echte, durch das Reimschema (ababccbb) fest gefügte Achtzeiler — sind nicht ganz gleich gebaut: Die erste Strophe geliedert sich in 4+4, die zweite in 5+3 Verse. Obwohl dies bei skandierender Deklamationsweise einer strophischen Komposition nicht unbedingt im Wege gestanden hätte (die beiden fünften Verse: „*Ja! laßt mich meiner Qual!*" und „*Mich Einsamen die Qual.*", der eine nach, der andere vor der Zäsur, sind sich sonst ja recht ähnlich) mag dies, in Verbindung mit der unterschiedlichen Silbenzahl der Eingangsverse, durchaus auch ein erster Anstoß für die Durchkomposition des Gedichtes gewesen sein. Durch die beiden Zäsuren gliedert sich das Gedicht in vier Schritte:

1. Vers 1—4 (I, 1—4). Der Harfner wendet sich an Wilhelm und antwortet unmittelbar auf dessen Anrede: Ihr

andern lebt und liebt für euch und läßt den Einsamen ganz gern allein — der findet ja in seinem Herzen die angenehmste Bekanntschaft. Zugleich sind diese ersten vier Verse jedoch auch allgemein gehalten; sie stellen dem Lied gleichsam ein Motto voran (und dies rechtfertigt seine separate Veröffentlichung in den *Gedichten*).

2. Vers 5—8 (I, 5—8). Der Harfner wendet das Lied ins Persönliche; er spricht zum erstenmal von sich — und er gibt Wilhelm recht: Wenn ich wirklich recht einsam bin, dann bin ich nicht allein. Diese zweite Strophenhälfte steht im Gegensatz zur ersten, formal sowohl, wie inhaltlich. Formal, denn sie ist persönlich formuliert statt allgemein; inhaltlich, denn sie stellt dem *„der ist bald allein"* das *„dann bin ich nicht allein"* entgegen.

3. Vers 9—13 (II, 1—5). Die Antithese wird begründet. Wie ein Liebender seine Freundin eifersüchtig umschleicht, wenn er ihrer Liebe nicht sicher ist, so ist er, der Harfner, von Qual und Pein umlauert. Damit hat auch Wilhelm endgültig Antwort erhalten: Keine angenehme Bekanntschaft findet der Einsame in seinem Herzen; Glück und Zufriedenheit, die er zu finden glaubte, waren Täuschung.

4. Vers 14—16 (II, 6—8). Der Harfner zieht die Konsequenz aus der Antithese: Erst im Grabe enden Qual und Pein, erst im Grabe kann er ganz allein sein. In einem dialektischen Prozeß hat er Wilhelm, hat er den Zuhörer bis an den Endpunkt seiner Überlegungen geführt und überläßt diesen nun seinen eigenen Gedanken, zu weiteren, potenzierten Reflexionen.

Wir vergleichen im folgenden die Vertonung dieses Gedichtes bei Schubert, Schumann und Hugo Wolf[79]. Schu-

---

[79] Vgl. hierzu auch Paul Mies, *Goethes Harfenspielgesang ‚Wer sich der Einsamkeit ergibt' in den Kompositionen Schuberts, Schumanns und H. Wolfs*, in: *Zeitschrift für Ästhetik und allgemeine Kunstwissenschaft* XVI, 1922, S. 383—390.

bert hat die drei *Gesänge des Harfners* (D 478), die Goethe in seine *Gedichte* aufgenommen hat, im September 1816 im Zusammenhang komponiert. Er schätzte diese Lieder hoch und veröffentlichte sie im Dezember 1822 als sein op. 12, schon anderthalb Jahre nach dem Erscheinen seines op. 1, des *Erlkönigs*. Den zweiten der Gesänge (*„Wer nie sein Brot mit Tränen aß"*) ersetzte er dabei durch eine neue Komposition; für den dritten (*„An die Türen will ich schleichen"*) hatte er schon im September 1816 erst bei dem dritten Anlauf die endgültige Form gewonnen. Der erste der Gesänge, eben *„Wer sich der Einsamkeit ergibt"*, blieb vom ersten Entwurf an im wesentlichen unverändert — die Komposition hatte den Komponisten also von Anfang an überzeugt.

Im Strophenlied waren es, so haben wir gesehen, vor allem die formal musikalischen Elemente der Sprache — Metrum, Reimordnung, Gestalt der Strophe —, die den Verlauf der Komposition bestimmten. Im durchkomponierten Lied treten diese zurück. Wie in der Prosavertonung kann der Komponist mit dem Material der Sprache frei arbeiten. Vergleichen wir hierzu, auf der Ebene der Wörter, die jeweils drei letzten Verse beider Strophen in Schuberts Komposition. Während die ersten vier Verse regulär gebaut sind, im Wechsel von vier- und dreihebigen Jamben, sind die letzten drei Verse jeweils dreihebig; der vorletzte Vers der ersten Strophe ist dazu metrisch zweideutig. Der Leser ist sich nicht sicher, ob er ihn wie zuvor jambisch zu lesen hat — dann wäre er zweihebig (*„recht éinsam séin"*: x x́x x́), oder, wiederum wie zuvor, dreihebig — dann begönne er abtaktig, trochäisch (*„récht éinsam séin"*: ´ x́x x́). Auch der vorletzte Vers der zweiten Strophe bringt hier Schwierigkeiten. Dieser ist zwar sicher dreihebig zu lesen — jambisch, auftaktig aber nur bei einem Eingriff in den natürlichen Wortakzent: *„Einsám im Grábe séin"* (x x́x x́x x́) statt *„Éinsam im Grábe séin"* (x́xx x́x x́).

Schubert entscheidet sich in beiden Fällen für jambische Lesung. Er behandelt im übrigen aber die beiden Partien in ganz verschiedener Weise. Den Schluß der ersten Strophe vertont er ohne Rücksicht auf die metrische Gliederung, gewissermaßen als Prosatext:

Beispiel 19:

Bezeichnend dafür ist das Reimwort *„einmal"*, das Goethe — als Reimwort — gegen den natürlichen Wortakzent auf der letzten Silbe betont. Schubert hingegen setzt nicht nur keine Zäsur am Ende des Verses (und überspielt so die Verskadenz), er überspielt auch den Reim, indem er dem Wort seinen natürlichen Klang zurückgibt. Im übrigen dann deklamiert er jedes einzelne Wort, einem Rezitator gleich, in einer für Schubert überaus charakteristischen rezitatorischen Melodik: Er dehnt das zentrale Wort *„éinsam"* (auf einen ganzen Takt!), zeichnet es zugleich melismatisch aus und unterstreicht es durch eine überraschende Modulation nach fis-moll. Das folgende Wort *„dann"* führt zu dem melodischen Spitzenton der Phrase und erhält so eine Art Doppelpunkt-

Effekt; das „*bin*" wird durch den exponierten Vorhalt unterstrichen und verweist so auf die reale Situation des Sängers; das „*nicht*" endlich wird vor der Kadenz „*alléin*" durch die Punktierung und die Vorhaltsdissonanz herausgehoben. All dies macht deutlich: Schubert überträgt nicht einfach ihm vorgegebene sprachliche Modelle in Musik — er verarbeitet Sprache und schafft Musik aus der Sprache.

Ganz anders verfährt er am Ende des Liedes. Hier gewinnt das metrische Modell offensichtlich die Überhand:

Beispiel 20: (mit leiserer Stimme)

(Notenbeispiel: Ach werd ich erst einmal einsam im Gra-be sein, da läßt sie mich al-lein, da läßt sie mich al-lein.)

Schubert scheint zu skandieren — und dies nicht nur in der regelmäßigen Übertragung der Jamben in das musikalische Metrum, sondern auch in der vom Inhalt der Verse gleichsam unabhängigen Gewichtung der Akzente:

Ach wérd ich èrst einmál   x x́x x̀x ́
Einsám im Gràbe séin,   . x x́x x̀x ́
Da láeßt sie mìch alléin.   x x́x x̀x ́

Gegen den natürlichen Wortakzent deklamiert Schubert hier nicht nur, wie Goethe, „*einmál*" (als Verskadenz), sondern — um eben die gleichmäßige Folge von Jamben nicht zu stören — auch *„einsám"*[80]. Nur durch kleine melodische Akzente sucht Schubert dem entgegenzuwirken, etwa durch das kleine Melisma auf *„ein-"(sam)* und durch das größere auf dem immerhin entscheidenden Wort *„Grábe"*. Im Ganzen aber dominiert ein poetisch-metrisches Modell (das durch Wiederholung des letzten Verses der Strophe zu dem musikalisch-metrischen Modell der achttaktigen Periode führt) über Wortkadenz und Deklamation.

Wenden wir uns — immer auf der Ebene der Wörter — von der musikalischen Schicht ab und der semantischen zu. Wie schon in *Jägers Abendlied* das Bild vom Jäger, der *„still und wild" „schleicht"*, Anlaß zu einer ganz bestimmten musikalischen Konfiguration gegeben hatte, so nimmt auch hier Schubert den Text zum Anlaß für bestimmte musikalische Figuren. *„Der Alte blickte auf seine Saiten, und nachdem er sanft präludiert, stimmte er an und sang"* — so hieß es einleitend bei Goethe. Schubert greift die Anregung auf und beginnt das Lied mit einem Vorspiel sanfter Harfenakkorde. Diese Harfenakkorde verstummen danach zwar für einige Takte, setzen mit Takt 15 aber wieder ein und „begleiten" das Lied — in unterschiedlicher Figuration — dann bis zu seinem Ende. Auf diese Weise schafft Schubert eine Art Szenarium, das dem Fortgang des Ganzen Halt gibt.

[80] In einer im Archiv der Gesellschaft der Musikfreunde in Wien (Sammlung Witteczek-Spaun, Band 33) überlieferten, vermutlich auf Johann Michael Vogl zurückgehenden „Veränderung" des Liedes hat man versucht, die Deklamation des *„einsam"* zu „verbessern", dem natürlichen Wortakzent anzupassen: *„Ach werd ich erst einmál / éinsam im Grábe séin / da läßt sie mích alléin"* (x xx xx - / xvv xx - / x xx xx -); da diese Lesart jedoch der musikalischen Struktur des Abschnittes widerspricht, hat sie sich auch damals nicht durchsetzen können. Vgl. *Neue Schubert-Ausgabe*, Serie IV, *Lieder*, Band 1 (s. Anm. 42), S. 295 ff.

Schubert liebt ein solches Verfahren. Jeder kennt es aus den „Spinnrad-Figuren" in *Gretchen am Spinnrade* oder den „Reiter-Figuren" im *Erlkönig*. Man ist heute zurückhaltend in der naturalistischen Deutung solcher Figuren — allzuoft stand sie einst im Vordergrund der Liedinterpretation. Es kann aber kein Zweifel daran bestehen, daß es nicht selten ein bestimmtes poetisches Bild ist, von dem Schubert sich anregen läßt[81] — ebenso sicher aber sind es Mittel des musikalischen Satzes, durch die er das Bild strukturiert (etwa einander entgegenlaufende Bewegungsimpulse im Klaviersatz von *Gretchen am Spinnrade*, die eben nicht nur das „Spinnen" darstellen, sondern zugleich das Lied vorantreiben). So schafft er die theoretisch geforderte „Einheit" im durchkomponierten Lied, gibt auch einer offenen Komposition einen Rahmen, der sie begrenzt — so, wie vor einem Bühnenbild eine Handlung ablaufen kann, die, in sich selbst unbegrenzt, in die Vergangenheit offen wie in die Zukunft, durch den kontinuierlichen Bezug auf dasselbe Bild geschlossen erscheint. Durch ein solches Szenarium vermag der Komponist, die einzelnen Teile eines durchkomponierten Liedes zu binden, aufeinander zu beziehen.

Während so die Harfenakkorde, die ja im Zusammenhang des Liedes semantisch neutral sind, den ganzen Gesang des Harfners binden, sind einzelne andere Bilder auf bestimmte Abschnitte des Liedes beschränkt. Zu Beginn der zweiten Strophe etwa, zu den Worten *„Es schleicht ein Liebender, lauschend sacht, ob seine Freundin allein?"* zeichnet Schubert das Schleichen durch eine charakteristische melodische Bewegung der Klavierstimme und durch eine eigentümlich gedrückte Linie der Singstimme:

---

[81] Eine detaillierte Darstellung poetischer Figuren in Schuberts Liedern findet man bei Felicitas von Kraus, *Beiträge zur Erforschung des malenden und poetisierenden Wesens in der Begleitung von Franz Schuberts Liedern*, München 1928.

Beispiel 21:

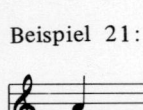

[Notenbeispiel: "lein?"]

Schließlich dominiert im letzten Teil des Liedes ein chromatischer Quartabfall im Baß, eine musikalische Formel, in der sich gleichsam die Unerbittlichkeit des Gesetzes darstellt. Diese Formel ist in Schuberts Lied freilich nicht so sehr durch ein einzelnes Wort (etwa: *"Grabe"*) angeregt, als durch die Unausweichlichkeit des Todes, die am Ende des Gedichtes beschworen wird. Wir kommen darauf zurück.

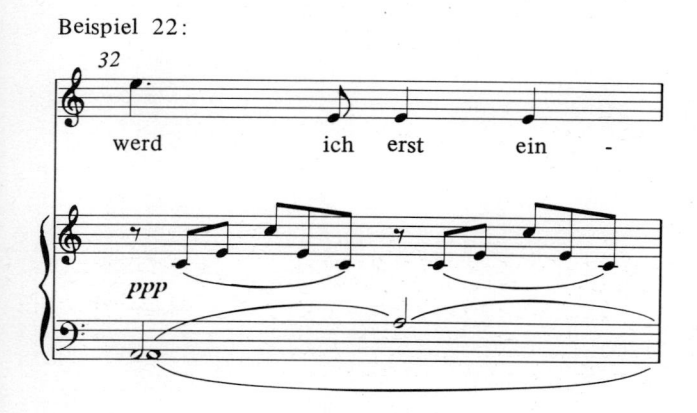

Beispiel 22:

[Notenbeispiel, Takt 32: "werd ich erst ein -", ppp]

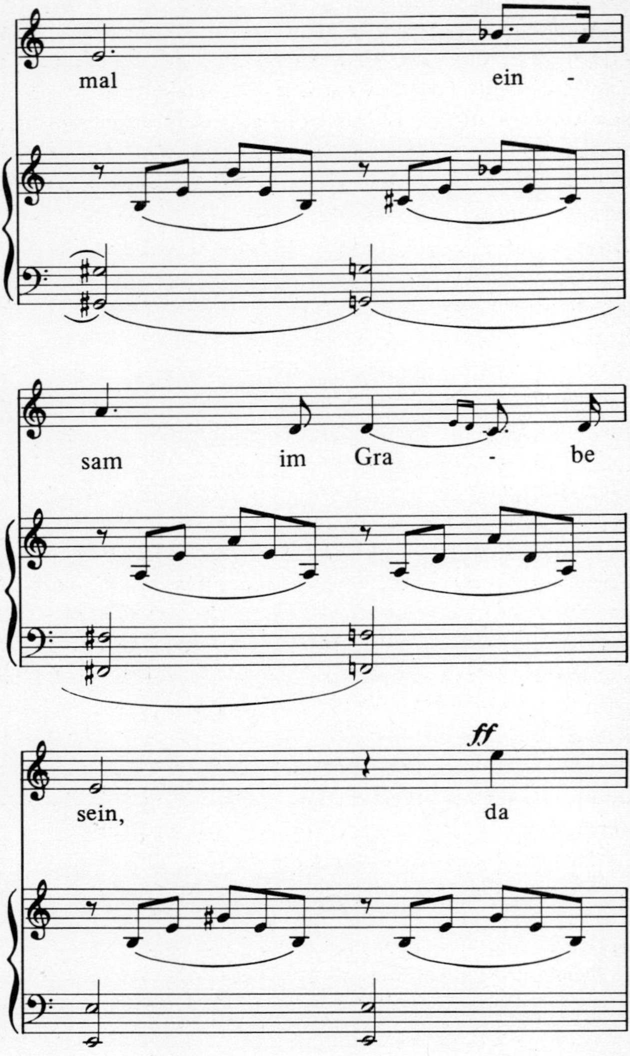
mal
ein -
sam
im
Gra
-
be
ff
sein,
da

Wenden wir uns nun der Komposition im Ganzen zu. Die ersten vier Verse, die erste Strophenhälfte, werden gleichsam erzählend vorgetragen. Die Harfenakkorde des Vorspiels setzen aus. Es ist, als wolle sich der Sänger selbst zurückziehen, während er das „Motto" vorträgt. So ist auch die Melodie rezitativisch disponiert, die syntaktischen Abschnitte bestimmen die Gliederung (2+1+1+1+2 Takte). Zwar ist die Melodie angereichert durch verschiedene Verzierungen; diese aber geben ihre Floskelhaftigkeit in stereotypen Wiederholungen deutlich zu erkennen. Das Klavier begleitet durch stützende Akkorde. Schuberts Satz entspricht der Funktion dieser ersten vier Verse: einer allgemeinen Regel, die — bei Schubert im Sinne einer weit ausholenden Kadenz — den Grundton angibt.

Dann aber, nach einer Fermate, setzt Schubert neu an: *„Ja, laßt mich meiner Qual!"*. Die zweite Strophenhälfte beginnt mit einer Rückung in die Untermediante und leitet so einen harmonisch äußerst unstabilen Abschnitt ein[82]. Zwar führen die überraschenden harmonischen Wendungen am Ende doch wieder in die Grundtonart a-moll zurück (die der Komponist danach kaum mehr verläßt), doch bringen sie Farbe, persönlichen Affekt. Die Wendung des Textes zum „Ich" vollzieht auch die Musik. Zugleich löst sich das Klavier aus der einfachen Stützfunktion — die Harfenakkorde kehren wieder, nun aber nicht mehr, wie im Vorspiel, undifferenziert arpeggierend, sondern in eigener, drängender Bewegung. Das Instrument wird so zum Partner.

Zu Beginn der zweiten Strophe dann gibt das Klavier seine begleitende Funktion ganz auf. Während die Singstimme

---

[82] Takt 15—16: F-dur; T. 17: verminderter Septakkord auf es, Dominantseptakkord auf d; T. 18: Quartsextakkord auf cis; T. 19: D-dur, verminderter Septakkord auf dis; T. 20: Quartsextakkord auf e, Dominantseptakkord auf e; T. 21: A-dur — a-moll (vgl. Beispiel 19).

quasi rezitierend deklamiert, entwickelt das Klavier seine eigenen, von dem Bild des Schleichens angeregten Linien (vgl. Beispiel 21). Dabei aber zerbricht die bisher bewahrte metrische Konkordanz von Singstimme und Klavierstimme. Die Singstimme deklamiert im Grunde in 2/4-Takten, von denen der jeweils erste leicht, der zweite hingegen schwer ist:

> *Es schlèicht ein Lı́ebender, làuschend sácht,*
> *Ob sèine Fréundin allèin?*
>
> (x x̀x x́vv x̀x x́ / x x̀x x́vv x́)

Die Klavierstimme hingegen führt den regulären 4/4-Takt fort, wobei dann allerdings die schweren Akzente des 4/4-Taktes mit den leichten des 2/4-Taktes der Singstimme zusammenfallen. Erst am Ende der beiden Verse werden Singstimme und Klavierstimme, durch eine fast gewaltsam wirkende Aufeinanderfolge zweier schwerer Akzente in der Singstimme, wieder zusammengeführt:

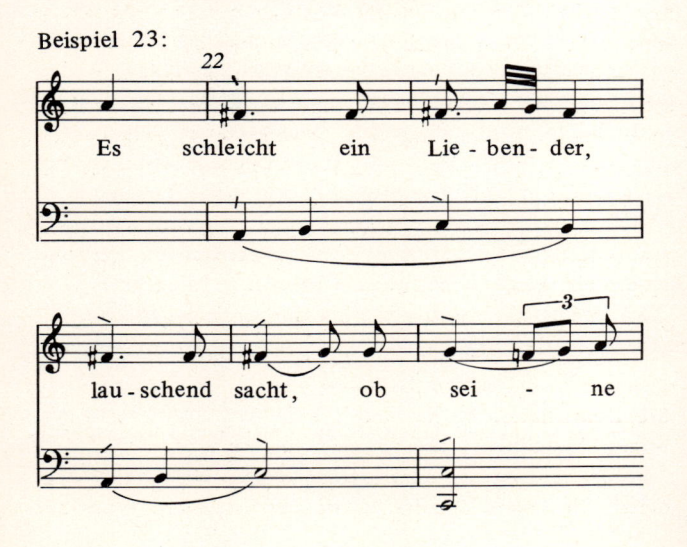

Beispiel 23:

Freun - din al lein?

Das Unheimliche des poetischen Bildes, das die innere Zerrissenheit des von eigener Qual und Pein umlauerten Harfners spiegelt, findet so sein musikalisches Korrelat.

Der vierte Teil des Liedes, die Verse 6—8 der zweiten Strophe, zieht aus dem Vorigen nun musikalisch die Konsequenz: Das Instrument übernimmt die Führung. Die absteigenden chromatischen Baßfiguren bestimmen das musikalische Geschehen (vgl. Beispiel S. 115 f.). Die Singstimme deklamiert dazu in einer Art affektiven Ariosos, wobei der melodische Gang ihr — trotz mancher heftiger fortissimo-Ausbrüche — vom Instrument her vorgezeichnet erscheint. Der Komponist arbeitet nicht mehr mit der Sprache — er folgt dem vom Dichter geprägten metrischen Schema, und zwar, wie wir sahen, auch dort, wo es dem Wortakzent widerspricht, wo also wohl auch der Dichter selbst in der Deklamation das metrische Schema durchbrochen hätte.

Es ist aber wohl ein musikalisches Strukturprinzip, das den Komponisten veranlaßt, hier von der Deklamation (die er uns am Ende der ersten Strophe ja so exemplarisch vorgeführt hatte) zur Skansion zurückzuweichen: Der chromatische Quartfall vollzieht sich in einem regulären Viertakter, dessen Regelmäßigkeit Schubert keineswegs durch irreguläre Deklamation stören lassen will. Daß es ihm aber um diesen Viertakter zu tun ist, zeigt der Fortgang des Liedes. Schubert wiederholt, auch darauf haben wir schon hingewiesen, die letzte Zeile des Gedichtes und kann — nur auf diese Weise — dem ersten Viertakter einen zweiten entgegenstellen, das Ganze zu einer regulären Periode von acht Takten erweitern. Unmittelbar darauf wiederholt er dann die letzten drei Verse noch einmal, fügt der ersten Achttakt-Periode eine zweite an und bestätigt damit das Konstruktionsprinzip. Nirgends sonst in diesem Lied trifft man auf solche, rein musikalisch bedingte Textwiederholungen — auch darin manifestiert sich das Übergewicht des Instrumentalen.

Wie der Dichter entwickelt so der Komponist das Lied prozeßhaft auf ein Ziel zu. Während der Sänger zunächst dominiert, das Instrument nur begleitet, stützt, wird das Instrument später zum Partner, gerät dann in offenen Gegensatz zur Singstimme und dominiert selbst am Ende. Im Nachspiel behält daher auch der chromatische Quartfall des Basses das letzte Wort. Freilich — während der Dichter in seinen letzten Versen vom Tode als der Erlösung der Person, des Harfners, von Qual und Leiden spricht, dabei immer noch den Tod auf den Einzelnen bezieht („*mich*" ist das vorletzte Wort des Liedes) führt der Musiker den Gesang in eine Dominanz allgemein musikalischer Prinzipien, in der die Person des Leidenden, Singenden, aufgeht. Daraus nun ergibt sich jene partielle Inkongruenz der parallel, nach eigenen Gesetzen verlaufenden spezifisch musikalischen und spezifisch poetischen Prozesse, von der in der Einleitung die Rede war und die das Lied tatsächlich offenhält für weitere, „immer höhere potenzierte Reflexionen".

Beobachtungen, die sich hier an einem durchkomponierten Lied anstellen ließen, dessen im Text immerhin vorgegebene strophische Struktur in der Vertonung weitgehend aufgelöst erscheint (aus den zwei in der Reimordnung fest gebundenen Strophen wurden vier Abschnitte von 4+4+5+3 Versen) lassen sich auch an Liedern bestätigen, deren strophische Gliederung in der Komposition deutlicher durchscheint. Ein Beispiel dafür sei *Ellens Gesang I* (D 837) aus Schuberts 1825 entstandener Liedergruppe nach Texten aus Walter Scotts Verserzählung *Das Fräulein vom See* (*The Lady of the Lake*), op. 52. Bei diesem Lied handelt es sich um eine Art Rundgesang: Eine Ritornellstrophe (*„Raste Krieger, Krieg ist aus, schlaf den Schlaf, nichts wird dich wecken"*) kehrt dreimal wieder; zwischen diese Ritornellstrophen eingeflochten sind zwei längere Episoden. Wie, fragt man sich, kann ein derart gestaltetes Lied prozeßhaft wirken?

Der Komponist erreicht dies durch Ausnützung der Möglichkeiten, die die Polyrhythmie ihm bietet, durch ein dialektisches Verhältnis von Singstimme und Klavierstimme schon in der Ritornellstrophe. Die Singstimme trägt darin ihr *„raste Krieger"* und *„schlaf den Schlaf"*, ganz wie man das von Schlaf- und Schlummerliedern erwartet, weich, wiegend und im Piano vor — allerdings in weit ausgreifender Melodik, so als müßte sie den Schlummer beschwören, als wäre der Situation nicht ganz zu trauen, als müßte sie sich selbst darin bestärken: *„Ruhe Krieger, Krieg ist aus"*. Und in der Tat: Nicht, wie sonst in Schlummerliedern, weich arpeggierende Akkorde begleiten den Gesang, sondern hartnäckige, fanfarenartige Akkordbrechungen, die aus der Ferne in den Schlaf eindringen und die Sängerin Lügen strafen: Der Krieg ist keineswegs zu Ende, der friedliche Schlummer ist Illusion.

Es folgt dann, in neuem Zeitmaß und neuer Tonart, eine erste Episode: *„In der Insel Zauberhallen wird ein weicher Schlafgesang um das müde Haupt dir wallen, zu der Zauberharfe Klang. Feen mit unsichtbaren Händen werden auf dein Lager hin holde Schlummerblumen senden, die im Zauberlande blühn"*. Unverkennbar sind dies Schlüsselworte der Romantik für das Streben nach Unendlichkeit. Die Sängerin erhebt sich aus „der beschränkten Gegenwart" und beschwört das Zauberland der Feen, wo, gleich der blauen Blume der Romantik, die Schlummerblumen blühen. Und so scheint auch die Spannung zwischen Singstimme und Klavierstimme sich zu lösen. Im Reich der Utopie heben die Antithesen sich auf. Jetzt begleiten wiegende Achtelfiguren den Gesang. Die Verzauberung erschiene vollkommen, ließe Schubert nicht durch schillernde Harmonik die Unwirklichkeit als solche erscheinen.

So bricht die Realität wieder durch: Die Eingangsstrophe kehrt unvermittelt wieder und mit ihr erklingen auch die Kriegsfanfaren von neuem. Die Sängerin will Einhalt gebieten. In der zweiten Episode beschwört sie den Krieg: *„Nicht der Trommeln wildes Rasen, nicht des Kriegs gebietend Wort, nicht der Todeshörner Blasen scheuchen deinen Schlummer fort . . .".* Die Musik freilich kehrt sich nicht an die Worte der Sängerin. Selbst die Singstimme wirkt in Faktur und Melodiezeichnung, in geschärften Rhythmen und Dreiklangsbrechungen eher martialisch, und das Klavier greift die Bilder des Textes auf: Man hört das Pferdestampfen, das Trommelschlagen. An die Stelle dialektischer Spannung von Singstimme und Klavierstimme ist die von Text und Musik getreten — man denke daran, daß in der polyrhythmischen Liedfaktur Text, Singstimme und Instrument ja gleichberechtigt aufeinander bezogen sind.

Die Episode leitet jedoch zurück in die Zauberwelt der zweiten Strophe; die wiegenden Figuren kehren wieder, noch einmal wendet sich die Sängerin ab vom wilden Lärm des Krieges und weist in eine Idylle von Vogelsang und Schilf und Rohr. Noch einmal folgt ihr das Instrument — doch die Illusion währt diesmal nicht lange. Ein letztesmal kehrt die Ritornellstrophe wieder, und mit den Klängen der fernen Kriegsfanfaren endet das Lied.

Es ist so gerade der Rundgesang, der das Lied offenhält. Durch Flucht ins Zauberland lassen die Spannungen der

Realität sich nicht lösen. Nicht Traum und Schlummer, sondern des *„Kriegs gebietend Wort"* und *„der Todeshörner Blasen"* behalten das letzte Wort, und dem Hörer ist es aufgegeben, den Prozeß fortzuführen.

Kehren wir zu dem Gesang des Harfners zurück. Goethes Gedicht ist nach Schubert noch verschiedentlich komponiert worden. Nach Friedlaenders Angaben[83] außer von Schumann auch von *„Rubinstein, op. 91, Nr. 3 und 10 neueren Musikern"*, darunter Hugo Wolf. Schumanns Vertonung entstand im Jahre 1849, einem der fruchtbarsten seines Lebens. Damals schrieb Schumann einige *Lieder Mignons, des Harfners und Philinens* aus Goethes *Wilhelm Meister*, die er dann zusammen mit dem *Requiem für Mignon* für Chor, Solostimmen und Orchester als op. 98 veröffentlichte. So stellte er Schuberts beiden Wilhelm-Meister-Zyklen (den Harfner-Liedern op. 12 und den Mignon-Liedern op. 62) eine Liedergruppe gegenüber, die sich jedoch nicht zu einem Zyklus zusammenschließt. Die Mignon- und die Harfner-Lieder folgen in bunter Reihenfolge aufeinander. *„Wer sich der Einsamkeit ergibt"* trägt dabei die Nummer 6. Wie Schubert hat Schumann das Lied „durchkomponiert".

Wenden wir uns zunächst wiederum der Ebene der Wörter zu, und zwar wiederum den letzten Versen jeder Strophe. Schubert hatte den Schluß der ersten Strophe rezitativisch, wie einen Prosatext behandelt — bei Schumann hingegen wirkt dieser Abschnitt frei skandierend, deutlich am metrischen Modell orientiert. (Dies zeigt zumal die metrische, dem natürlichen Wortakzent zuwiderlaufenden Deklamation des *„einmál"*, die Schubert an gleicher Stelle ja vermieden hatte.) Skandierend aber verändert der Rezitator dennoch in der letzten Zeile, eigenwillig, das Metrum, so als wolle er den antithetischen Charakter dieses

---

[83] M. Friedlaender, *Goethes Gedichte in der Musik* (s. Anm. 52), S. 190.

Verses deutlich machen — während er ihn in Wahrheit, durch die Unterbetonung des entscheidenden „*nicht*", vom Text her geradezu verschleiert.

	Goethe	Schumann
Und kann ich nur einmal	x x́x x̀x x́	vv̀v x́x x́
Recht einsam sein,	x x́x x́	x x́x x́
Dann bin ich nicht allein.	x x̀x x́x x́	x́x x́vv x́

Beispiel 24:

Und kann ich nur ein - mal recht ein - sam sein, dann — bin ich — nicht all - lein —.

Umgekehrt hingegen verfährt Schumann am Schluß der zweiten Strohe: Hier führt unbestreitbar die Singstimme und deklamiert gegen das Metrum. Sie gibt den Worten „*einmál*" und „*einsám*" ihren natürlichen Wortakzent zurück und verlegt zugleich im vorletzten Vers den Hauptakzent von der Verskadenz auf das entscheidende Wort „*Grabe*". Aus Goethes Jamben werden Daktylen, aus zweigliedrigen Versfüßen dreigliedrige. Erst mit dem letzten Vers kehrt Schumann — durch Hemiolenbildung — zum zweigliedrigen Versmaß zurück. Sinngemäße statt metrischer Deklamation ist daher wohl auch der Grund, daß Schumann für seine Vertonung nicht wie Schubert den Vierviertel-, sondern den Dreivierteltakt wählt.

	Goethe	Schumann
Ach! werd ich erst einmal	x x́x x̀x x́	x́xx x́xx
Einsam im Grabe sein,	x x̀x x́x x́	x̀xx x́xx
Da läßt sie mich allein.	x x̀x x́x x́	x x̀x x̀x x́

Beispiel 25:

[Notenbeispiel: „Ach! werd ich erst einmal einsam im Grabe sein,"]

Die Wahl des Dreivierteltaktes stellt Schumann dann jedoch dort vor Probleme bei der Deklamation, wo der jambische, zweigliedrige Rhythmus eindeutig und ausgeprägt ist — etwa zu Beginn des Liedes. Will er nämlich den jambischen Rhythmus beibehalten, dann muß er die betonten Silben zusätzlich längen (wie am Schluß der ersten Strophe, vgl. Beispiel 24). Dann aber müßte er schematisch-metrisch skandieren: *"Wer sích der Éinsamkéit ergíbt"* (x -́x -́x -́) — gerade zu Beginn des Liedes eine unmögliche Deklamation! So verzichtet Schumann denn auf Metrik, Zweigliedrigkeit und Auftaktigkeit, verkürzt die vier Hebungen des Verses auf drei und gewinnt so eine völlig neue, vom Gedicht unabhängige rhythmische Struktur: *"Wér sich der Éinsamkeit ergíbt"* (x́xx v́vxx -́). Den so entstehenden Dreitakter erweitert Schumann dann durch Dehnung der Kadenzsilbe zur üblichen Viertaktigkeit.

Beispiel 26:

Das Verfahren mutet gewaltsam an, vergleicht man es mit dem Schuberts; es erinnert in manchem an das *Vergebliche Ständchen* von Brahms — und ist doch weit davon entfernt. Während Brahms aus musikalischen Gründen, um dem Modell des Ländlers zu folgen, einem poetischen Metrum ein anderes aufzwingt, geht Schumann von einer Sprachzelle aus, die er für entscheidend hält (*"Ach! werd ich erst einmal einsam im Grabe sein"*) und die er dann auf einige, durchaus nicht alle anderen Verse überträgt.

Schumann also arbeitet — wie Schubert — mit dem Material der Sprache. Wenn dabei metrisch-rhythmische Strukturen entstehen, die den poetischen nicht entsprechen, so entsprechen sie doch den sprachlichen, vor-poetischen. Musik und Poesie, die mit demselben Material arbeiten, laufen parallel, aber nicht kongruent.

Schumann widerspricht damit allerdings selbst einer theoretischen Forderung, die er im Hinblick auf Goethes Wilhelm-Meister-Lieder vierzehn Jahre vor der Entstehung seiner eigenen einmal erhoben hatte: *„Dieses Eckige im einzelnen, das dem Eindruck des oft gründlich aufgefaßten Ganzen in den obigen Gesängen* (das sind: Joseph Klein, 6 Gedichte aus „Wilhelm Meister" von Goethe) *überall im Wege steht, wird noch durch den Übelstand vermehrt, daß der Komponist in kleinen, zwölf Zeilen kurzen Liedchen zu oft den Takt wechselt. Wozu solche Maßregeln? Folgt denn etwa in den „Wilhelm Meister"-Liedern ein Hexameter nach einer dreifüßigen Jambuszeile, und ist's nicht vielmehr der regelmäßigste Pulsschlag eines Dichterherzens, wie es freilich nur eines auf der Welt gegeben hat?"*[84]. Die Taktart wechselt Schumann in seinem Lied freilich nicht, wohl aber das Metrum der Singstimme, was im Hinblick auf den „Pulsschlag eines Dichterherzens" auf dasselbe hinausläuft. Es ist eben nicht dieser Pulsschlag, dem Schumann folgt (ebensowenig wie Schubert), sondern sein eigener, spezifisch musikalischer — nur daß beider Pulsschlag, der des Dichters wie der des Musikers, seine Energie aus derselben Quelle bezieht, der Sprache.

---

84 Robert Schumann, *Gesammelte Schriften über Musik und Musiker*, 5. Auflage, hsg. von Martin Kreisig, Band I, S. 272. Auf die Spannung zwischen Versakzent und Schumanns Vertonung weist auch August Gerstmeier in seiner Analyse des Liedes hin (*Die Lieder Schumanns. Zur Musik des frühen 19. Jahrhunderts*, Tutzing 1982 = *Münchner Veröffentlichungen zur Musikgeschichte* 34, S. 143).

Die semantische Schicht der Sprache regt Schumann in ähnlicher Weise an wie Schubert. Hier wie dort sind es Harfenfiguren, die das Szenarium schaffen, die dem Lied den Rahmen geben. Im Gegensatz zu Schubert aber, der dem Lied — Goethes Anweisungen entsprechend — ein gewissermaßen selbständiges Vorspiel vorangestellt hat, führen bei Schumann zwei präludierende Takte unmittelbar in das Lied hinein; sie begleiten auch dessen ersten Teil (in dem Schubert den Sänger frei rezitieren ließ) und setzen nur zu Beginn der zweiten Strophe aus: *„Es schleicht ein Liebender lauschend sacht, ob seine Freundin allein".*

Diese Verse nun erscheinen Schumann nicht wie Schubert bedrohlich, nicht das Bild des Schleichens ist es, das er aufgreift, es ist das des Liebenden. Überschwang ist es, der aus der Melodielinie spricht; erwartungsvolle Heimlichkeit deuten klopfende Achtel in den Mittelstimmen der Klavierbegleitung an, wie in *Mondnacht* aus dem *Liederkreis* op. 39 nach Gedichten von Eichendorff, oder — immer aus demselben Zyklus — in *Schöne Fremde* und *Frühlingsnacht*[85]. Nicht als bildliche Erläuterung der Antithese, die die erste Strophe ausgeführt hatte, sondern als Rückerinnerung, als glückliche Rückerinnerung an eine Zeit, in der Liebe die Einsamkeit überwunden hatte, erscheinen Schumann die Verse. Wie nach älterem Herkommen ist es ein einzelnes Wort — *„Liebender"* — das Schumann malt, unbekümmert um den Zusammenhang des Ganzen.

Dieses Ganze gliedert sich ihm, wie Schubert, in vier Teile; die einzelnen Teile unterscheiden sich aber von denen

---

[85] Schumann spricht selbst von musikalischen „Zeichen" für literarische Inhalte. In einer Rezension über *6 Gesänge mit Begleitung des Pianoforte* von H. Triest, op. 2, schreibt er, er rechne zu den mißlungenen Liedern des Komponisten *„das ‚Sehnen' von Heine, für dessen tiefen wunden Schmerz die Musik noch ganz andere Zeichen besitzt"* (in: *Gesammelte Schriften* . . ., s. Anm. 84, Band I, S. 273).

Schuberts nach Umfang und Funktion. Die ganze erste Strophe bildet eine erste Einheit, in der dieselbe, gleichbleibende Harfenfigur die beiden inhaltlich widerstrebenden Abschnitte bindet. Beide Abschnitte sind auch ähnlich konstruiert: Sie beginnen jeweils abtaktig, frei deklamierend (wie Beispiel 26), gehen dann in einen jambischen Rhythmus über, in dem jeweils die betonte Silbe auch gedehnt ist, und münden in synkopische Verschiebungen, die dem Versakzent entgegenlaufen (wie Beispiel 24). Die Wiederaufnahme des Anfangs zu Beginn des zweiten Teils der Strophe (*"Ja, laßt mich meiner Qual!"*) bestätigt dabei, daß von einer Antithese von Allgemeinem und Persönlichem nicht die Rede sein kann. Die beiden Abschnitte sind nämlich nicht nur metrisch identisch, sie korrespondieren auch im Melodischen. Und beide Abschnitte zeigen am Ende die innere Zerrissenheit dessen, der, auch wenn er *"einmal recht einsam sein"* kann, doch nicht allein ist. Die Synkopen der Singstimme dort sind nämlich keine Synkopen im satztechnischen Sinne, sie dienen nicht zur Vorbereitung von Dissonanzen, die sich dann regelrecht auflösen — es sind echte Taktverschiebungen, die den Harfenfiguren zuwiderlaufen, die ihre stereotypen Dreivierteltakt-Figuren unverändert weiterführen.

Darin nun aber unterscheiden sich Schumann und Schubert: Die Baßstimme des Klavierparts nimmt bei Schumann an der Taktverschiebung teil, sie läuft parallel zur Singstimme, diese unterstützend, wenn nicht gar herausfordernd. Die metrischen Konflikte manifestieren sich also nicht zwischen Singstimme und Instrumentalstimme, zwischen den gleichberechtigten Partnern des polyrhythmischen Geflechts, sondern innerhalb einer, der Instrumentalstimme[86].

86 Wenn in Schuberts Ballade *Der Zwerg*, D 771, in manchen, dem Zwerg gewidmeten Abschnitten der Baß der Klavierstimme die Singstimme verdoppelt (und ähnliches findet man nicht

Der zweite Teil des Liedes, der Beginn der zweiten Strophe, bringt etwas ganz Neues. Es scheint, als suche Schumann nach einer Art kontrastierendem Mittelteil. Wir sahen bereits, daß die Harfenfiguren aussetzen und an ihre Stelle klopfende Achtel treten — aber auch Harmonik und Satz unterscheiden sich. An die Stelle tonaler Unbestimmtheit, die den ersten Teil prägte (dort ist die Tonika überhaupt vermieden!), tritt jetzt eine klare Folge von Dominante und Tonika — auch wenn letztere selbst hier nur als Quartsextakkord, d.h. als Funktion der Dominante auftritt. Vor allem aber treten Oberstimme des Instruments und Singstimme in melodische Relation. Das Instrument leitet den Abschnitt motivisch ein und antwortet der Singstimme, behält schließlich mit dem Zitat des Melodiefragments *„Es schleicht ein Liebender"* das letzte Wort, dem Hörer damit zu verstehen gebend, worum es Schumann in diesem kurzen Abschnitte geht: um Aufhellung — auch wenn dies das Gedicht eigentlich selbst nicht zuläßt. Es ist also eigentlich eher ein musikalischer Gedanke, der dem zweiten Teil zugrundeliegt, die Absicht, den düsteren Außenteilen einen kontrastierenden, helleren Mittelteil entgegenzustellen.

Der folgende dritte Teil, der inhaltlich aus dem Bild des mißtrauischen Liebenden die Konsequenz ziehen soll: *„so überschleicht bei Tag und Nacht mich Einsamen die Pein, mich Einsamen die Qual"*, hat bei Schumann eine wiederum musikalische, vom Text her nicht deutbare Überleitungsfunktion, verbindet die Rückerinnerung mit dem Schluß, der Conclusio des Liedes. Die überschwengliche Melodik setzt aus, die klopfenden Achtel verlieren ihre Heimlichkeit,

selten bei Schubert), dann handelt es sich doch um eine andere Erscheinung: Im *Zwerg* nämlich verharrt die Oberstimme des Klaviers in undifferenziertem Tremolo, das erst durch Singstimme und Klavierbaß metrisch definiert wird; Konflikte stellen sich da nicht ein.

verwandeln sich in modulierende Akkorde und münden schließlich in bewegte Harfenfiguren. Die Erregung steigert sich bis zum Forte und verklingt.

Der letzte Teil (vgl. Beispiel 25) schließt an, nochmals ganz anders gesetzt. Zum erstenmal nun gehen Singstimme und Klavierstimme parallel, übernimmt auch das Klavier die Melodieführung der Singstimme. Die inneren Widersprüche sind gelöst: *„Ach! werd ich erst einmal einsam im Grabe sein, da läßt sie mich allein"*. Das Nachspiel läßt die bewegten Harfenakkorde des dritten Teiles noch einmal anklingen und führt zum — erlösenden — Schluß, in dem nun endlich auch die Tonika in der Grundlage erklingt, nachdem in den letzten Zeilen der Singstimme die Tonart bereits deutlich umschrieben war.

Auch Schumanns Lied vollzieht so einen Prozeß, auch Schumanns Lied ist im Schlegelschen Sinne romantisch. Die Widersprüche lösen sich. Anders als bei Schubert ist dieser Prozeß jedoch allein auf die Person des Sängers bezogen, führt nicht vom Allgemeinen ins Allgemeine. Gegenstand des Liedes ist das Individuum, das dem Hörer gegenübersteht, das seine Aufmerksamkeit erfordert, ihn in den dargestellten Prozeß aber nicht einbeziht. Hierin zeigt sich vielleicht ein anderes Verständnis der Gesellschaft: die Emanzipation des Individuums ist fortgeschritten; der Einzelne steht dem Einzelnen gegenüber.

Schumanns Lied arbeitet wie Schuberts Lied mit der Sprache, gewinnt Struktur und Gestalt aus ihr — doch scheint es, als wirken auch andere Formprinzipien mit. Im einzelnen ist es — neben anderem — das Streben nach Variation, das auf die Deklamation einwirkt und dem „regelmäßigen Pulsschlag" des Dichters entgegenwirkt. Im Ganzen sind es musikalische Formprinzipien, wie die Suche nach aufhellendem Kontrast, die den folgerichtigen Verlauf des musikalisch-poetischen Prozesses stören: Der zweite Teil des Liedes hat zwar die musikalische Funktion des Kontrastes — aber diese Funktion ist auch musikalisch nicht dialektisch: Sie hat für den Fortgang des Liedes, insbesondere für seinen Schluß, keine Konsequenz. Der zweite Teil bleibt Episode.

Noch in einem weiteren Punkt aber unterscheidet sich Schumanns Lied von dem Schuberts: Instrument und Singstimme sind nicht mehr länger Partner — die Singstimme scheint vielfach in den Klaviersatz mit einbezogen. In einer 1843 erschienenen Rezension der zehn Lieder op. 1 von Theodor Kirchner hatte Schumann einst geschrieben: *"Seine Lieder erscheinen häufig als selbständige Instrumentalstücke, die oft kaum des Gesanges zu bedürfen scheinen, um eine vollständige Wirkung zu machen . . ."*[87]; dieses Mißverhältnis zu verbessern, darauf habe der junge Komponist zu achten. Es ist jedoch nicht zu übersehen, daß Schumann selbst ähnliche Wege geht — und in seinen späteren Liedern (wie denen aus *Wilhelm Meister*) in zunehmendem Maße. Im Ganzen freilich bleibt das Verhältnis der drei Träger des polyrhythmischen Geflechts — Dichtung, Singstimme, Instrumentalstimme — auch bei Schumann ausgeglichen. Noch immer ist es die Sprache, von der der Komponist ausgeht, noch immer ist es im wesentlichen die innere Struktur der Dichtung, zu der die Musik Parallelen bildet.

Wenn Hugo Wolf seinen 1890 erschienenen Goethe-Liedern zehn Gesänge aus *Wilhelm Meister* voranstellt, die er gegen Ende seines ersten großen Liederjahres, 1888, geschrieben hatte, dann knüpft er mit voller Absicht an Schubert und Schumann an. Die Lieder beider Komponisten hat er aufmerksam studiert, auf beide berufl, mit beiden vergleicht er sich immer wieder. So schreibt er am 23. März 1888 seinem Schwager Josef Strasser: *". . . und wie*

---

[87] R. Schumann, *Gesammelte Schriften* . . . (s. Anm. 84), Band II, S. 123.

ich also seit 22. Februar bis zum heutigen Tage 25 Lieder (es handelt sich um Mörike-Lieder) *komponiert, von denen eins das andere übertrifft, darüber es unter Musikverständigen nur eine Stimme gibt, daß seit Schubert und Schumann nichts ähnliches da war . . .* "[88]. Im Oktober 1890 dann berichtet er in einem Brief an die ihm eng befreundete Melanie Köchert über eine musikalische „Zusammenkunft" im Klavierverkaufsraum der Musikalienhandlung Alfred Schmied in München, bei der Eugen Gura, von Wolf selbst begleitet, dessen Lieder vortrug: „. . . *Gura, der am längsten bei mir aushielt, sang mir, da nur noch Liliencron anwesend war, meine Harfnerlieder vom Blatt weg vor u. z. in geradezu vollendeter Weise. Er war ganz begeistert davon u. stellt dieselben weit über die Schumann'schen u. Schubert'schen.*"[89]. Wolfs Komposition der Wilhelm Meister-Lieder ist daher sicher, wie Frank Walker glaubt, sowohl als Kritik wie als Herausforderung der früher entstandenen Vertonungen zu verstehen[90]. Wie Schubert einst die von ihm hoch geschätzten Balladen Zumsteegs noch einmal „*in anderer Weise*" setzen wollte[91], so wollte Wolf den Gedichten Mignons und des Harfners neue Seiten abgewinnen. Walker weist darauf hin, der Komponist habe im Gespräch mit Freunden betont, „*er hätte zu den ‚Wilhelm-Meister'-Liedern als solchen nicht einfach eine Musik geschrieben, sondern versucht, in seiner Vertonung die Charaktere der Sänger, wie sie in Goethes Roman erscheinen, plastisch darzustellen. Bewußt unterstrich er das pathologische Ele-*

---

88 Vgl. Frank Walker, *Hugo Wolf, a Biography*, London 1951; deutsche Übersetzung als *Hugo Wolf. Eine Biographie*, Graz, Wien und Köln 1953, S. 245.
89 *Hugo Wolf. Briefe an Melanie Köchert*, herausgegeben von Franz Grasberger, Tutzing 1964, S. 19.
90 F. Walker, *Hugo Wolf*, a.a.O., S. 287.
91 Vgl. O.E. Deutsch, *Schubert. Die Erinnerungen seiner Freunde*, Leipzig ²/1966, S. 149.

ment in der tragischen Figur der heimatlosen Mignon und des rätselhaften halbirren Harfners"[92].

Wie Schumann vereinigt Wolf zu Beginn seines Goethe-Lieder-Heftes Mignon- und Harfner-Lieder mit noch anderen aus *Wilhelm Meisters Lehrjahren*. Während jedoch Schumann eines der in den Roman eingestreuten Gedichte ausläßt — das Spottlied *„Ich armer Teufel, Herr Baron"*, das im Roman keiner bestimmten Person zugewiesen ist — vertont Wolf sie alle[93]. Dabei mischt er die Lieder jedoch nicht, wie Schumann, sondern stellt, wie Schubert die Lieder des Harfners und der Mignon jeweils zu eigenen Gruppen zusammen. Wie bei Schubert ist auch bei ihm

---

92 F. Walker, *Hugo Wolf*, a.a.O., S. 287.
93 Die zehn Gedichte in *Wilhelm Meisters Lehrjahre* sind: 1 *„Was hör ich draußen vor dem Tor?"* (II. Buch, 11. Kapitel; Harfner); 2. *„Wer nie sein Brot mit Tränen aß"* (II/13; Harfner); 3. *„Wer sich der Einsamkeit ergibt"* (II/13; Harfner); 4. *„Kennst du das Land, wo die Zitronen blühn"* (III/1; Mignon); 5. *„Ich armer Teufel, Herr Baron"* (III/9; anonym); 6. *„Nur wer die Sehnsucht kennt"* (IV/11; Harfner und Mignon); 7. *„Singet nicht in Trauertönen"* (V/10; Philine); 8. *„An die Türen will ich schleichen"* (V/14; Harfner); 9. *„Heiß mich nicht reden, heiß mich schweigen"* (V/16; Mignon); 10. *„So laßt mich scheinen, bis ich werde"* (VIII/2; Mignon).

Schubert läßt von diesen zehn Gedichten zwei aus, das „anonyme" Spottlied und Philinens *„Singet nicht in Trauertönen"*. Er komponiert also nur die Lieder des Harfners und Mignons; von diesen läßt er zwei für sich (*„Was hör ich draußen vor dem Tor"* = *Der Sänger*, D 149, und *„Kennst du das Land"*, D 321), die übrigen fügt er zu zwei Zyklen zusammen (Harfner-Lieder, D 478 = op. 12, und Mignon-Lieder, D 877 = op. 62).

Schumann verzichtet nur auf das Spottlied und bildet aus den übrigen Liedern einen geschlossenen Zyklus, der sich im Zusammenhang allerdings nur dann vortragen läßt, wenn man auf Stimmlage und Stimmcharakter, auf den Gegensatz von Harfner, Mignon und Philine keine Rücksicht nimmt. Dann allerdings läßt sich in der Anordnung sowohl eine inhaltliche (wenn auch vom

"Wer sich der Einsamkeit ergibt" das erste der Lieder des Harfners[94]. Es ist durchkomponiert, wie fast alle Lieder Hugo Wolfs.

Die Aufmerksamkeit des Hörers wendet sich zunächst auf das Wort. *"Man hat"*, schreibt Walter Wiora, Wolf *"den Vollender des ‚Deklamationsliedes' genannt"*[95]. Wie also deklamiert nun Wolf die letzten drei Verse beider Strophen?

Am Ende der ersten Strophe rezitiert Wolf, ähnlich Schumann, den Text skandierend, in gleichmäßigen Achteln. Dabei stellt die Singstimme dem 4/4-Takt der Klavierstimme einen deklamatorischen 2/4-Takt entgegen:

Roman unabhängige) als auch eine musikalisch-tonale Folgerichtigkeit erkennen: 1. *"Kennst du das Land"*; 2. *"Was hör ich draußen vor dem Tor?"*; 3. *"Nur wer die Sehnsucht kennt"*; 4. *"Wer nie sein Brot mit Tränen aß"*; 5. *"Heiß mich nicht reden"*; 6. *"Wer sich der Einsamkeit ergibt"*; 7. *"Singet nicht in Trauertönen"*; 8. *"An die Tür will ich schleichen"*; 9. *"So laßt mich scheinen"*. Tonartenfolge: g-B-g-c-c-As-Es-c-G.

Bei Wolf erscheinen die zehn Lieder zu Beginn seines ersten Heftes mit Goethe-Liedern in lockerer Folge. Die drei Harfnerlieder und die drei Mignon-Lieder, die schon in Goethes Gedichtsammlungen und bei Schubert als Gruppen herausgehoben sind, werden jedoch durch die Titel *Harfenspieler* I—III und *Mignon* I—III als in sich zusammengehörig ausgewiesen. 1. *"Wer sich der Einsamkeit ergibt"*; 2. *"An die Türen will ich schleichen"*; 3. *"Wer nie sein Brot mit Tränen aß"*; 4. *"Ich armer Teufel"*; 5. *"Heiß mich nicht reden"*; 6. *"Nur wer die Sehnsucht kennt"*; 7. *"So laßt mich scheinen"*; 8. *"Singet nicht in Trauertönen"*; 9. *"Kennst du das Land"*; 10. *"Was hör ich draußen vor dem Tor"*. Tonartenfolge: g-c-f-F-F-g-a-A-Ges-E.

94 Die Reihenfolge bei Hugo Wolf entspricht der in Goethes *Gedichten;* in dieser Folge hatte auch Schubert die Lieder zunächst vertont, die Anordnung aber dann für den Druck geändert.
95 Vgl. W. Wiora, *Das deutsche Lied* (s. Anm. 1), S. 145; was „Deklamation" für Wolf bedeutet, beschreibt Wiora im folgenden ausführlich (S. 148 ff.).

Beispiel 27:

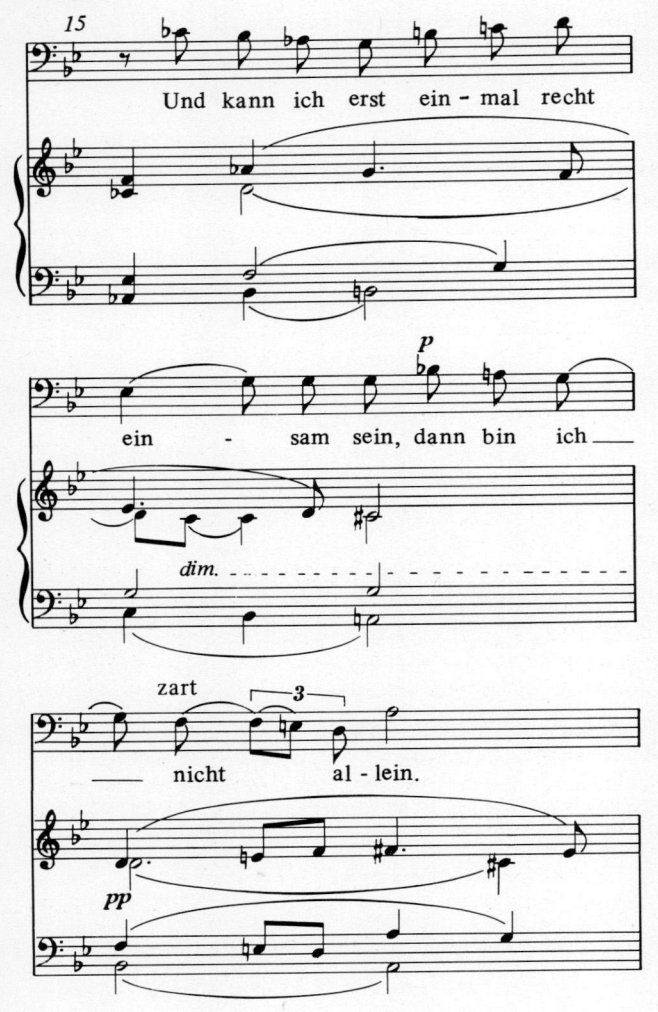

Freilich wird bei Wolf der dem Wortakzent widersprechende metrische Akzent „einmál" nicht so deutlich hörbar wie bei Schumann. Er markiert kein Periodenende; in den gleichen Achteln huscht Wolf fast unmerklich über die Verskadenz hinweg und verschleiert den Widerspruch von Metrum und Sprachton zusätzlich durch einen melodischen Akzent auf „ein-" (g-b). So fällt es ihm leicht, in den folgenden beiden Versen nun Schuberts Beispiel aufzunehmen, die metrische Deklamation zugunsten einer sinngemäßen, eher prosaischen aufzugeben. Er dehnt das „éinsam", hebt durch Synkopenbildung im Sinne einer emphatischen Retardierung das „ich" ebenso wie das „nicht" hervor und unterstreicht endlich das „alléin" zugleich durch Dehnung wie durch einen kräftigen melodischen Akzent.

Während Wolf so am Schluß der ersten Strophe gewissermaßen eine Mittelstellung zwischen Schubert und Schumann einnimmt (und wir werden sehen, daß auch auf den höheren „Ebenen" unserer Analyse Elemente des einen wie des anderen Komponisten hervortreten, so als hätte sich Wolf die beiden früheren Lieder tatsächlich unmittelbar zum Vorbild genommen), geht er am Schluß der zweiten eigene Wege. Schubert folgte hier konsequent – und gegen den natürlichen Wortakzent – Goethes Metrik, Schumann deutete die Jamben des Dichters daktylisch um, Wolf hingegen geht zwar von Goethes metrischem Modell aus, betont daher wie in der ersten Strophe in „einmál" die reimende Schlußsilbe, setzt aber dann, abermals wie in der ersten Strophe, das deklamatorische Zaubermittel der synkopischen Retardierung ein und erreicht so, daß trotz eindeutig metrischer Deklamation durch leichte rhythmische Verschiebung der vier Taktviertel, der Sänger nun nicht mehr „einsám" sondern „éinsam" singt.

Beispiel 28:

(Notenbeispiel: "Ach, werd ich erst einmal einsam im Grabe sein,")

Synkopische Retardierung oder synkopische Antizipation (je nachdem ob, wie in den vorangehenden Beispielen, eine eigentlich metrisch schwache Silbe durch Verlängerung verstärkt oder eine schon metrisch starke Silbe noch überhöht wird) macht freie Fluktuation, fließende Übergänge etwa von Achtel- zu Vierteldeklamation ebenso möglich wie Taktdehnungen oder -Verkürzungen — insbesondere im langsamen Tempo. So kann Wolf das *„werd ich erst einmal"*, ohne damit besondere Akzente zu setzen, flüchtig in Achteln deklamieren; er kann auch auf die Dehnung der Reimsilbe *„einmál"* verzichten (man vergleiche hiermit die "reguläre" Deklamation Schuberts in Beispiel S. 111) und so in doppelter Kontraktion aus dem metrischen Viertakter, dem wir bei Schubert begegnen, einen Dreitakter machen. Es ist dieses Wechselspiel von metrischer Bindung und rhythmischer Freiheit, das Wolfs Deklamation so wortgebunden erscheinen läßt — auch dann, wenn sie dem natürlichen Wortakzent entgegenläuft. Und das geschieht ja nicht nur bei *„einmál"* — es geschieht beispielsweise auch bei dem Worte *„Grabe"*, das zwar metrisch korrekt deklamiert ist, dessen zweite Silbe aber durch den melodischen Akzent (Tritonus und Leitton zur Zielnote *g*) stark herausgehoben wird. Dieser melodische Akzent ist nicht deklamatorisch, er ist nur musikalisch zu erklären: Melodische Entsprechungen (Tritonus abwärts bei *„einmal"* und Tritonus aufwärts bei *„Grabe"*) und die Logik harmonischer Fortschreitungen erzwingen ihn. Es ist die Musik, die dem „Vollender des Deklamationsliedes" hier die Bedingungen diktiert[96].

Wenden wir uns vom deklamatorischen wiederum zum semantischen Bereich der Sprache. Wie Schubert und Schumann läßt auch Wolf sich von der Harfe, dem Instrument des Sängers anregen. Wie Schubert beginnt er mit einem Vorspiel, in dem der Harfner *„sanft präludiert"*, in arpeggierten Akkorden. Anders als bei den früheren Komponisten ist das Arpeggio bei Wolf aber nicht konstitutiv für die Komposition, faltet sich nicht auf zu Figuren, die ihr den Rahmen geben. Das Arpeggio behält Zitatcharakter. Man könnte die Akkorde leicht unarpeggiert spielen, ohne daß der Komposition Wesentliches verlorenginge. Wolf gibt daher das Arpeggio auch schon im dritten Takt des Vorspiels auf und erinnert danach nur gelegentlich noch einmal daran:

Beispiel 29:

sehr getragen, schwermütig

---

[96] Zur Deklamation bei Hugo Wolf vgl. hier auch Helmut Thürmer, *Die Melodik in den Liedern von Hugo Wolf,* Giebing über Prien am Chiemsee 1970 (Schriften zur Musik II), S. 131 ff.

Musikalisch konstitutiv hingegen ist für Wolf jenes Bild, mit dem Goethe die zweite Strophe einleitet: *„Es schleicht ein Liebender lauschend sacht, ob seine Freundin allein"*. Wie Schumann, so malt auch Wolf Heimlichkeit, Idylle, Liebesnacht. Die fließende Deklamation weicht klarer, metrisch-periodischer Gliederung; die schwer lastenden Akkorde lösen sich auf in leichte Figuren; die Dynamik wird aufs äußerste zurückgenommen. Singstimme und Klavierstimme sprechen mit einer Sprache:

Beispiel 30:

Freun - din al - lein?

cresc.

Von Qual und Eifersucht ist in diesen Takten nichts zu spüren. Fragt man nach dem Grund, dann ist man — wieder wie bei Schumann — auf Wolfs Konzeption des Liedes verwiesen. Bei mancher äußeren Ähnlichkeit — man denke etwa an das Vorspiel — unterscheidet sich diese nun grundsätzlich von der Schuberts. Und das gilt bereits und gerade auch für dieses Vorspiel.

Schubert verstand das Vorspiel, den Worten des Harfners entsprechend, als Einstimmung, als ausgreifende, auf den Einsatz der Singstimme hinleitende Kadenz. Bei Wolf hingegen ist es eine Art Ouvertüre, die den ersten Teil des Liedes in nuce schon in sich enthält (vgl. Beispiel 29). Die fünf Takte des Vorspiels umschreiben ein harmonisches Programm, das schon der erste Takt für sich genommen deutlich darstellt: Tonika (g) — Neapolitaner (As^6) — Dominante (D^7). Betrachten wir das ganze Vorspiel von diesem harmonischen Programm aus, dann erweist sich der zweite Takt als überflüssig. Scheiden wir ihn aus, dann ergibt sich:

1. Takt: **Tonika** — Dominante
3. Takt: Durparallele der Tonika — **Neapolitaner** (in Grundlage)
4. Takt: Neapolitaner mit Sept (eigentlich zu deuten als übermäßige Sext: *ges=fis*)
5. Takt: Neapolitaner — **Dominante**

Während so vom harmonischen Ablauf her der zweite Takt als eingeschoben erscheint, ist es vom melodischen Ablauf her der fünfte: Die fallende Melodielinie in Takt 1, die eine verminderte Quart stufenweise ausfüllt, verlangt eine Bestätigung, die sie befestigt in Takt 2. Auf die kontinuierlich abwärts führende Linie in den Takten 1—2 muß dann aber, als Widerpart, eine aufwärts führende Linie folgen: Takt 3—4. Der fünfte Takt wiederholt endlich den vierten in anderer Lage. Auf diese Weise entsteht eine Diskordanz des harmonischen und melodischen Verlaufs, die Wolf gleichsam als Motto dem Lied voranstellt.

Dieses Motto prägt nun die ganze erste Strophe, die allgemeinen Verse 1—4 wie die ichbezogenen 5—8. Das Vorspiel läuft im Grunde noch zweimal ab, das erstemal auf acht Takte erweitert zu Vers 1—4 und dann verkürzt zu Vers 5—8. Dabei wird das musikalische Material des Vorspiels verändert, variiert. Die verminderte Quarte der Melodielinie, die noch Vers 1 bestimmt, wird in Vers 2 zur großen Sexte erweitert; rhythmische Werte teils gedehnt, teils verkürzt — meist im Zusammenhang mit der Deklamation. All dies läßt erkennen: Das Vorspiel ist nicht etwa vom ersten Teil des Liedes abgeleitet, es bietet vielmehr ein text- oder besser sprachunabhängig erfundenes „Thema", das dann der Rezitation des Sängers angepaßt, aber auch rein musikalisch verarbeitet wird, ohne daß jedoch das wesentliche Charakteristikum des Vorspiels — die Diskordanz von harmonischem und melodischem Verlauf — aufgegeben würde. Es scheint daher, als habe Wolf tatsächlich, und zwar durch rein musikalisch-satztechnische Mittel, den Charakter des Sängers, das *„pathologische Element . . . des rätselhaften halbirren Harfners"* schildern wollen.

Wie Schumann hat Wolf so die erste Strophe zu einem in sich geschlossenen Abschnitt zusammengefaßt, die beiden ersten Schritte Goethes miteinander verbunden und — den Weg vom Allgemeinen zum „Ich" damit zurücknehmend — auf das Motto des Vorspiels bezogen. Wie Schumann läßt er nun, zu Beginn der zweiten Strophe, eine kontrastierende Episode folgen; von ihr war bereits die Rede (vgl. Beispiel 30). Der Harfner zeigt uns ein Traumbild in weiter Ferne. Das Instrument spiegelt dies Bild in schwebenden Figuren bei für Wolf ungewöhnlich statischer Harmonienfolge. Der Traum ist jedoch von kurzer Dauer. Bereits der vierte Takt unseres Beispiels, mit einem vorsichtigen Crescendo aus dem ppp heraus, einer harmonischen Variation, deutet sein Ende an, die Rückkehr in die Realität: *„So überschleicht bei Tag und Nacht mich Einsamen die Pein, mich Einsamen die Qual".* Die Figuren des Traumbildes dauern zwar fort, ebenso die metrisch regelmäßige, melodisch gleichsam sequenzierende Führung der Singstimme. Ein fortgesetztes Crescendo bis ins Forte, das dann vier Takte durchgehalten und erst am Schluß wieder bis zum pp zurückgenommen wird (in dem Lied gibt es nur noch einen weiteren Forte-Ausbruch, am Ende des vierten Verses zu *„und läßt ihn seiner Pein",* der aber bedeutend kürzer ist), dazu ein durch chromatische Fortschreitungen geprägter, bis kurz vor Schluß wie ziellos wirkender harmonischer Ablauf[97], zerstören jedoch unbarmherzig die

---

[97] Takt 22: Des^7; T. 23: fis (= ges)^6 — D_3^4; T. 24: $g - Es_7^6$; T. 25: $Es_5^6 - a$; T. 26: B^7; T. 27: $G_5^6 - d_2^{5b}$; T. 28: $B^{6\sharp} - A^7$; T. 29: D^7. Es scheint, als suche Wolf die Tonika g zu erreichen, weiche ihr aber immer wieder aus.

Traumwelt. Die Kombination beider Elemente, der fortdauernden Figuren und der chromatischen Harmonik, zeigt zugleich, worin wohl des Harfners Pein und Qual — in Wolfs Sicht — bestehen mag: in dem Verlust der Traumidylle.

Bis hierhin, bis zum Schluß des zweiten Teils, dem Ende der Episode, ähnelt Wolfs Disposition des Liedes durchaus der Schumanns (wenn wir von der besonderen Funktion des Vorspiels einmal absehen). Nun aber geht Wolf einen konsequenten Schritt weiter: Im letzten Teil greift er den Beginn wieder auf; das Lied gestaltet sich ihm endgültig zur Rundform. Die ersten drei Takte des dritten Teils entsprechen Takt 6—8 des ersten, jenen Takten, mit denen die Singstimme einsetzte. Dort aber, wo harmonischer und melodischer Verlauf im ersten Teil — dem Vorspiel entsprechend — auseinanderbrachen, wo Diskordanz manifest wurde, weicht der dritte Teil vom ersten ab, moduliert zu dem *„ersterbend"* vorgetragenen letzten Vers *„da läßt sie mich allein"* fast schulmäßig von der Mediante Es^7 über den Neapolitaner As^6 zur Dominante D^7 zurück. Die Widersprüche erscheinen gelöst, im Tode aufgehoben. Das Nachspiel greift das Vorspiel wieder auf — jedoch mit der gleichen Einschränkung: das harmonische Modell ist reduziert, der melodische Ablauf verzichtet auf den Gegensatz der aufsteigenden Linie. Die Widersprüche sind eliminiert. Und doch endet das Nachspiel offen; es schließt nicht mit der Tonika, sondern mit der Dominante.

Hugo Wolf wollte Schuberts und Schumanns Lied neu setzen, anders setzen. Im polyrhythmischen Lied manifestierten sich die Widersprüche im Verhältnis von Text, Singstimme und Instrument; bei Wolf stellen sie sich im Instrument, im eigentlichen musikalischen Ablauf dar; Sänger und Text treten hinzu, zitieren und variieren auch das, was das Instrument ihnen vorgegeben hat; doch stellen sie den Primat des Instrumentalen nicht in Frage. Nur zu Beginn des Mittelteils, als das Instrument sich auf statische Formeln zurückzieht, gliedert und führt die Singstimme. Gerade dadurch auch weist sie entschieden zurück in eine Traumwelt, in das Irreale.

Die Singstimme für sich genommen ist, wie wir sahen, durchaus von der Sprache beziehungsweise von den metrischen Modellen der Dichtung geprägt; auf die musikalische Konzeption des Liedes wirkt es jedoch nur in geringem Maße zurück. Diese Konzeption manifestiert sich dort am deutlichsten, wo musikalischer Satz sich ausbilden kann ohne Rücksicht auf Text und Gesang: im Vorspiel. Die Widersprüche, die den Harfner charakterisieren, sind musikalisch angelegt; sie werden daher auch musikalisch ausgetragen. An die Stelle eines dialektisch fortschreitenden Prozesses tritt eine musikalische Rundform. Dabei weicht der Komponist den inneren Widersprüchen des ersten Teils zunächst aus, flieht in eine ganz anders geartete Episode; dann aber löst er sie nicht im dritten Teil, sondern eliminiert sie. Der offene Schluß des Nachspiels stellt die Schlüssigkeit der so gewonnenen Rundform nicht wirklich in Frage: Für das Verhältnis von melodischem zu harmonischem Ablauf ist die Frage „Tonika" oder „Dominante" irrelevant. Eher zeigt sich darin so etwas wie ein innerer Vorbehalt des Komponisten gegen einen Schluß, in dem die Widersprüche gewaltsam aus der Welt geschafft worden sind.

In manchem Grundsätzlichen erinnert Wolfs Lied an Brahms' *Vergebliches Ständchen* — trotz aller unmittelbar ohrenfälliger Unterschiede in der musikalischen Sprache. Hier wie dort hat das musikalische Element sich verselbständigt, regt die Sprache die Musik zwar an, fügt diese sich aber dann nach autonom musikalischen Gesetzen zusammen und führt mit eigenen Mitteln zu Lösungen. Es ist da nicht verwunderlich, daß die Komponisten danach streben, den instrumentalen Part, seinem inneren Gewicht entsprechend, auch äußerlich mehr Gewicht zu geben – die Klavierlieder zu instrumentieren. Wolfs Harfenspieler-Lieder hat der Komponist zu Orchesterliedern umgearbeitet. Gustav Mahler hat dann wenigstens seine späten Lieder von Anfang an als Orchesterlieder konzipiert. „*Diese Feststellung*", meint Kurt von Fischer, „*ist wichtig: Sie verbietet endgültig, diese Stücke ... dem privaten, bürgerlich-häuslichen Kreis und noch viel weniger dem schlichten Volkslied zuzuordnen.*"[98] Das Lied zieht sich in den Konzertsaal zurück; das Gleichgewicht der drei Elemente Text – Singstimme – Instrument, das das Wesen des romantischen Liedes ausmachte, ist damit endgültig zerbrochen.

Aus dem Vergleich der Lieder Schuberts, Schumanns und Wolfs, aus ihrer unterschiedlichen Behandlung des Goetheschen Gedichtes, ergibt sich eine offenbar ziemlich gradlinige Entwicklung; sie entspricht unseren Erwartungen ebenso wie unseren Erfahrungen am Strophenlied. Dieser Eindruck ist an anderen Mehrfach-Kompositionen zu überprüfen, etwa an den Vertonungen von Goethes Sonett *Die Liebende schreibt* (dem achten aus einem 1807/08 geschriebenen Zyklus von Sonetten, auf das – als Nr. IX–X – zwei inhaltlich korrespondierende folgen: *Die Liebende abermals* und *Sie kann nicht enden*). Das Gedicht ist nicht besonders häufig in Musik gesetzt worden: nach Ernst Challiers Katalog[99] außer von Schubert, Mendelssohn und Brahms nur noch von dem rheinischen Komponisten August Bungert (1846–1915)[100]. Das liegt vermutlich an der poeti-

---

98 Kurt von Fischer, *Bemerkungen zu Gustav Mahlers Liedern*, in: *Musikološki Zbornik* XIII, Ljubljana 1977, S. 61.
99 Ernst Challier, *Großer Lieder-Katalog*, Berlin 1885 (Reprint Wiesbaden 1979), S. 513.
100 Es ist das sechste Lied aus Bungerts op. 2; Bungert war als Liederkomponist vor allem durch seine Vertonungen der Gedichte der Königin Elisabeth von Rumänien (*Carmen Sylva*) bekannt geworden.

schen Form: Sonette widersetzen sich offenbar der Komposition als Lied. Auf der anderen Seite ist es aber gerade das Artifizielle dieser Dichtung, das zu einer Untersuchung des Verhältnisses von Sprache und Musik herausfordert.

I *Ein Blick von deinen Augen in die meinen,*
Ein Kuß von deinem Mund auf meinem Munde,
Wer davon hat, wie ich, gewisse Kunde,
Mag dem was andres wohl erfreulich scheinen?

II *Entfernt von dir, entfremdet von den Meinen,*
Führ' ich stets die Gedanken in die Runde,
Und immer treffen sie auf jene Stunde,
Die einzige; da fang' ich an zu weinen.

III *Die Träne trocknet wieder unversehens;*
Er liebt ja, denk' ich, her in diese Stille,
Und solltest du nicht in die Ferne reichen?

IV *Vernimm das Lispeln dieses Liebewehens!*
Mein einzig Glück auf Erden ist dein Wille,
Dein freundlicher zu mir; gib mir ein Zeichen!

Das Gedicht ist ein strenges Sonett. Beide Quartinen folgen, nach italienischer Regel, demselben Reimschema: abba. Die beiden Terzinen sind davon abgesetzt, durch ihre Reime aber unter sich aufeinander bezogen: cde - cde. Die Verse sind gleichmäßig gebildet; Goethe vermeidet hier die für die deutsche Dichtung so charakteristischen Unregelmäßigkeiten, die wir etwa in seinem Harfner-Lied beobachteten. Er schreibt fünffüßige Jamben — Jamben allerdings, die sich von den „Blank-Versen" (in denen er z.B. seine *Iphigenie* schrieb) dadurch unterscheiden, daß jeder Vers mit weiblicher Kadenz endet. Goethe schreibt also nicht nur fünffüßige Jamben, er schreibt — wieder nach italienischem Vorbild — Elfsilbler. Da diese aber in der streng rhythmischen Ordnung des deutschen Elfsilblers (der sich darin von dem italienischen Modell unterscheidet) jeweils mit unbetonter Silbe beginnen und enden, da also auf jede Verskadenz wieder eine unbetonte Silbe folgt und da dies nur möglich ist, wenn zwischen die letzte Silbe eines Verses und die erste des folgenden eine kleine Pause eingeschaltet wird, muß auch jeder Vers für sich stehen können, eine in sich abgeschlossene Einheit bilden. Für den Komponisten ergeben sich daher Schwierigkeiten: Der Dichter gibt ihm regelmäßige Perioden mit je fünf Schwerpunkten vor, die sich gleichmäßig wiederholen — ausgenommen die Schlüsse der beiden Hauptteile des Sonetts: vor die jeweiligen Höhepunkte *„da fang ich an zu weinen"* und *„gib mir ein Zeichen"* setzt Goethe eine retardierende Apposition, die den vorigen Vers noch einmal aufnimmt und wie ein Enjambement wirkt[101] *„die einzige"* bzw. *„dein freundlicher zu mir"*. Die Climax-Wirkung der beiden Schlußverse wird dadurch verstärkt.

Mendelssohns Komposition des Gedichtes ist 1831 entstanden, aber erst postum, als op. 86,3 veröffentlicht worden. Eric Werner bezeichnet sie als Mendelssohns *„schönstes Lied"*[102], Luise Leven als überhaupt *„die am besten gelungene"* Vertonung des Textes[103]. Mendelssohn selbst äußert sich jedoch bedeutend skeptischer. In einem tagebuchartigen Brief aus der Schweiz schreibt er am 9. August 1831 an seine Schwestern: *„Es sind wieder neue Lieder unterwegs, liebe Schwestern! Mein Hauptlied aus E dur ‚Auf der Reise' kennt Ihr auch noch nicht; es ist sehr senti-*

---

101 Es handelt sich um kein wirkliches Enjambement, denn es läßt die Verszäsur nach *„Stunde"* und *„Wille"* unberührt; nur der jeweils letzte Vers ist also in sich gebrochen, der jeweils vorletzte kann durchaus wie die übrigen als fünftaktige Periode gelesen werden.
102 Eric Werner, *Mendelssohn. Leben und Werk in neuer Sicht*, Zürich 1980, S. 388.
103 Luise Leven, *Mendelssohn als Lyriker* ... (s. Anm. 55), S. 143 f.

mental. Jetzt mache ich eins, das nicht gut wird, fürchte ich; aber für uns Drei muß es schon angehen, denn es ist sehr gut gemeint; der Text ist von Goethe, aber ich sage nicht was; es ist zu toll, gerade das zu componiren; es paßt auch gar nicht zur Musik; aber ich fand es so himmlisch schön, daß ich es mir singen mußte . . .". Am nächsten Tag fährt Mendelssohn fort: *"Das Lied von dem ich gestern schrieb, ist schon fertig; es drückt mir doch das Herz ab, es Euch zu sagen, was es ist — aber lacht mich nicht zu sehr aus — nichts anderes als — aber haltet mich nicht für wasserscheu — ‚die Liebende schreibt' das Sonett. Ich fürchte übrigens, es taugt nichts; es ist, glaub' ich, mehr hineingefühlt, als herausgekommen; indessen ein Paar gute Stellen sind doch darin . . ."*[104]. Mendelssohns Skepsis mag der Grund gewesen sein, daß er es nicht zum Druck gegeben hat: Das Lied war nur für den engeren Familienkreis bestimmt. Wie aber erklärt sich der Widerspruch zu der hohen Einschätzung des Liedes heute?

Mendelssohn muß zunächst seiner Vorliebe für das Strophenlied entsagen, von dem im vorigen Kapitel die Rede war (vgl. S. 65). Der Anlage des Sonetts folgend vertont er das Gedicht in der Gestalt eines großen, zweiteiligen Gesanges. Die beiden Quartinen bilden den ersten Teil: hier führt die Singstimme unumstritten, die Klavierstimme gibt, in sanft klopfenden Achteln, die Bewegung an und definiert die Harmonie. Die beiden Terzinen bindet Mendelssohn zum zweiten Teil, in dem zwar weiterhin die Singstimme dominiert, die Klavierstimme aber an eigenem Profil gewinnt. Während die Singstimme wie im ersten Teil in Achteln deklamiert, setzt die Klavierstimme ihr nun Sechzehntel-Figuren entgegen.

[104] *Reisebriefe von Felix Mendelssohn Bartholdy aus den Jahren 1830 bis 1832*, hsg. von Paul Mendelssohn Bartholdy, Leipzig ^{3}/1862 (Reprint Bonn 1947), S. 236, 237.

Die Zäsur zwischen den beiden Teilen sucht Mendelssohn zu verschleiern: Die Sechzehntelbewegung des Klaviers setzt bereits mit dem letzten Wort des ersten Teiles (*„weinen"*) ein. So, wie der Dichter dieses *„weinen"* zu Beginn er ersten Terzine wieder aufgreift (*„Die Träne trocknet wieder"*), bindet der Komponist die beiden Zeilen aneinander.

Die einzelnen Verse vertont er in variablen Zweitaktern. Zu Beginn stellt er gleichsam ein deklamatorisches Modell auf, das er verschiedentlich wiederholt und abwandelt:

Beispiel 31:

> 32
> Vernimm das Lis - peln dieses Lie - be - wehens;
> 34 cresc. f_b
> mein ein - zig Glück auf Er - den ist dein Wil - le

Charakteristisch für dieses Modell ist der gedehnte Auftakt und die gedehnte Kadenz mit nachfolgender Pause, die dem Komponisten die Möglichkeit gibt, das Modell den rhythmischen Varianten der einzelnen Verse anzupassen, die sich aus der unterschiedlichen Gewichtung der metrischen Akzente ergeben. Es scheint dabei freilich, daß Mendelssohn – eben, um das metrische Modell als solches deutlich zu machen – auf eine solche unterschiedliche Gewichtung nicht in jedem Falle eingeht. In den ersten beiden Versen geht es da etwa um die jeweils korrespondierenden Glieder *Blick / Augen, deinen / meinen* und *Kuß / Mund / Munde, deinem / meinem*. Mendelssohn geht offenbar von dem zweiten Vers aus. Schwerpunkte setzt er darin auf „*Kuß*", „*Mund*", „*Munde*" und – als Spitzenton durch Akzent ausgezeichnet – „*meinem*". Bei der Übertragung des Modells auf den ersten Vers fällt aber dann der agogische Hauptakzent auf „*in*" (!). Die beiden Worte schließlich, die im Zusammenhang des Gedichtes vor allem wichtig sind, die Worte, die die Beziehung ansprechen, um die es geht: „*dein*" und „*mein*", werden in keinem der beiden Verse aufeinander bezogen. Es scheint, als gehe es Mendelssohn weniger um das sprachlich-deklamatorische Moment des Gedichts, als um das metrisch-musikalische, um das in deutscher Dichtung ungewöhnliche Versmaß. In Schuberts Vertonung des

Sonetts (D 673) ist das — bezeichnenderweise — anders: Im ersten Vers setzt Schubert z.B. natürliche Taktschwerpunkte auf *„Blick"*, *„Augen"*, *„meinen"* (Schubert deklamiert die Verse in durch Echotakte erweiterten Dreitaktern) und gibt außerdem einen agogischen Akzent auf *„deinen"*[105].

Wichtiger als metrisch-rhythmische Momente scheinen mir für die Konzeption von Mendelssohns Lied das gesanglich-vokale Moment und der harmonische Verlauf zu sein. Die Bedeutung des autonom Melodischen wird, beim ersten Anhören des Liedes, unmittelbar ohrenfällig. Jeweils am Ende der beiden Teile, zum Schluß der zweiten Quartine und zum Schluß der zweiten Terzine, verläßt Mendelssohn das vorgegebene Modell. Das liegt nun keineswegs an der in diesen beiden Versen abweichenden syntaktischen Struktur. Nein, der Komponist nimmt, wenigstens das erstemal, keinerlei Rücksicht auf die Binnenzäsur des Verses (*„die einzige, / da fang ich an zu weinen"*); er verbindet sogar die beiden syntaktischen Abschnitte noch ausdrücklich durch einen, in seinen Liedern sonst ganz seltenen Portatobogen bei der Singstimme. Es geht Mendelssohn um den vokalen Ausbruch. Dazu dehnt er die Phrase auf sechs Takte und führt die Singstimme nach einem Oktavsprung in zwei gespannten Bögen zum Ausgangston zurück. Am Schluß des zweiten Teiles dann spaltet der Komponist das letzte syntaktische Glied, den inhaltlichen Höhepunkt, auf den das ganze Sonett zielt: *„gib mir ein Zeichen"* vom Rest des

---

[105] Eine ausführliche Analyse des Schubertschen Liedes (und ebenso der Lieder von Mendelssohn und Brahms) findet man bei Christiane Jacobsen, *Das Verhältnis von Sprache und Musik in den Liedern von Johannes Brahms*, Hamburg 1975 (= *Hamburger Beiträge zur Musikwissenschaft* XVI) Teil I, S. 260–294. Zu Schuberts Fünfhebern s. Rufus Hallmark und Ann Clark Fehn, *Text Declamation in Schubert's Settings of Pentameter Poetry*, in: *Zeitschrift für Literaturwissenschaft und Linguistik* IX, 1979, S. 80–111, hier bes. S. 82 f.

Verses ab und führt es in dreimaliger Wiederholung fast arienhaft durch. Waren es vielleicht diese vokalen Ausbrüche, die Mendelssohn im Sinn hatte, als er schrieb: *„es ist, glaub' ich, mehr hineingefühlt, als herausgekommen..."*?

Von größerer Bedeutung für das Lied, als diese vokalen Dehnungen, ist der harmonische Verlauf. In ihm zeichnet der Inhalt des Gedichtes sich nach. Die erste Quartine beschreibt die Beziehung der Liebenden, den Blick, den Kuß, die *„gewisse"*, die sichere Kunde. Sie endet mit einer Frage — einer rhetorischen Frage nur, die aber den Gedankengang offenhält. Mendelssohn vertont diese Quartine in Gestalt einer weit ausholenden Kadenz. Ausgehend von der Tonika Es-dur moduliert er in die Subdominante As-dur und kehrt dann über die Dominante B-dur in die Tonika wieder zurück. Der harmonische Verlauf spricht von Sicherheit, Gewißheit. Am Ende des letzten Verses allerdings mündet er nicht abschließend in die Tonika, sondern — der Frage des Dichters entsprechend — offen, in die Dominante. Der Weg ist somit frei für einen ganz anderen Verlauf in der zweiten Quartine. Diese stellt die Gewißheit der ersten sofort infrage: *„Entfernt von dir, entfremdet von den Meinen"*; die Sicherheit der Beziehung erscheint aufgehoben, *„nur die Gedanken"* der Liebenden zielen ja auf jene einzige Stunde. Mendelssohn führt das Lied aus dem sicheren Es-dur über es-moll nach Ges-dur, in die Obermediante — eine Tonart, die Es-dur zwar nahesteht, die ihm aber, in Mendelssohns Zeit, rational nicht verbunden erscheint. Die Beziehungen der Liebenden sind wie entrückt, wie gebrochen.

Die erste Terzine beginnt dann, wie die zweite Quartine endet, in Ges-dur. Doch als die Schreiberin nun die Antwort des Geliebten spürt: *„er liebt ja, denk' ich, her in diese Stille"*, führt der Komponist das Lied behutsam in die Ausgangstonart zurück; er moduliert über Des-dur nach As-dur, der Subdominante von Es-dur. Er tut dies freilich, ohne daß das As-dur selbst erklänge: lange verharrt der Komponist auf Es^7, dem Dominantseptakkord von As-dur: *"und solltest du nicht in die Ferne reichen?"*, so, als wollte er die Sehnsucht, das Verlangen der Liebenden malen, das jedoch — noch — nicht eingelöst werden kann. Das erlösende As-dur erklingt dann erst am Ende des ersten Verses der letzten Terzine; es ist aber nun nicht mehr nur Zielpunkt der harmonischen Bewegung, lang aufgeschobene Auflösung des über fünf Takte hindurch beibehaltenen Es-dur-Sept-Akkordes — es ist zugleich Subdominante einer neuen Zieltonart, der Ausgangstonart, die dann in neu gewonnener Sicherheit in ähnlicher Weise bestätigt wird, wie in der ersten Quartine.

Es-dur erklingt zum erstenmal wieder als Tonika in der Mitte des letzten Verses, zu den Worten *"dein freundlicher zu mir"*. In Es-dur entwickelt sich hier ein neues, in dieser speziellen Ausformung bisher noch nicht vernommenes Baß-Motiv, zu dem Mendelssohn ausdrücklich *espressivo* hinzusetzt. Das Motiv hat offenbar eine besondere Bedeutung, es ist ein „Zeichen" — jenes Zeichen, nach dem die Schreiberin verlangt. Wie zur Bestätigung wiederholt Mendelssohn das Motiv daher im Nachspiel noch zweimal. Das Gedicht, das bei Goethe offen, mit einer Bitte schließt: *„gib mir ein Zeichen"* und das dem Leser und Hörer so die Möglichkeit offenläßt, die Dichtung in „potenzierten Reflexionen" fortzuführen (und dies auch dann, wenn er die beiden folgenden Sonette kennt), ist bei Mendelssohn geschlossen, die Verbindung der beiden Liebenden gesichert. Das „Zeichen", das die Musik gibt, rechtfertigt zugleich die formale Kadenz, in der das Lied ausklingt.

Bei Schubert ist auch dies übrigens ganz anders, charakteristischerweise ganz anders. *„Den letzten Satz"*, schreibt

Christiane Jacobsen[106], *„im Gedicht der pointierte Schluß ... nimmt nun die Musik, entgegen der Sprache, in die lyrische Sphäre wieder zurück: er wird als Ganzes und zu Teilen liedhaft gedehnt, die Melodik bedarf besonders der Sprache, es sind nur wenige Töne, die noch nicht einmal die Geschlossenheit einer melodischen Phrase besitzen, Imperativ und Hebung werden durch die Dehnung vollkommen abgeschwächt, die Stimme wiegt sich im Klang, energielos sinkt sie in statische Zuständlichkeit. Hier liegt ein Bruch vor, die Vertonung verstößt gegen die Folgerichtigkeit der sprachlichen Entwicklung."* Ein **Bruch** — da hat die Autorin Recht — liegt hier sicher vor, aber gegen die poetische Idee verstößt er keineswegs. Die Bitte der Liebenden hat bei Schubert etwas Beschwörendes, jedoch zugleich Energieloses: Die Entfremdung ist nur in der Illusion überwunden, und ein Zeichen erreicht sie nicht. Bei Schubert ist das Lied, wie bei Goethe, vielleicht noch in höherem Maße als bei diesem, in romantischer Weise offen — anders als bei Mendelssohn.

Betrachtet man nun das Lied im Ganzen, seine rhythmisch-metrische Disposition, die großen vokalen Ausbrüche, den harmonischen Verlauf und nicht zuletzt die Dichtung, dann erscheint manches heterogen. Einem Lied, das man mit den Maßstäben eines Zelter und eines Goethe mißt (und diese beiden bestimmten um 1831 Mendelssohns Liedästhetik), ist solches nicht angemessen, und so läßt sich Mendelssohns Skepsis verstehen. Es ist kein richtiges Lied, *„nicht gut"* für die Öffentlichkeit, aber für die Mendelssohns *„muß es schon angehen, denn es ist sehr gut gemeint"*. Es ist — dieses Fazit zieht wieder Christiane Jacobsen — *„Sprache und Inhalt mit Musik durchseelend, formsprengend, individualisierend und den Sprachschatten beleuchtend, zum romantischen Gesang"* geworden[107]. Es

---
106 Chr. Jacobsen, a.a.O., S. 268 f.
107 Chr. Jacobsen, a.a.O., S. 282.

ist aber gerade dieser Charakter eines romantischen Gesanges, in dem Singstimme, Klavierstimme und Text sich gegenseitig erhellen und widersprechen, es ist die polyrhythmische Faktur des Liedes, die es heutigen Forschern als ein besonderes unter Mendelssohns Liedern erscheinen läßt.

Gut ein Vierteljahrhundert nach Mendelssohn vertonte Brahms das Goethesche Sonett; er schrieb sein Lied im Herbst 1858 für Agathe von Siebold. Im Oktober des Jahres schickte er es mit einem Brief an seinen Freund Julius Otto Grimm nach Göttingen: *„Ich kann nicht umhin, ein Lied und einige Worte expreß für Agathe beizulegen"*[108]. Grimm antwortet ihm umgehend darauf: *„Deine schreibende Liebende hat so viel schöne Empfindungen, daß sie die wärmste Gegenliebe finden muß, besonders wo ihre Tränen trocknen und sie dann im Lispeln des Liebewehens immer inniger um ein Zeichen bittet. — Ich möchte Dir noch einiges bemerken, wenn Du da wärst, schriftlich kann ich's nicht, ohne mir selbst ledern und pedantisch zu erscheinen, aber kurios war's doch, daß mir beim ersten Blick die Sonettzeilen kein recht musikalisches Behagen bieten wollten. Doch das weißt Du ja alles besser als ich, — je öfter ich's durchsehe oder von der Gathe singen höre, desto mehr nimmt mich's ein, denn es ist wunderschön empfunden, man muß dabei warm werden*[109]*"*. Was Grimm hier nur andeutet, um nicht ledern und pedantisch zu erscheinen, ist in einem Brief Philipp Spittas an den Komponisten weiter ausgeführt. Das Lied war im Oktober 1868, zehn Jahre nach seiner Entstehung, als Nr. 5 des op. 47 im Druck erschienen. Spitta schrieb daraufhin am 1. März 1869 an Brahms: Die poetische Form des Sonetts *„mit der eigentümlichen*

---

[108] *Johannes Brahms im Briefwechsel mit J. O. Grimm*, hsg. von Richard Barth, Berlin 1908 (= *Johannes Brahms Briefwechsel* IV), S. 69.
[109] a.a.O., S. 70.

Verschlingung der korrespondierenden Verse hat schon dadurch etwas eigentümlich musikalisches, was durch musikalisch-entsprechende Periodisierung nachzubilden einen besonderen Reiz haben muß. Ich glaube, es ist Ihnen dies so sehr gelungen, daß bei Weglassung des Textes der Kundige doch sofort die Sonettform erkennen würde. Während Mendelssohn nur den Stimmungsgehalt des Gedichtes reproduzierte und dessen Form auflöste[110], *haben Sie demselben ein leichtes, anmutiges musikalisches Gewand übergeworfen, durch welches man die einzelnen Glieder des Körperbaues deutlich erkennt. Und so steht Ihre geistreiche Komposition der Mendelssohnschen in origineller Weise gegenüber."*[111]

In der Tat: der erste Blick auf Brahms' Komposition bestätigt Grimms wie Spittas Beobachtungen. Auch wenn sein Lied sich nicht so unmittelbar als zweiteilig ausweist wie Schuberts (durch Taktwechsel zwischen Quartinen und Terzinen) und Mendelssohns (durch Wechsel der Bewegungsart) — der *„Körperbau"* des Sonetts schimmert unmittelbar durch das musikalische Gewand des Liedes. Widerspricht damit dieses Lied dem Ergebnis unserer Untersuchungen an Brahms' *Vergeblichem Ständchen*? Sind seine Lieder doch nicht grundsätzlich „musikalischer" gestaltet als die Schuberts oder Mendelssohns? Ist das *Vergebliche Ständchen* eine Ausnahme? Was hat es mit Spittas Bemerkung vom „musikalischen" Charakter der Sonettform auf sich? Sehen wir uns Brahms' Komposition daraufhin näher an.

110 Schuberts Vertonung ist erst 1862 als op. 165,1 bei C.A.Spina in Wien erschienen (die Erstausgabe als Beilage zur *Wiener Zeitschrift für Kunst, Literatur, Theater und Mode* vom 26. Juni 1832 war nur wenig verbreitet); sie war daher 1869 wohl weder Spitta noch Brahms bekannt.
111 Zitiert nach M. Friedlaender, *Brahms' Lieder* . . . (s. Anm. 69), S. 54.

Anders als Mendelssohn (und Schubert), die den jambischen Pentameter in ein musikalisches Modell verwandeln, indem sie Hebungen und Senkungen als durch betonte und unbetonte, lange und kurze Noten differenziert gewichten, dem poetischen Metrum also ein musikalisches gegenüberstellen, überträgt Brahms das Versmaß unmittelbar in die Musik: jeder Hebung entspricht eine Länge. So entstehen Dreitaktgruppen im 6/8-Takt. Dreitaktgruppen bildet auch Schubert heraus. Während aber bei Schubert nach jeder Dreitaktgruppe ein Echotakt in der Klavierbegleitung die reguläre Viertaktperiode — scheinbar[112] — wiederherstellt, bestimmen bei Brahms die Dreitaktgruppen unmittelbar die Bewegung, als eine Art *ritmo di tre battute*.

Beispiel 32:

---

[112] Scheinbar nur — denn der angehängte Takt (3+1) macht die vier Takte natürlich noch nicht zu einem Viertakter, in dem bekanntlich zwei Taktpaare einander korrespondieren sollen (2+2).

[musical notation: Kun - de, mag dem was an - ders wohl er - freu - lich schei - nen? Ent -]

Am Ende jeder Dreitaktgruppe markiert — wie im Gedicht — eine kurze Pause das Versende (ausgenommen das Enjambement *„Stunde, die einzige"*), am Ende jeder Quartine ein eingeschobener Pausentakt das Strophenende. Vor der zweiten Terzine fügt Brahms dann allerdings ein viertaktiges Zwischenspiel ein, das diese als Conclusio vom Vorangehenden absetzt.

Auf den ersten Blick scheinen die Dreitakter inhaltlich der Dichtung genau zu entsprechen. Brahms hebt in der ersten Zeile die beiden korrespondierenden Wortpaare *Blick / Augen* und *deinen / meinen* besonders heraus: das erste durch die natürliche Stellung im Takt, das zweite durch melodische Akzente. Diese lassen (anders als Mendelssohn und, mit Einschränkungen, auch Schubert) das zweite Wortpaar vor dem ersten hervortreten. Dieser Eindruck einer besonders engen Bindung an die Dichtung trügt jedoch. Schon mit dem zweiten Vers ist die inhaltlich-deklamatorische Korrespondenz wieder aufgegeben: Brahms wiederholt nun die erste Melodiezeile sequenzierend, eine Tonstufe höher. Damit aber korrespondiert jetzt nicht *„deinem"* mit *„meinem"*, sondern *„deinem"* mit *„Munde"*. Ähnliches läßt sich auch im folgenden beobachten: Im vierten Vers betont Brahms statt *„anders"* und *„erfreulich"* die Worte *„dem"* und *„wohl"* und *„scheinen"*. Die zweite Quartine beginnt wie die erste. Auch hier hebt Brahms daher im ersten Vers „*dir*" und „*Meinen*" besonders hervor, obwohl es hier doch wohl eher um die Begriffe „*entfernt*" und „*entfremdet*" geht. Im folgenden Vers dann ist durch melodische Akzente vor allem „*die*" und „*Runde*" betont („*führ ich stets díe Gedànken in die Rúnde*").

Es wird, denke ich, deutlich, worum es Brahms geht: um Skansion, nicht um Deklamation. Ihm liegt, wie Spitta sagt, „*etwas eigentümlich musikalisches*" am Herzen, die Realisierung jener drängenden Bewegung, die dem jambischen Pentameter innewohnt. Unsere Vermutung wird durch die Klavierbegleitung bestätigt: Eigentümliche Achtelfiguren, bei denen jeweils das erste, betonte Achtel ausgespart ist[113], treiben die Bewegung voran. Es kann kein Zweifel daran bestehen: Das Modell des Sonetts ist musikalische Form geworden, die man auch „*bei Weglassung des Textes*" als solche erkennen würde.

An einer Stelle nur nimmt Brahms' Musik wohl doch auch Anteil an dem inhaltlichen Fortgang des Gedichtes. In dem viertaktigen Zwischenspiel vor der letzten Terzine spielen chromatische Vorhalte eine Rolle. Sie treten dort zum erstenmal deutlich in Erscheinung; sie gehen dann — bei den Worten „*mein einzig Glück auf Erden*" in die Achtelfiguren der Klavierbegleitung ein und finden sich endlich auch in der Singstimme: ein einzigesmal, zu dem Wort „*Zeichen*". Brahms führt damit nicht nur das „Zeichen" in die Musik ein — durch die Verbindung mit dem alten Topos des „Seufzers", des „Seufzervorhalts", gibt er ihm auch einen präzisen Sinn. Das „*gib mir ein Zeichen*" erscheint als flehentliche Bitte; das Lied endet offen, wie bei Schubert.

---

113 Nur in Verbindung mit der Singstimme und der diese vielfach nachzeichnenden anderen Klavierhand entsteht eine durchlaufende Achtelbewegung im Sinne von komplementärer Rhythmik.

„*Bei vereinfachender Klassifizierung*", schreibt Christiane Jacobsen in dem Fazit ihrer Analyse der drei Vertonungen von *Die Liebende schreibt*[114], „*von Schuberts Vertonung als lyrischem Lied mit angehängter ‚Arie', Mendelssohns als romantischem Gesang, muß man Brahms' als epischem Lied charakterisieren*", wobei sie als Merkmal des epischen Liedes vor allem „*exakte Formnachzeichnung*" angibt, eine gewisse Objektivierung des Gedichtes durch die Musik. Daß dies kein Sonderfall bei Brahms geblieben ist, sich in seinen späteren Liedern vielleicht noch verstärkt, mag ein kurzer Hinweis erhellen: In dem ersten der 1884 entstandenen Lieder op. 95 (*Das Mädchen*), einem scheinbar leicht dahinfließenden Liede im Volkslied-Ton, diktiert das Material (ein in zwei rhythmischen Formen erscheinendes Grundmotiv) die musikalische Konzeption[114a]. Von den drei Elementen des polyrhythmischen Kunstwerks: Text, Singstimme und Instrumentalstimme, wird das erste zurückgedrängt, gleichsam „aufgehoben" in der Musik. Nicht die Musik erscheint in poetischer, sondern die Poesie in musikalischer Funktion.

In Franz Liszts umfangreichem Liedschaffen spielt seine Vertonung von Heinrich Heines viel komponiertem Gedicht *Im Rhein, im schönen Strome*[115] eine bedeutende Rolle. Das Lied entstand zu Beginn der 1840er Jahre und erschien zunächst 1843 im ersten Heft des *Buches der Lieder* unter dem Titel *Am Rhein*. Später überarbeitete Liszt

---

114 Chr. Jacobsen, a.a.O., S. 294.
114a Vgl. hierzu Siegfried Kross, *Die Chorwerke von Johannes Brahms*, Berlin und Wunsiedel ²1963, S. 409 ff.
115 H. Heine, *Buch der Lieder: Lyrisches Intermezzo*, Nr. XI (ohne Titel). Das Lied wurde u.a. auch von Robert Schumann (in op. 48, *Dichterliebe*, Nr. 6), Robert Franz (op. 18,2) und Friedrich Grimmer (ohne Opus) vertont; vgl. *Dichterliebe. Heinrich Heine im Lied. Ein Verzeichnis der Vertonungen von Gedichten Heinrich Heines*, Hamburg 1972, S. 47.

das Lied von Grund auf. In der überarbeiteten Fassung erschien es 1856 und in einer nochmals revidierten Version 1860 in den *Gesammelten Liedern*[116].

I *Im Rhein, im schönen Strome,*
Da spiegelt sich in den Welln,
Mit seinem großen Dome,
Das große, heilige Köln.

II *Im Dom da steht ein Bildnis,*
Auf goldenem Leder gemalt;
In meines Lebens Wildnis
Hats freundlich hineingestrahlt.

III *Es schweben Blumen und Englein*
Um unsre liebe Frau;
Die Augen, die Lippen, die Wänglein,
Die gleichen der Liebsten genau.

Die drei Strophen des Gedichtes führen den Leser — und Hörer — schrittweise vom Allgemeinen zum Privaten, Persönlichen. Die erste Strophe führt uns den Rhein vor, das große, heilige Köln und seinen großen Dom. Die zweite Strophe leitet den Blick zum Bild im Dom und von dort zu „*meines Lebens Wildnis*". Die dritte Strophe aber sagt erst, worum es eigentlich geht: um die Liebste des Dichters, der dieses Bild gleicht. Das Gedicht schreitet dabei nicht nur von Strophe zu Strophe, sondern von Halbstrophe zu Halbstrophe fort; jede bringt etwas neues hinzu. Trotz seines volkstümlichen Tones fordert es daher zur Durchkomposition heraus.

Die erste Strophe gibt die Szenerie. In der Nachfolge Schuberts liegt es daher nahe, aus den poetischen Bildern dieser Strophe musikalische abzuleiten, die dem Lied den

116 Vgl. Paul Raabe, *Franz Liszt* II, Stuttgart und Berlin 1931, S. 116 ff. In Raabes Werkverzeichnis trägt das Lied die Nummer 567.

Rahmen geben. Für Schumann etwa ist es der Dom, das *"große, heilige Köln"*, die den Rahmen bestimmen. Sein Klavierpart deutet "alten Stil" an. Robert Franz wirft ihm das vor: *"Spitzbogen und Säulen"* habe Schumann gemalt, *"aber das ist doch nicht die Hauptsache, sondern das Bildnis"*[117]. Dabei verkennt Franz freilich völlig die Funktion eines solchen Rahmens: Die Szenerie bleibt bei Schumann wohl immer die gleiche, doch ändert sich die Perspektive. Im Verlauf des Liedes übernimmt nämlich die Singstimme, d.h. der Sänger, der Dichter, die "Spitzbögen" und subjektiviert sie damit. Das alte Bildnis gewinnt neue, besondere Bedeutung.

Auch Liszt läßt sich von der ersten Strophe zunächst zu einer bestimmten, allgemeinen musikalischen Bewegung inspirieren. *"Für Liszt war das Bild bestimmend"*, so lesen wir bei Paul Raabe[118], *"daß die Wellen des Stromes an dem Dom vorbeirauschen, und so ließ er denn das ganze Lied von einer fortlaufenden Triolenfigur durchziehen. Aber damit nicht genug: er fügte gleich eine zweite, etwas schwieriger zu spielende Begleitung hinzu, die aus einer ununterbrochenen Sechzehntelfigur bestand und wohl seiner Ansicht nach das Wellenrauschen noch deutlicher wiedergab. Was das Lied außerdem an ‚Vorgängen' enthielt, hat er in dieser ersten Fassung nicht berücksichtigt"*. Die rauschenden Triolenfiguren, die danach in der ersten Fassung das ganze Lied bestimmen, sind bei Liszt jedoch nicht nur Rahmen — sie genügen sich selbst. Die Klavierstimme wäre — für sich allein gespielt — ein Klavierstück, das nach keinerlei weiterer Interpretation verlangt. Die Singstimme rezitiert, die Mittelstimme des Klavierstückes paraphrasierend, einen Text dazu, von dem man jedoch zunächst nur die entschei-

---

117 H. v. d. Pfordten, *Robert Franz* (s. Anm. 66), S. 68.
118 a.a.O., S. 116. Vgl. hierzu auch Rossana Dalmonte, *Franz Liszt. La vita, l'opera, i testi musicati*, Mailand 1983, S. 145.

denden Worte vernimmt, die der Klavierstimme ihren präzisen, bildlichen Sinn geben: *„Strome"* und *„Wellen"*. Daß wirklich die Singstimme Paraphrase der Klavierstimme ist und nicht umgekehrt, zeigt deutlich der zweite Vers. Der melodische Hauptakzent der Phrase fällt dort auf die Präposition *„in"* (*„da spiegelt sich ín den Wéllen"*): Die melodische Phrase ist „musikalisch" erfunden, nicht vom Text inspiriert. Ähnlich wie Brahms deklamiert Liszt nicht, wenn er die Singstimme rezitieren läßt, sondern skandiert. Seine Skansion aber — und darin unterscheidet sie sich wesentlich von der in Brahms' Lied *Die Liebende schreibt* — ist nicht die Folge der Übertragung eines metrischen Modells von der Poesie auf die Musik, sondern umgekehrt Folge der Anpassung des poetischen Metrums an ein musikalisches Modell. Maßgeblich ist bei ihm nicht der Vers, maßgeblich sind die Zweitakter in der Klavierstimme.

Erst mit dem dritten Vers löst sich die Singstimme von der Mittelstimme des Klaviers, steigert sich in einem großen Bogen zu einem ersten Spitzenton *„Dome"*, erzwingt sich gleichsam Aufmerksamkeit und setzt dem Rauschen des Stromes in drei trotzigen, nun wirklich rezitativischen Takten *„das große, heilige Köln"* entgegen. Doch damit hat der Sänger sich auch verausgabt. In der zweiten Strophe, in der nach der Konzeption des Dichters die Aufmerksamkeit des Hörers auf das Bildnis im Dom gelenkt werden sollte, kehrt die Singstimme in Ton und Funktion zum Beginn zurück, und auch ein letzter Ausbruch am Ende des Liedes kann daran nichts mehr grundsätzlich ändern.

In der zweiten Fassung des Liedes ist dies ganz anders. Die Triolenfiguren bestimmen nun nur noch die ersten beiden Strophen. Zu Beginn der dritten dagegen geschieht etwas Neues, Besonderes. An die Stelle der Triolenfiguren treten plötzlich Sechzehntel, die den bis dahin gleichmäßig durchgeführten 6/8-Takt für die Klavierstimme in einen 3/4-

Takt umdeuten, während die Singstimme den 6/8-Takt beibehält.

Beispiel 33:

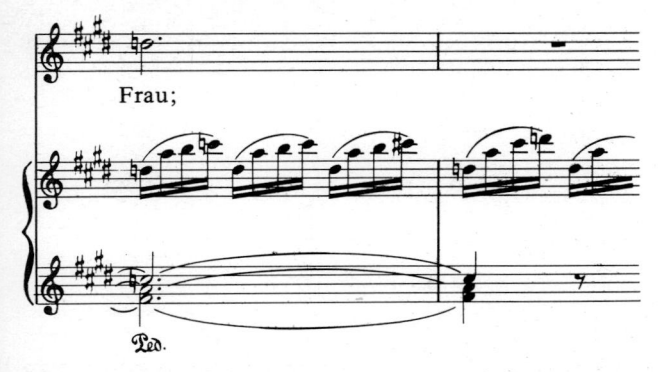

Liszt erreicht damit nicht nur, daß die Aufmerksamkeit des Hörers auf etwas neues gelenkt wird, er verwandelt das Lied. Aus einem Klavierstück mit hinzugefügter Singstimme wird eine Komposition, in der das vokale Element seine Position zurückerobert. Was in der ersten Fassung ein Genrebild war, zu dessen Rauschen der Sänger von seltsamen Erlebnissen berichtet, ist nun ein Werk, in dem der Mensch sich Gehör verschafft, nicht gewaltsam, sondern durch die Macht seiner Erfahrung. Es ist der Mensch, der das Rauschen der Wogen umdeutet zum Schweben der *„Blumen und Englein"*, die ihm so viel mehr bedeuten. Denn: der Eindruck des Schwebens, die Umdeutung selbst, wird nicht durch den Klaviersatz allein hervorgerufen, sondern durch das Zusammenwirken von Klavier und Singstimme.

Dann stockt die Bewegung ganz. Die Klavierstimme versucht es mit ganz neuen, aus dem Vorangegangenen kaum abzuleitenden Akkordfiguren und setzt schließlich aus. Wie in einem Arioso rezitiert der Sänger, was ihn bewegt: *„Die Augen, die Lippen, die Wängelein, die gleichen der Liebsten genau"*. Erst bei der Wiederholung dieser Verse durch die Singstimme kehrt die Erinnerung an den Strom wieder, von dem alles ausgegangen war — doch diesmal dominiert die Singstimme weiter, unangefochten, und führt durch ein weit gespanntes Melisma den Gedanken zu Ende. Von Skansion kann hier jetzt keine Rede mehr sein. Liszt rezitiert die beiden letzten Verse des Gedichtes wie Prosa, mit unregelmäßigen Zäsuren, Dehnungen, und zeigt damit neuerlich, daß es nicht das Versmetrum war, das ihm zu Beginn die regelmäßigen Zweitakter vorschrieb. Wie um den Prosacharakter noch zu betonen, fügt Liszt in der Kadenz des vorletzten Verse eine überzählige Silbe ein: *„Die Augen, die Lippen, die Wängelein"* heißt es bei ihm.

In einem kleinen Aufsatz über Robert Franz spricht Liszt auch von dessen Vertonung des Heineschen Gedichtes. An Heines Pointen, meint Liszt, *„die mit übergreifender Ironie den eigentlichen Gehalt zum Schluß in Frage zu stellen suchen, hat sich Franz nur in den Fällen gewagt, welche eine graziöse Wendung zuließen, wie z.B. das Lied: ,Im Rhein, im heiligen Strome' (Op. 18)."*[119]. Findet sich solch eine Pointe auch in Liszts Komposition?

An der Pointe kann kein Zweifel sein. Der Bruch in der Kompositionsweise, der endgültige Übergang der Führung an die Singstimme unterstreicht sie hinreichend. Aber Ironie? Robert Franz führt in seiner Komposition das Lied mit dem vorletzten Vers auf einen Höhepunkt: *„die Augen, die Lippen, die Wänglein"*; der Hörer erwartet eine letzte Steigerung — aber überraschend nimmt Robert Franz das Lied ganz zurück, schließt *„leise"*, wie privat: *„die gleichen der Liebsten genau"*. Erst jetzt versteht der Hörer, daß es weder um den gewaltigen Strom, noch um den Dom und auch nicht um das berühmte Bildnis geht, sondern um die Liebste. Eine kleine Dehnung auf *„Liebsten"*, wie sie sonst in dem ganzen Lied nicht wieder vorkommt, macht es deutlich. Es ist, wie Liszt schreibt, *„eine graziöse Wendung"*,

---

119 Franz Liszt, *Gesammelte Schriften* IV, *Ausgewählte Schriften. Nach der Übersetzung von L. Ramann herausgegeben von Julius Kapp*, Leipzig 1910, S. 267.

die dennoch *"mit übergreifender Ironie"* den vermeintlichen Sinn des Gedichtes in sein Gegenteil verkehrt.

Eine ähnliche Wendung läßt sich auch in Liszts Gesang erkennen; es ist gerade der Bruch zwischen zweiter und dritter Strophe, der sie deutlich ausspricht, es sind die großen Melismen und die prosaähnliche Deklamation, die sich von den Zweitaktern der ersten beiden Strophen so unverkennbar abhebt. Aber die Wende ist nicht vorbereitet. Was im Gedicht schrittweise sich vollzieht, die Abwendung vom großen, heiligen Köln, im Lied wird es überdeckt. Die Wende geschieht daher nicht „graziös", sondern gewaltsam, man spürt, daß sie erst das Ergebnis einer Überarbeitung des Liedes ist. Dieses Lied besteht im Grunde aus zwei Kompositionen: einem Klavierstück mit Rezitation und einem rezitativischen Gesang.

Liszts Gesang ist kein im engeren Sinne „polyrhythmisches" Lied; Text, Singstimme und Klavierstimme wirken nicht ineinander, sondern nebeneinander. Darin erinnert diese Komposition durchaus an das Wolfsche Harfner-Lied. Vieles von dem, was der Komponist sagen will, ist in das Instrument verlegt. Dennoch unterscheiden sich beide Lieder auch wieder grundsätzlich: Bei Wolf gehen Singstimme und Instrument nebeneinander her, setzen sich beide mit dem vorgegebenen Text auseinander und sind sich darin gewissermaßen gleichwertig. Bei Liszt hingegen drängt jeweils ein Element das andere in den Hintergrund; sobald das Instrument spricht, erscheint die Singstimme farblos, setzt aber die Singstimme sich durch, dann zieht sich das Instrument auf illustrierende Figuren zurück. Der Text scheint eher Anlaß für die Komposition zu sein, als daß er sie prägte; er gibt das Motiv an, von dem der Komponist ausgeht, aber er ist nicht eigentlich Teil des Kunstwerks. Ließe man die Worte fort, führte man den Gesang solfeggierend als „Lied ohne Worte", jedoch unter dem Titel „Im Rhein, im schönen Strome" auf – an der Aussage des Liedes würde sich wenig ändern.

Man möchte glauben, daß jener Typus des „Klavier-Liedes", wie wir ihn in Liszts Vertonung des Heineschen Liedes kennengelernt haben und der sich in der ersten Fassung dieses Liedes am deutlichsten ausprägt[120], in den Liedern von Richard Strauss am ehesten seine Fortsetzung findet. Schon der virtuose Charakter des Klavierparts in vielen dieser Lieder läßt dies vermuten, ebenso aber auch die Tatsache, daß nicht selten im Konzertsaal — den *„Schöpfer des Podiumsliedes"* nennt Werner Oehlmann den Komponisten[121] — der Pianist stärkeren Anteil an den *„blendenden Mitteln"* dieser Lieder hat, die, immer nach Oehlmann, *„den Applaus herausfordern"*, ihren Erfolg ausmachen. Sieht man sich Strauss' Lieder jedoch im einzelnen an, dann bemerkt man, daß die Vermutung nicht zutrifft. Man findet Lieder, in denen tatsächlich die Klavierstimme die Komposition bestimmt, so der ·1893/94 entstandene *Morgen!* (op. 27,4) nach einem Gedicht von John Henry Mackay (bezeichnenderweise ist dies Lied bereits 1899, ein Jahr nach der Erstveröffentlichung, in einer Bearbeitung für Klavier allein von Max Reger erschienen). Man findet aber auch Lieder, in denen fast nach Schubertscher Art Singstimme und Klavierstimme ineinander verwoben sind, etwa *Du meines Herzens Krönelein* (op. 21,2) aus den 1887/88 komponierten *Schlichten Weisen,* fünf Liedern nach Gedichten von Felix Dahn.

Eine besondere Stellung unter Strauss' Liedern nimmt sein op. 36 ein. Es sind vier Lieder nach Gedichten von Klopstock, aus *Des Knaben Wunderhorn* und von Rückert. Ungewöhnlich daran ist die Wahl der Texte. Strauss hat sonst vorzugsweise Lieder zeitgenössischer Dichter kompo-

---

120 Selbstverständlich gibt es auch bei Liszt Lieder anderer Art, man denke etwa an das Goethe-Lied *Der du von dem Himmel bist* (Raabe-Verzeichnis Nr. 568) oder das Rückert-Lied *Ich liebe dich* (Raabe-Verzeichnis Nr. 617).
121 W. Oehlmann, *Reclams Liedführer,* Stuttgart ²/1977, S. 645.

niert, von Richard Dehmel, Felix Dahn, Julius Bierbaum oder Detlev von Liliencron. Er hat es auch meist sorgfältig vermeiden, Gedichte zu vertonen, die bereits vor ihm komponiert worden sind. Hier in seinem op. 36 aber wendet er sich zurück in die Vergangenheit, so als wolle er sich mit der Liedtradition des zu Ende gehenden Jahrhunderts auseinandersetzen. Mit dem ersten Lied des Opus, *Das Rosenband*, greift er auch ein Gedicht wieder auf, das bereits Schubert vertont hat (D 280; im September 1815). Es ist allerdings möglich, daß Strauss Schuberts Komposition nicht gekannt hat, denn in die gängigen Auswahlausgaben Schubertscher Lieder ist sie nicht aufgenommen[122].

Strauss' Vertonung der Klopstockschen Ode ist 1898 entstanden und *„Frau Marie Riemerschmid, geb. Hörburger treu freundschaftlichst zugeeignet"*. Noch im Jahr ihrer Entstehung, 1898, erschien sie bei Joseph Aibl in München — ein Zeichen, daß Strauss sie für gelungen hielt. Das bestätigt auch der Umstand, daß er dies Lied — als einziges aus dem op. 36 — später instrumentierte. 1911 kam es in der Universal-Edition in einer Fassung für hohe Stimme und großes Orchester heraus[123].

I,1	*Im Frühlingsschatten fand ich sie,*
2	*Da band ich sie mit Rosenbändern:*
3	*Sie fühlt' es nicht und schlummerte.*
II,1	*Ich sah sie an; mein Leben hing*
2	*Mit diesem Blick an ihrem Leben:*
3	*Ich fühlt' es wohl und wußt' es nicht.*

---

122 Das Lied ist erst 1928 in den verbreiteten ersten Band der von Max Friedlaender bei Peters in Leipzig herausgegebenen Liederausgabe Schuberts aufgenommen worden. Es erschien zuerst 1837 als Nr. 3 der Nachlaß-Lieferung 28 bei Diabelli & Co. in Wien.
123 Vgl. hierzu Erich H. Mueller von Asow, *Richard Strauss. Thematisches Verzeichnis* I, Wien und Wiesbaden 1959, S. 225.

III,1	*Doch lispelt' ich ihr sprachlos zu*
2	*Und rauschte mit den Rosenbändern:*
3	*Da wachte sie vom Schlummer auf.*
IV,1	*Sie sah mich an; ihr Leben hing*
2	*Mit diesem Blick an meinem Leben:*
3	*Und um uns ward's Elysium.*

Für Klopstocks Gedicht ist es bezeichnend, daß die vier Strophen in verschiedener Weise korrespondieren (I,3 mit II,3 aber auch II,1—2 mit IV,1—2) und zugleich, wenn auch verhalten, vorsichtig, unaufhaltsam fortschreiten. Das zeigt sich im Musikalisch-Metrischen: Jeder erste Vers einer Strophe kadenziert „männlich", mit dem Ton auf der letzten Silbe, jeder zweite „weiblich", mit dem Ton auf der vorletzten, jeder dritte aber mit dem Ton auf der drittletzten Silbe („*cadenza sdrucciola*"). Damit verwandelt sich dann jeder dritte Vers aus einem regulären jambischen Vierheber in einen Dreiheber („*Sie fuehlt' es nicht und schlúmmerte*") mit auslaufender Kadenz. Der Doppelpunkt vor jedem dritten Vers zeigt an, daß der Wechsel des Metrums inhaltliche Gründe hat. Die Handlung des Gedichtes schreitet gewissermaßen in zwei Schichten voran: Die jeweils ersten beiden Verse geben das äußere Geschehen wieder, die dritten Verse hingegen das innere, den Weg ins „*Elysium*"[124].

In ihrer Konzeption ähnlen sich die Lieder von Schubert und Strauss durchaus. Schubert schreibt ein variiertes Strophenlied. Er faßt je zwei Strophen Klopstocks zu einer musikalischen Strophe zusammen und wiederholt für die 3.—4.

---

[124] Der Vers „*Da wachte sie vom Schlummer auf*" könnte als Ausnahme gesehen werden. Die äußere Handlung steht hier im Vordergrund (der Vers läßt sich ja im übrigen auch durchaus vierhebig lesen; eindeutig dreihebig ist er nur in Analogie zu den anderen dritten Versen); sie schließt jedoch die innere mit ein, nimmt direkt Bezug auf den Vers I, 3 und ermöglicht so den korrespondierenden Anschluß IV, 1—2 zu II, 1—2.

Strophe die Singstimme der 1.–2. mit veränderter, das „Rauschen" der Rosenbänder wiedergebender Begleitung. Auch Strauss beginnt mit der dritten Strophe neu, greift das Vorspiel wieder auf und zitiert gleichsam die Eingangstakte des Liedes. Bis auf den letzten Vers führt er die beiden Teile des Liedes parallel. Dann aber leitet er den Sänger in eine Art verhaltener Ekstase: *„Und um uns ward's Elysium"*. Das Verhältnis Singstimme-Klavierstimme, durch das sich bei Schubert die beiden Teile des Liedes so grundsätzlich unterscheiden (und deren Veränderung auch den Fortgang der Handlung markiert), bleibt bei Strauss allerdings gleich.

Der Klavierpart erscheint selbständig, auf den ersten Blick dominierend. Anders als bei Liszt wirkt die Singstimme jedoch nicht sekundär; sie verhält sich zur Klavierstimme eher komplementär. Beide ergänzen und interpretieren sich gegenseitig. Der Beginn des Liedes ist ein Beispiel dafür:

Beispiel 34:

Im Frühlingsschatten fand ich

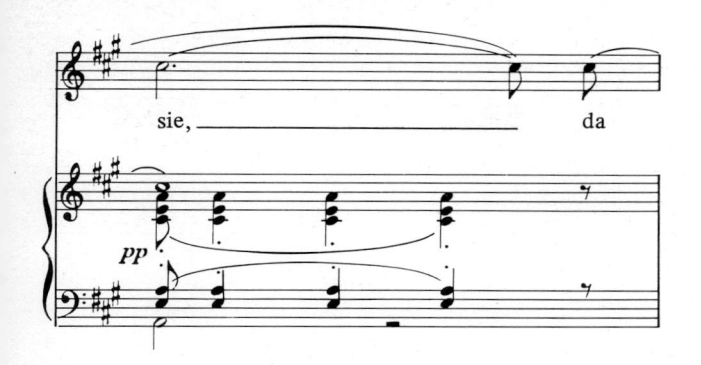

Strauss leitet das Klaviervorspiel deutlich vom Beginn der Singstimme ab (nicht umgekehrt: der deklamatorische Charakter der Melodie zeigt dies deutlich); er baut es dann aber aus, verselbständigt es dadurch, arbeitet motivisch damit. Zu Beginn der dritten Strophe kann er so die variierte Singstimme auf den Anfang zurückbeziehen. Zugleich gibt die Klavierstimme dem — für sich genommen — verhältnismäßig uncharakteristischen Beginn der Singstimme einen präzisen musikalischen Sinn: er definiert ihn gewissermaßen historisch. Richard Strauss wählte den „alten" Text mit Bedacht — nun schreibt er dazu, wenigstens zu Beginn, „alte" Musik. Er zitiert einen Musikstil, der nicht der seine ist, der an Mendelssohn, eher vielleicht noch an Brahms erinnern mag, jedenfalls aber Zitatcharakter hat und damit zugleich den Beginn des Liedes als „leitmotivisch" ausweist.

Vergleichen wir die Deklamation bei Schubert und Strauss, die Art, wie sie die spezifische, artifizielle Metrik Klopstocks in die Liedmelodie übertragen. Es zeigt sich dabei, daß Strauss Klopstock offenbar getreuer folgt als Schubert — erstaunlicherweise, denn es widerspricht völlig dem Höreindruck. Schubert nämlich gleicht die Verskadenzen einander an; er hebt jeweils in den ersten beiden Versen den vorletzten Akzent besonders heraus und setzt den dritten nur durch Dehnung von den übrigen ab: *"Im Frühlingsgàrten fánd ich sie, / da bánd ich sie mit Rósenbändern: / sie fühlt' es nìcht und schlúmmèrté"*:

Beispiel 35:

Im Frühlings-gar-ten fand ich sie; da band ich sie mit Ro-sen-bän-dern: sie fühlt' es nicht und schlummer - te. Ich

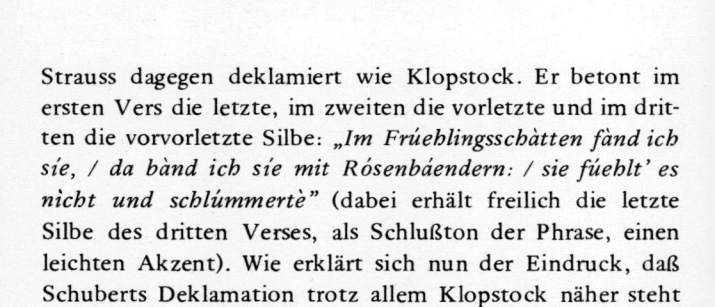

Strauss dagegen deklamiert wie Klopstock. Er betont im ersten Vers die letzte, im zweiten die vorletzte und im dritten die vorvorletzte Silbe: *"Im Frúeblingsschàtten fànd ich síe, / da bànd ich síe mit Rósenbáendern: / sie fúehlt' es nìcht und schlúmmertè"* (dabei erhält freilich die letzte Silbe des dritten Verses, als Schlußton der Phrase, einen leichten Akzent). Wie erklärt sich nun der Eindruck, daß Schuberts Deklamation trotz allem Klopstock näher steht als die von Strauss? Da sind zunächst zweifellos Strauss' zahlreiche Überdehnungen einzelner Silben, die den metrischen Fluß zerstören (man erkennt es bereits an der unregelmäßigen Folge starker und schwacher Akzente) und an eine Prosa-Vertonung denken lassen. Dann ist da der fortwährende Wechsel der Deklamationseinheit: Eine betonte Silbe kann ebenso auf eine Sechzehntelnote wie auf eine punktierte Halbe gesungen werden. Entscheidend aber ist da vielleicht noch ein Drittes. Oehlmann beschreibt das Lied als eine Komposition, in der Klopstocks Gedicht *„nicht als überzeitliches Liebesgedicht, sondern als preziöses Dokument verliebter Rokokospielerei aufgefaßt"* ist[125]. „Rokoko" ist hier vielleicht nicht ganz angemessen — weder für Klopstock, noch für Strauss — aber es ist sicher ein *„preziöses Dokument verliebten"* Spieles. Das Lied lebt von Zitaten. Nicht nur das Vorspiel und der Einsatz der Singstimme sind ein Beispiel dafür — es sind auch die Portato-Akkorde am Ende des Beispiels S. 173, die hinweisenden Charakter haben, wie oft bei Schubert (wenn auch nicht in *Das Rosenband*), die wiederkehren auf die Worte *„Ich sah sie an"* und *„Sie sah mich an"*, und die dann auch am Schluß des Liedes nicht fehlen. Es sind weiterhin rauschende, ineinander sich verschlingende Figuren, wenn von den „Rosenbändern" die Rede ist. Es ist aber vor allem der Schluß des Liedes, der letzte Vers *„Und um uns ward's Elysium"*, in dem — nun wieder in historischem Sinne — der Zitatcharakter deutlich wird. Die Singstimme setzt zu einer großen Vokalise an, wie wir sie etwa von Mendelssohn kennen, vielleicht auch von Liszt. Die Klavierstimme tritt zurück, stützt nur noch harmonisch die Linie des Sängers und erinnert lediglich durch einige Triolenfiguren des Basses an den Beginn des Liedes. Am Ende schließlich mündet die Singstimme in eine formale Kadenz, die — durch eine Doppelschlag-Figur unterstützt — vielleicht wirklich auf das ausgehende 18. Jahrhundert, auf die Zeit Klopstocks zurückweisen soll, als solche Kadenzformeln besonders häufig waren:

---

125 W. Oehlmann, a.a.O., S. 658.

Beispiel 36:

sempre più tranquillo ... *dim.*

und um uns, und um uns ward's E-ly-si-um.

Das Lied klingt schließlich aus mit einem Zitat des Vorspiels. Dieses Zitat ist sicherlich nicht (wie etwa bei Mendelssohn) als „Zeichen" zu verstehen, ebensowenig wie die Wiederaufnahme der Triolenfiguren zuvor. Es soll das Lied offensichtlich abrunden. Dieses Bedürfnis nach musikalischer Abrundung aber ist wiederum bezeichnend für das ganze Lied. Obwohl Richard Strauss dem Text im einzelnen nachgeht, ihn in mancher Hinsicht auch sorgfältiger deklamiert als Schubert – es geht ihm nicht in erster Linie um den Text, jedenfalls nicht in dem Sinne, daß der Text neben Singstimme und Klavierstimme gleichen Anteil hat an dem Kunstwerk als Ganzem. Der Text erscheint als „Zitat", wie vieles in der Musik; es ist artistisches Spiel, das Strauss mit beidem treibt. Dabei steht das musikalische Zitat aber durchaus im Vordergrund; der Text bietet ihm nur den Anlaß dazu. Ein ausgewogen „polyrhythmisches" Lied hat somit auch Strauss nicht geschrieben. Die Tatsache, daß es ihn selbst dazu drängte, das Lied auch für Orchester zu setzen, in einer Fassung, in der naturgemäß die rein musikalischen Elemente noch stärker hervortreten, bestätigt dies.

Die Lieder von Richard Strauss zeigen den Endpunkt einer Entwicklung. Vieles, was im Laufe eines Jahrhunderts sich herausgebildet hat, steht ihm zur Verfügung. Er wählt aus, was ihm am geeignetsten erscheint, und so manches gerät ihm dabei vielleicht auch ungewollt zum Zitat. Dieser Aspekt ist bei ihm deutlicher ausgeprägt als bei seinen Zeitgenossen, doch läßt sich Ähnliches auch bei Max Reger beobachten[126], in Schönbergs frühen Gesängen und selbst in den wenigen Klavierliedern Gustav Mahlers, die ja — wir wiesen bereits darauf hin — vermutlich eher Klavierauszüge von Orchesterliedern sind. Mahlers *Lieder eines fahrenden Gesellen* sind keine Volkslieder, es sind nicht einmal im Schumannschen Sinne Lieder im Volkston, aber sie „zitieren" diesen Volkston, und der Komponist zitiert die Lieder ihrerseits — und ebenso etwa die *Kindertotenlieder* — in seinem symphonischen Werk. Für das polyrhythmische Klavierlied aber führt kein Weg mehr weiter.

---

126 Man denke etwa an Regers *Schlichte Weisen* op. 76 und seine bezeichnende Bemerkung zu Nr. 28 (*Die Mutter spricht*): „*Reminiszenzenjägern und ähnlichen Fexen sei zur Beruhigung mitgeteilt, daß dieses ‚Zitat' durchaus Absicht ist*".
127 Vgl. Monika Tibbe, *Über die Verwendung von Liedern und Liedelementen in instrumentalen Symphoniesätzen Gustav Mahlers*, München 1971 (= *Berliner Musikwissenschaftliche Arbeiten* I); s. auch Volker Kalisch, *Bemerkungen zu Gustav Mahlers Kindertotenliedern — dargestellt am Beispiel des zweiten*, in: *Muzikološki Zbornik* XVI, Ljubljana 1980, S. 45 f.

Die Ballade

Von dem allgemeinen Begriff „Lied", das, wie wir wissen, *„überhaupt jedes lyrische Gedicht von mehrern Strophen"* bezeichnet, *„welches zum Gesange bestimmt"* ist[128], hob sich gegen Ende des 18. Jahrhunderts die „Ballade" oder „Romanze" deutlich als Bezeichnung einer besonderen Untergruppe ab. *„Unsere modernen Balladen"*, so liest man bei Heinrich Christoph Koch, von dem ja auch die zuvor zitierte Definition von „Lied" stammt, *„weichen nicht merklich von den Romanzen ab, und erfordern, weil sie anjetzt blos zum Gesange* (d.h. nicht mehr auch zum Tanze) *bestimmt sind, eine lyrische Versart. Die Melodie der Ballade, deren Charakter von dem Inhalte des Gedichtes bestimmt wird, ist weder an eine besondere Form, noch an eine besondere Taktart gebunden. Seit einiger Zeit hat man angefangen, sie nicht so, wie bey dem Liede, mit jeder Strophe des Textes zu wiederholen, sondern den Text ganz durch zu komponiren."*[129] Die Romanze aber, auf die Koch verweist, *„ist ursprünglich ein Lied, welches in einer lyrischen Versart die Erzählung einer tragischen oder verliebten Begebenheit enthält, und in einen höchst naiven und einfachen Styl eingekleidet ist. Die Melodie zu einem solchen Liede muß*

---

128 Siehe die Einleitung, S. 8.
129 S. Heinrich Chr. Koch, *Musikalisches Lexikon* (vgl. Anm. 2), Artikel *Ballade*, Sp. 212 f.

ebenfalls aus einem ungekünstelten, aber naiven und rührenden Gesange bestehen"[130].

Bei der Ballade wie der Romanze handelt es sich somit zu Kochs Zeit um erzählende Dichtung, die in *„lyrischer Versart"* geschrieben ist, d.h. — im Unterschied zur Verserzählung — in strophischer Gliederung und gebunden durch Reime. Die Romanze hat dabei freilich noch eine besondere Eigenart: Sie ist *„in einen höchst naiven und einfachen Styl eingekleidet"*, sie steht dem Lied — und das heißt bei Koch natürlich: dem Strophenlied — besonders nahe, insbesondere einer speziellen Ausprägung des Liedes, dem Rondo, dem Lied mit Kehrreim, dem Koch (und darin folgt er Christian Friedrich von Blankenburg) besondere *„Naivetät"*, besondere Ursprünglichkeit zuschreibt[131]. Die Ballade dagegen ist in ihrer Form völlig frei und oft so umfangreich, daß man, so sahen wir, seit einiger Zeit begonnen hat, sie *„ganz durch zu komponiren"*.

Grundsätzlich galt allerdings auch für die Ballade zunächst das Prinzip des Strophenliedes. So hat man versucht, auch umfangreiche Dichtungen, wie die 32 Strophen von Bürgers *Lenore,* in einer Strophenmelodie zu fassen. Man kennt solche Kompositionen etwa von Friedrich Wilhelm Weis (1776), Georg Wilhelm Gruber (1780), Johann Philipp Kirnberger (1780) und Georg Friedrich Wolf (1781)[132]. Die Vertonung als Strophenlied entsprach im übrigen durchaus auch Bürgers eigener Vorstellung von dem Gedicht. In einem Brief an Heinrich Christian Boie vom 10. Mai 1773 schreibt er darüber: *„Ich gebe mir Mühe,*

---

130 Koch, a.a.O., Artikel *Romanze,* Sp. 1271.
131 Koch, a.a.O.; vgl. J. G. Sulzer, *Allgemeine Theorie der schönen Künste,* 2. Auflage mit Zusätzen von Blankenburg, Leipzig 1786/87, Artikel *Rondo.*
132 Vgl. Max Friedlaender, *Das deutsche Lied im 18. Jahrhundert. Quellen und Studien,* II, Stuttgart und Berlin 1902 (Nachdruck: Hildesheim 1962), S. 218.

das Stück zur Composition zu dichten. Es sollte meine gröste Belohnung seyn, wenn es recht balladenmäßig und s i m p e l componirt, und dann wieder in den Spinnstuben gesungen werden könnte"[133]. Wie anders aber könnte man diese Ballade in den Spinnstuben singen, denn als Strophenlied?

Nur ein vorzüglicher Sänger, der die verschiedenen Strophen und Inhalte sinngemäß abzuwandeln und mit Leidenschaft wiederzugeben verstand, konnte eine Ballade dieser Art auch einem Publikum vortragen. Daß aber die Ballade — und hier wohl liegt ihr wesentlicher Unterschied zur Romanze — nicht nur für die Spinnstube, sondern auch für den öffentlichen Vortrag geschrieben war, daran kann kein Zweifel sein — und im Konzert, selbst wenn es sich nur um eine *musikalische Abendunterhaltung* im kleineren Kreise handelte, war der Sänger mit einer langen Ballade in der Regel überfordert. Ein anonymer Beitrag in der Leipziger *Allgemeinen Musikalischen Zeitung* von 1803 nennt dabei gerade Kirnbergers Vertonung der *Lenore* als Beispiel. Auf die Frage: *"Was kann der Musiker mit einer Romanze oder Ballade . . . vornehmen?"* antwortet der Autor: *"Er kann Einer Strophe eine Musik geben, nach welcher alle Strophen gesungen werden sollen — wie es Kirnberger mit der Lenore machte. Es hat aber wohl nie ein Mensch diese ganze Ballade nach seiner Musik durchsingen mögen: denn der Komponist muss bey solchem Verfahren, um die Musik mit dieser oder jener Strophe nur nicht ganz in Widerspruch zu setzen, so gar unbedeutend und charakterlos schreiben; eine unbedeutende und charakterlose Musik dreissig-vierzigmal zu wiederholen, ist so unausstehlich-: kurz, das Unternehmen ist offenbar unschicklich und wird wohl auch lächerlich, was gar keiner weitern Auseinandersetzung bedarf"*[134].

---

133 Vgl. *Briefe von und an Bürger*, hsg. von Adolf Strodtmann, I, Berlin 1874, S. 115; zitiert nach Friedlaender a.a.O., S. 219.
134 *Allgemeine Musikalische Zeitung* V, Leipzig 1803, Sp. 494.

Einen Ausweg aus dem Dilemma suchten manche Komponisten im variierten Strophenlied, vor allem im Wechsel zweier oder mehrerer Strophenmelodien, so etwa Johann Friedrich Reichardt in seiner Vertonung der *Lenore* von 1799. Im Grunde aber war „Durchkomposition" für Balladen solcher Art die einzige Möglichkeit. Durchgesetzt hat sich diese Kompositionsweise vor allem mit Johann Rudolf Zumsteegs *Kleinen Balladen und Liedern,* die seit 1800 in sieben Heften erschienen. In Schillings *Universal-Lexicon der Tonkunst* wird dies ausdrücklich bestätigt: *„Der größte Meister darunter* (d.h. unter den modernen Balladen-Komponisten) *war Zumsteeg, von dem eine nicht unbeträchtliche Zahl der vortrefflichsten Balladen erschien, auch die ‚Leonore' zum zweiten Male; besser als diese aber sind seine ‚Erwartung', ‚Sehnsucht', und endlich das non plus ultra ‚die Pfarrers Tochter von Taubenhayn' "*[135]. Die unveränderte Reserve Schillings dem großen, durchkomponierten Gesang gegenüber zeigt sich freilich am Schluß des Artikels: *„Nach Zumsteeg ist die Zeit der größeren Ballade bei uns immer mehr verschwunden ... Und so ist unter den neuesten Ballade=Componisten auch nur Löwe der einzige, der in diesem Style mit Geschick zu schreiben weiß".*

Was schon für den Begriff „Lied" überhaupt galt, trifft auch für die Ballade zu: Definition und Wertung ändern sich im Laufe des Jahrhunderts kaum — es kommt nur inhaltlich, und zwar bezeichnenderweise wieder von der Seite der Poetik, schon früh ein neues Moment hinzu, das die Ballade in Parallele zum romantischen Lied setzt. In den *Athenäums-Fragmenten* von 1798 fordert Friedrich Schlegel, die Romanze müsse *„unendlich bizarr sein ... und das Wesen des Bizarren scheint eben in gewissen willkürlichen und seltsamen Verknüpfungen und Verwechslungen des*

---

[135] *Encyclopädie der gesammten musikalischen Wissenschaften* ... (s. Anm. 4) I, 1835, Artikel *Ballade,* S. 413.

Denkens, Dichtens und Handelns zu bestehn"[136]. Schlegel rückt die Romanze in die Nähe des poetischen Märchens und verweist dabei auf Goethe. Bei diesem findet man in der Tat ganz ähnliche Gedanken: *„Die Ballade hat etwas Mysterioses, ohne mystisch zu sein; diese letzte Eigenschaft eines Gedichts liegt im Stoff, jene in der Behandlung. Das Geheimnißvolle der Ballade entspringt aus der Vortragsweise"*[137]. Anders als das romantische Lied hat nämlich die Ballade einen klar definierten Stoff, in dem Vorgeschichte, Handlungsablauf und Ziel der Handlung deutlich vorgezeichnet sind. Diesem fehlt somit jegliches *„Mysterium"*, jegliche *„Bizarrerie"*. Um aber die Ballade offen zu halten für den Zuhörer, sie nicht nur geheimnisvoll erscheinen, sondern sie auch wirklich geheimnisvoll werden zu lassen, muß der Dichter sie in besonderer Weise *„behandeln"*, muß Denken, Dichten und Handeln, muß Deutung, Formung und Erzählung in solcher Weise verknüpfen und verwechseln, daß der Zuhörer gezwungen wird, selbst einzugreifen, um das Geheimnis zu lösen und somit sich auch den Stoff zu eigen zu machen. Goethe gibt dabei die technischen Hilfsmittel an, deren sich der Dichter bedient, nämlich *„aller drei Grundarten der Poesie, um zunächst auszudrücken, was die Einbildungskraft erregen, den Geist beschäftigen soll; er kann lyrisch, episch, dramatisch beginnen und, nach Belieben die Formen wechselnd, fortfahren, zum Ende hineilen oder es weit hinausschieben."*

Was so der Dichter für sich in Anspruch nimmt – nach Belieben die Formen zu wechseln, zu verknüpfen (und das gilt natürlich ebenso für die Inhalte, denn die Formen

---

[136] Zitiert nach Friedrich Schlegel, *Kritische Schriften*, hsg. von Wolfdietrich Rasch, München 1970, S. 83 f.
[137] J. W. v. Goethe, *Ballade. Betrachtung und Auslegung* (in: *Nachträge* zu *Über Kunst und Alterthum*), zitiert nach *Goethes Werke*, Sophienausgabe Bd. 41, Weimar 1902, S. 223.

„lyrisch", „episch", „dramatisch" sind ja inhaltlich begründet) — betrifft selbstverständlich auch den diese Formen reflektierenden Musiker, und so rückt denn die große, durchkomponierte Ballade wie von selbst in die Nähe der Solokantate. Die strophisch komponierte Ballade (oder sollte man bei dieser nicht als von der Romanze im engeren Sinne sprechen?) besteht natürlich weiter. Reissmann führt als Musterbeispiele solcher Romanzen Schuberts *Heidenröslein* (D 257) oder *Der Fischer* (D 225) an[138]. Wo dies möglich ist, wo der Inhalt der Ballade, ihre Ausdehnung und ihre poetische Form dies zulassen, gibt es natürlich auch durchkomponierte Balladen nach Art des polyrhythmischen durchkomponierten Liedes (von diesen wird noch die Rede sein). Die Grundgestalt der Ballade ist jedoch die Kantate.

In Schillings Lexikon ist als ein besonderes Beispiel Zumsteegscher Balladenkunst auf dessen Vertonung von Schillers Gedicht *Die Erwartung* verwiesen. Sie ist im Herbst 1800 als Nr. 4 des zweiten Heftes der *Kleinen Balladen und Lieder* bei Breitkopf & Härtel in Leipzig erschienen[139] und frühestens Ende 1799 komponiert worden, denn Schillers Gedicht war erst im Herbst 1799 in seinem Musenalmanach für das Jahr 1800 gedruckt worden. In seiner Ballade wechseln in regelmäßiger Folge handelnde Partien in freien Vierzeilern und reflektierende in regelmäßigen Achtzeilern miteinander ab — gleichsam als wolle

---

138 In *Musikalisches Conversations-Lexikon* (s. Anm. 5), VIII, Artikel *Romanze*, S. 401. Es gibt natürlich auch vielstrophige Balladen solcher Art, gerade auch bei Schubert; man denke etwa an *Der Gott und die Bajadere* (D 254), für die dann Schubert freilich nicht zufällig einen abwechslungsreichen Vortrag ausdrücklich fordert (s. o., S. 39).
139 Vgl. Gunter Maier, *Die Lieder Johann Rudolf Zumsteegs und ihr Verhältnis zu Schubert*, Diss. Tübingen, Göppingen 1971 (= *Göppinger Akademische Beiträge* XXVIII), Werkverzeichnis Nr. 154.

Schiller damit ein Beispiel für die Verknüpfung epischer und lyrischer Formen, von Denken, Dichten und Handeln geben. So folgt auf den ersten Vierzeiler:

> *Hör' ich das Pförtchen nicht gehen?*
> *Hat nicht der Riegel geklirrt?*
> *Nein, es war des Windes Wehen,*
> *Der durch diese Pappeln schwirrt.*

eine Strophe träumerischer Reflexion:

> *O schmücke dich, du grün belaubtes Dach,*
> *Du sollst die Anmutstrahlende empfangen!*
> *Ihr Zweige, baut ein schattendes Gemach,*
> *Mit holder Nacht sie heimlich zu umfangen!*
> *Und all ihr Schmeichellüfte, werdet wach,*
> *Und scherzt und spielt um ihre Rosenwangen,*
> *Wenn seine schöne Bürde, leicht bewegt,*
> *Der zarte Fuß zum Sitz der Liebe trägt.*

In dieser Weise geht es durch fünf Strophenpaare: Der wartende Liebhaber wird immer von neuem getäuscht, von einem aufgeschreckten Vogel, einem Schwan, der seine Kreise zieht, einer fallenden Frucht, dem Flimmern der Säulen. Immer tiefer versenkt er sich in Illusion und Traum:

> *Des Tages Flammenauge selber bricht*
> *In süßem Tod, und seine Farben blassen;*
> *Kühn öffnen sich im holden Dämmerlicht*
> *Die Kelche schon, die seine Gluten hassen.*
> *Still hebt der Mond sein strahlend Angesicht,*
> *Die Welt zerschmilzt in ruhig große Massen.*
> *Der Gürtel ist von jedem Reiz gelöst,*
> *Und alles Schöne zeigt sich mir entblößt.*

In dem letzten Achtzeiler schließlich reißt sich der Liebende wie gewaltsam aus den „*süßen Bildern*", das „*Schattenglück*" befriedigt ihn nicht mehr: „*Oh! führe mir die Lebende daher, laß ihre Hand, die zärtliche, mich fühlen, den Schatten nur von ihres Mantels Saum, und in das Leben tritt der hohle Traum."* Ein letzter Vierzeiler bringt darauf die Erfüllung:

> *Und leis, wie aus himmlischen Höhen*
> *Die Stunde des Glückes erscheint,*
> *So war sie genaht, ungesehen,*
> *Und weckte mit Küssen den Freund.*

Zumsteegs Gesang beginnt mit einem langen Vorspiel: zehn Takte in „langsamem" Tempo (die ganze „Kantate" umfaßt 178 Takte). In rhapsodischer Weise werden mehrere, ganz verschiedenartige musikalische Charaktere vorgestellt, Charaktere, die offenbar im Sinn einer Ouvertüre oder einer Introduktion in die Komposition einführen sollen, von denen dann jedoch kein einziger wiederkehrt. Wir erinnern uns der Beschreibung jener dritten Epoche in Hans Georg Nägelis Liedgeschichte, die sich in Zumsteegs Liedern ausprägt und in der die Instrumente in Vor-, Zwischen- und Nachspielen wieder an Bedeutung gewinnen (s.o., S. 15). Es sieht so aus, als ob das Instrument hier, in dieser „Ouvertüre", seine Möglichkeiten vorführen wolle, um dann aber, mit dem Einsatz der Singstimme, ganz zurückzutreten.

Zumsteeg komponiert grundsätzlich alle Vierzeiler (den letzten, für sich stehenden, ausgenommen) als Rezitative, die Achtzeiler hingegen als jeweils in sich geschlossene Ariosi, wechselnd in Tempo, Taktart und Tonart: *In mäßiger Bewegung* (4/4, F-dur); *Mäßig langsam* (4/4, E-dur); *Langsam* (4/4, Es-dur); *Obiges Tempo* (4/4, D-dur); *Wie oben* (3/4, Des-dur, mit Wechsel zu *Etwas lebhaft*); *Etwas langsam* (6/8, F-dur, dies für den letzten Vierzeiler) — und wie die Bewegungsarten sich ändern, so ändern sich natürlich auch die musikalischen Charaktere von Achtzeiler zu Achtzeiler.

Das erste Arioso stellt ein deklamatorisches Modell auf: *„O schmücke dich, du grünbelaubtes Dach"*, den jambischen

Fünfheber skandierend. Zumsteeg unterstreicht damit auf seine Weise, daß die Dichtung hier von drei- und vierhebigen Versen mit Senkungsfreiheit nach deutscher Tradition zu fest gefügten Strophen nach dem Modell der „Ottava Stanza" in regelmäßigen Blankversen übergeht. Der Komponist variiert im folgenden dieses erste Modell, von Vers zu Vers den logischen Akzenten folgend, ohne zunächst das Grundmetrum aus den Augen zu verlieren:

Beispiel 37:

In mäßiger Bewegung

O schmücke dich, du grün - be - laub - tes Dach, du sollst die An - mut-strah - len - de em - pfan - gen;

Einfache triolische Begleitungsfiguren unterstreichen den Modellcharakter dieser Verse. Mit dem fünften Vers aber gibt Zumsteeg den skandierenden Ton dann auf. Er hat das Metrum angegeben und kann nun zeigen, wie die Singstimme, den Textinhalt malend, dieses Modell arios aufheben kann:

Beispiel 38:

[Notenbeispiel: "und all' ihr Schmei-chel-lüf-te wer-det wach und scherzt und spielt um ih-re Ro-sen-wan-gen,"]

Dabei geht es dem Komponisten nicht darum, den Fortgang des Textes — etwa die wachsende Entrückung des Sängers aus der Realität in die Traumwelt — darzustellen, sondern nach alter Weise Details wiederzugeben: das Schmeicheln der Lüfte, das Scherzen und Spielen, die Rosenwangen. Für die folgenden Strophen hat das keine Konsequenzen.

So wird das Lied zur Kantate, einer Kantate freilich, in der der Komponist auf die Arie verzichtet. Nicht Rezitativ und Arie, sondern Rezitativ und Arioso (in dem immer noch die Poesie Maß und Form bestimmt) kennzeichnen diese Art der Ballade. Dabei ist bedeutsam — auch für die an Zumsteeg anschließende Entwicklung der Ballade überhaupt —, daß dort, wo poetische Affekte besonders ausgeprägt sind, der Komponist nicht nur das poetische Metrum bricht, sondern auch die klassische musikalische Periode sprengt, in einer Weise, daß sie als kompositorisches Modell kaum noch auszumachen ist. Man beachte hier etwa den gleichsam willkürlichen Wechsel von Drei- und Zweitaktern zu Beginn des zweiten Achtzeilers:

Beispiel 39:

Mäßig langsam

O lö - sche dei - ne Fa - ckel, Tag! hervor, du geist'ge Nacht, mit dei - nem hol - den Schwei-gen,

Zumsteeg fühlte nun offenbar die Notwendigkeit, die lockere Folge von Rezitativ und Arioso musikalisch zu ordnen, auf diese Weise den Kantaten-Charakter zu betonen. Er bedient sich dazu einer strengen tonalen Ordnung. Jedes Arioso (wir haben schon darauf hingewiesen) steht in einer anderen Tonart: das erste in F, das zweite in E, das dritte in Es, das vierte in D, das fünfte in Des und der abschließende Vierzeiler wieder in F.

Die Wahl der Grundtonart F-dur läßt sich durchaus vom Text her erklären. Den Affekt der Tonarten zu Zumsteegs Zeit hat Christian Friedrich Daniel Schubart in seinen *Ideen zu einer Ästhetik der Tonkunst* gültig beschrieben. „*Jeder*

Ton (d.h. jede Tonart)", liest man bei Schubart[140], *"ist entweder gefärbt oder nicht gefärbt. Unschuld und Einfalt drückt man mit ungefärbten Tönen aus. Sanfte, melancholische Gefühle mit B-Tönen; wilde und starke Leidenschaften mit Kreuztönen".* F-dur ist danach die einfachste unter den melancholischen Tonarten, und Schubart charakterisiert sie auch ganz kurz, mit wenigen Worten: *"F-Dur, Gefälligkeit und Ruhe".* Danach hätte Zumsteeg Schillers Gedicht als Idylle komponiert, von den realen Gegebenheiten der Erzählung ausgehend. Damit aber hätte er zugleich den Inhalt der Dichtung auf die pure Handlung verkürzt. Es ist kaum anzunehmen, daß dies Zumsteegs Absicht war. Die Beziehungen des Komponisten zu seinem Jugendfreund Schiller, mit dem er zusammen die Karlsschule auf der Solitude bei Stuttgart besucht hatte, waren zeit seines Lebens sehr eng. Zumsteeg nahm Einfluß auf Schillers Dichtung[141], Schiller schickte ihm seine Gedichte zur Komposition[142]. Daß dieser sie nach seinen Intentionen in Musik setzen würde, damit durfte er rechnen. Auf seine Vertonung der *Erwartung* hat Zumsteeg schließlich den Dichter selbst hingewiesen:

---

140 Chr. F. D. Schubart, *Ideen zu einer Ästhetik der Tonkunst*, Wien 1806, Kapitel *Vom musikalischen Ausdruck*, zitiert nach der Ausgabe Leipzig 1924 (hsg. von Paul Alfred Merbach), S. 261. Wie weit Schubarts Charakteristik der Tonarten dem ästhetischen Verständnis seiner Zeit entsprach, zeigt, daß seine Definitionen bis weit in das 19. Jahrhundert hinein immer wieder zitiert worden sind.
141 Er bat ihn etwa, sein Gedicht *An die Freude* zu ändern; in einem Brief vom 12. Februar 1800 weist er ihn auf eine eben erschienene Rezension des Gedichts in der Leipziger *Allgemeinen Musikalischen Zeitung* hin: *"Musikalisch betrachtet, finde ich sie gut durchdacht — solltest du daher Willens seyn hie und da eine Änderung damit vorzunehmen, so bitte ich dich mir alsdan sogleich eine Kopie davon zu überschiken . . ."* (vgl. das Faksimile in *MGG*, XIV, Tafel 79 nach Sp. 1408).
142 Vgl. G. Maier, a.a.O., S. 26.

"Bei Breitkopf erscheint nächstens ein Heft kleiner Balladen u. Lieder von mir, in welchen du deinen ‚Ritter Toggenburg' findest. Im zweiten Heft wirst du ‚Die Erwartung' aus deinem neuesten Allmanach finden. Ich hoffe, diese Kompositionen sollen dir nicht mißfallen."[143]

Wahrscheinlich hat Zumsteeg mit F-dur eine einfache Tonart wählen wollen, die dem Gedicht nicht direkt widersprach, die ihm aber zugleich die Möglichkeit gab, im Verlauf der Komposition frei zu verfahren. Der Tonartenordnung in der Ballade liegt nämlich ein wohl rein musikalisches Modell zugrunde, die chromatisch absteigende Quarte *f-e-es-d-des-c*. Zwar ist die Quarte nicht vollständig ausgefüllt — für den Musiker, der ja in die Grundtonart F-dur zurückkehren muß, hat der Dichter leider eine Strophe zuwenig geschrieben —, der untere Eckpunkt *c* wird daher nicht mehr erreicht. Das Modell ist jedoch deutlich erkennbar. Nun ist mit diesem Quartfall („Lamentobaß") zwar seit langem ebenfalls ein bestimmter Affekt verbunden: wehmütige Klage, drohendes Schicksal, Tod — man denke etwa an das *Crucifixus* in Bachs h-moll-Messe. Mit dem Affekt des Schillerschen Gedichtes aber hat dies wenig zu tun. Zumsteeg verwendet das Modell offenbar ausschließlich als musikalische Formel, als ein Mittel, die Tonartenfolge seiner Ariosi logisch plausibel und doch neu und überraschend, nämlich nicht nach den üblichen Quintverhältnissen zu ordnen. Die innere Autonomie seiner Musik wird hierin ebenso deutlich wie sein Streben, in der Vielfalt der Affekte seiner Ballade Ordnung zu schaffen.

Zumsteegs Balladen und Lieder sind für Schuberts Entwicklung als Liederkomponist von entscheidender Bedeutung gewesen. Schon als Schüler im Wiener Stadtkonvikt studierte er diese Kompositionen mit glühender Begeiste-

---

143 In dem in Anm. 141 zitierten Brief vom 12. Februar 1800.

rung. Schubert, so lautet denn auch ein vielzitierter Bericht seines Freundes Josef von Spaun, der im Jahre 1811 den vierzehnjährigen Gymnasiasten eines Tages unvermittelt aufsuchte, *„hatte mehrere Päcke Zumsteegscher Lieder vor sich und sagte mir, daß ihn diese Lieder auf das tiefste ergreifen. ‚Hören Sie', sagte er, ‚einmal das Lied, das ich hier habe', und da sang er mit schon halb brechender Stimme ‚Colma', dann zeigte er mir ‚Die Erwartung' (die ‚Maria Stuart'), den ‚Ritter Toggenburg' etc. Er sagte, er könne tagelang in diesen Liedern schwelgen. Dieser Vorliebe in seiner Jugend verdanken wir wohl die Richtung, die Schubert genommen, und doch wie wenig war er Nachahmer, und wie selbständig der Weg, den er verfolgte. Er hatte damals schon ein paar Lieder versucht, so z.B. ‚Hagars Klage'. Er wollte Zumsteegs Lied, das ihm sehr gefiel, in anderer Weise setzen"*[144].

So schrieb Schubert im März 1811 sein erstes, uns vollständig erhaltenes Lied — eben *Hagars Klage* (D 5) — nach einem Modell von Johann Rudolf Zumsteeg. Doch nicht nur in seinen frühesten Liedern berief sich Schubert auf den Stuttgarter Komponisten, noch fünf Jahre später, im Mai 1816, läßt sich in seiner Komposition von *Die Erwartung* (D 159) Zumsteegs Vorbild deutlich erkennen. 1816: das heißt immerhin anderthalb Jahre nach der Entstehung von *Gretchen am Spinnrade*, ein halbes Jahr nach dem *Erlkönig*. Eines Modells bedurfte er damals für die Liedkomposition gewiß nicht mehr. Es ging ihm vielmehr darum, den Weg, den Zumsteeg eingeschlagen hatte, weiterzugehen, seine Lieder *„in anderer Weise zu setzen"*.

Von Zumsteeg übernimmt er daher das, was ihm nach seinem Verständnis des Verhältnisses von Musik und Text selbstverständlich erscheinen muß. Das ist zunächst die

---

[144] Vgl. Otto Erich Deutsch, *Schubert. Die Erinnerungen seiner Freunde*, Leipzig ²1966, S. 149.

Gliederung der Komposition in Rezitativ und Arioso entsprechend der Aufeinanderfolge von handelnden und meditativen Partien, von Vierzeilern und Achtzeilern.[145] Wie bei Zumsteeg wechseln dabei Tonart, Taktart und Tempobezeichnung. Er übernimmt auch den skandierenden Beginn des ersten Achtzeilers – sicher, um wie Zumsteeg den Übergang zu einer anderen, metrisch strengeren Dichtungsweise deutlich zu machen, auch wenn er nicht, wie Zumsteeg, die Versenden durch Pausen markiert und so regelmäßige Zweitakter bildet:

Beispiel 40:

O schmücke dich, du grün-be-laub-tes Dach, du sollst die An-mut-strah-len-de em-pfan-gen.

---

[145] An verschiedenen frühen Balladen Schuberts läßt sich verfolgen, wie bedeutsam die Unterscheidung von handelnden und reflektierend-kommentierenden Partien für die Wahl von rezitativischer oder arioser Kompositionsweise ist. So drängt er in den revidierten Fassungen der Ballade *Der Taucher* (D 77, 1813–1815) und *Der Sänger* (D 149, 1815; revidierte Fassung vermutlich 1827/28) die ariosen Abschnitte zugunsten der rezitativischen zurück, um den handelnden Partien gerecht zu werden. Vgl. hierzu die Vorworte (W. Dürr) zu *Neue Schubert-Ausgabe*, Serie IV, *Lieder. Band 6*, Kassel etc. 1969, S. XVI, und *Lieder. Band 7*, Kassel etc. 1968, S. XV, und die in diesen Bänden abgedruckten verschiedenen Fassungen der Lieder.

Selbst in dem Übergang zu einer eher malend-deskriptiven Rolle der Singstimme folgt Schubert seinem Vorbild. Bezeichnenderweise allerdings verläßt er das metrische Modell bereits einen Vers früher: Das Stichwort *„mit holder Nacht"*, das zuerst auf die Entrückung in die Traumwelt weist, ist ihm wichtig. Er deklamiert es in verdoppelten Notenwerten, zeichnet es durch ungewöhnliche melodische Sprünge aus (Tritonus!) und unterstreicht es durch harmonische Rückungen:

Beispiel 41:

Die „*andere Weise*", in der Schubert das Gedicht setzt, zeigt sich jedoch — erwartungsgemäß — in der neuen Rolle, die dem Instrument zugewiesen ist. Schon in seinem Vorspiel wird dies deutlich. Es hat nicht, wie bei Zumsteeg, den Charakter einer Ouvertüre, eines von der eigentlichen Ballade abgesonderten Instrumentalstücks, es ist in den Gesang selbst einbezogen. Natürlich hat es auch bei Schubert eröffnenden Charakter, aber es ist zugleich bereits Teil des ersten Rezitativs. Dieses nämlich — im Unterschied zu Zumsteeg, der die Rezitative als „secchi" komponiert, ein „accompagnato" — greift die charakteristischen Triolen des Vorspiels wieder auf. Was zuerst der an Zumsteeg geschulte Hörer als isolierte instrumentale Figuration gehört hatte, wird so Element eines größeren musikalischen Zusammenhangs. Eine besondere Aufgabe hat der erste Takt des Vorspiels. Er ist von den Triolenfiguren abgehoben. Wie den Beginn eines Themas stellt Schubert dort punktierte Rhythmen vor, die unverkennbar vorausweisen auf die Melodie des ersten Ariosos, den ersten Achtzeiler. So führt Schubert in den dreieinhalb Takten seines kurzen Vorspiels den Hörer selbst in das musikalische Bauprinzip der ganzen Ballade ein.

Schuberts Konzeption des Vorspiels entspricht seinem neuen Liedverständnis, dem Liedbegriff von Hans Georg Nägelis vierter *„Epoche der Liederkunst"* (s.o., S. 15 ff.). Das Instrument tritt darin eben nicht nur in Vor-, Zwischen- und Nachspielen hervor, sondern ist dauernd präsent, ebenso wie die Dichtung und die Singstimme. Ein solches polyrhythmisches Gebilde aber vermag auch autonom musikalische Modelle nicht auszubilden, wie wir sie in Zumsteegs tonaler Disposition der Ballade beobachtet haben. Es fordert in allen seinen Teilen eine kontinuierliche Bezugnahme der drei polyrhythmischen Elemente aufeinander. Das gilt auch für die Wahl der Tonarten.

Es läßt sich bei Schuberts Liedern (und nicht nur bei diesen: das gilt auch für die dramatische Musik und selbst für die Messen) beobachten, daß der Affekt des vertonten Textes fast immer dem Affekt entspricht, den Gustav Schilling in seinem *Universal-Lexicon der Tonkunst* der Tonart zuschreibt, die Schubert für die Vertonung des Textes gewählt hat. Es scheint so, als sei Schillings Definition einer Tonart (bei der er sich auf Schubart, aber auch auf Johann Jacob Wagner stützt[146], zu Schuberts Zeit Allgemeingut gewesen.

Für die Ballade *Die Erwartung* wählt Schubert als Grundtonart B-dur, eine Tonart, die in Schillings Beschreibung dem F-dur Zumsteegs zwar ähnlich ist, aber doch gerade dort, wo sie sich von F-dur unterscheidet, dem Inhalt des Gedichtes noch entscheidend näher kommt. „*Der psychische Ausdruck dieser Tonart B dur*", so lesen wir bei Schilling[147], „*ist heitere Liebe, gutes Gewissen, Hoffnung, Hinsehnen nach einer besseren Welt*". Über das rein Pastorale des F-dur hinaus führt uns das B-dur mithin in die Welt der Hoffnung, des Traumes, eben der *Erwartung*. Schillings Beschreibung fährt dann fort: „*Je nachdem die übrigen Mittel, welche die Musik zu ihrem Ausdrucke darbietet damit zugleich benutzt und angewendet werden*", spricht aus dem B-dur auch „*frohes muthiges Aufjauchzen bis zum bacchantischen Taumel, fester Entschluß, der bis zur Kühnheit sich steigert, und der fromme Glaube*". Man denke hier etwa an die Verse „*Und all ihr Schmeichellüfte, werdet wach und scherzt und spielt um ihre Rosenwangen*" — in ihnen klingt auch jene Ekstase an, auf die Schilling hier hindeutet, selbst, wenn sie bei Schiller wie bei Schubert noch heimlich bleibt, kaum bis zu bacchantischem Taumel sich steigert.

Die folgenden Ariosi nun stehen in Schuberts erster Fassung des Liedes vom Mai 1816 in c/Es — E — des/As/E — C — G. Ein tonaler Plan wie bei Zumsteeg läßt sich da nicht erkennen. Der Gesang endet nicht einmal in der Tonart, in der er begonnen hat. Schubert hat ihn später — vermutlich erst 1827/28 — für den Druck noch einmal umgearbeitet. In

---

146 Johann Jacob Wagner, *Ideen über Musik*, in *Allgemeine Musikalische Zeitung* XXV—XXVI, 1823—1824, besonders Sp. 703, 713 ff.
147 *Universal-Lexicon* . . . (s. Anm. 4), Band I, 1835, S. 489.

dieser zweiten Fassung hat er ein wenig Ordnung geschaffen. Das Lied schließt dort korrekt wieder in B. Dabei aber handelt es sich um nachträgliche, korrigierende Eingriffe. Der ursprünglichen Konzeption lag ein tonaler Plan auch in dem einfachen, herkömmlichen Sinne einer abschließenden Rückkehr zur Ausgangstonart nicht zugrunde. Schuberts Tonarten erklären sich ausschließlich aus dem poetischen Affekt.

Auf das erste Arioso in B folgt ein zweites, das pathetisch (*Feierlich* lautet die Tempobezeichnung) in c-moll beginnt, im Fortissimo und im Rhythmus einer Sarabande: *„O! lösche deine Fackel, Tag"*[148]. Es wendet sich dann nach Es-dur, die Bewegung wird lebhafter, die Tonstärke zurückgenommen: *„Breit um uns her den purpurroten Flor"*[149]. Das dritte Arioso setzt Schubert jedoch überraschend in E-dur, in einer Tonart, die etwa gleich weit entfernt ist von dem vorangehenden Es-dur wie von der Grundtonart B-dur. In Schillings Lexikon nun ist der Charakter dieser Tonart folgendermaßen beschrieben: *„. . . eine der erregtesten Tonarten . . . Heilige Liebe, Offenheit, freundliches Anschauen der göttlichen Schöpfung, reine Lust und Freude, Jubel und Tanz u. dergl. mehr, ohne jedoch auszuarten in wilden Taumel und Ausgelassenheit"*[150]. Man bedenke Schillers entsprechenden Text:

Mein Ohr umtönt ein Harmonienfluß,
Der Springquell fällt mit angenehmem Rauschen,
Die Blume neigt sich bei des Westes Kuß,
Und alle Wesen seh ich Wonne tauschen . . .

Es ist zweifellos die entrückteste Strophe in Schillers Gedicht- und es ist auch bei Schubert die am weitesten ausge-

---

[148] Schubart, a.a.O., S. 262, beschreibt c-moll als *„Liebeserklärung und zugleich Klage der unglücklichen Liebe"*.
[149] Es-dur wird von Schubart definiert als *„der Ton der Liebe, der Andacht . . ."* (a.a.O.).
[150] *Universal-Lexicon . . .*, a.a.O., Band II, 1835, S. 558.

führte. *Majestätisch, nicht zu langsam* ist die Tempobezeichnung; in rauschenden Arpeggien (Sechzehntel-Triolen) führt Schubert den Hörer in die Ekstase. Akkordrepetitionen folgen auf die Arpeggien, die etwa an Schumanns *Frühlingsnacht* gemahnen, an das letzte Lied aus seinem *Liederkreis* nach Gedichten von Eichendorff, op. 39, das die Affektbezeichnung *„Leidenschaftlich"* trägt.

Das vierte Arioso ist wieder ein modulierendes Stück, das in der Folge der Tonarten dem Wechsel der Empfindungen im Verlauf der Schillerschen Strophe nachgeht; es entspricht dem zweiten. Das fünfte Arioso steht dann in C-dur, der neutralen Tonart. Der Sänger reißt sich, wie wir wissen, gewaltsam aus der Welt des *„hohlen Traumes"*. Das letzte Arioso aber, der abschließende Vierzeiler, steht in G-dur. Schiller hat den Leser in die Realität zurückgeführt; auf die „Erwartung" folgt die Erfüllung: *„So war sie genaht, ungesehen, und weckte mit Küssen den Freund"*. Der Tonart B-dur, wie Schilling sie charakterisiert hat, entspricht dies keineswegs mehr — gänzlich hingegen seiner Beschreibung von G-dur: *„Alles Ländliche, Idyllen= und Eklogenmäßige, ja die ruhige und befriedigte Leidenschaft"* liegen in dieser Tonart, *„jeder zärtliche Dank für aufrichtige Freundschaft und treue Liebe"*[151]. Könnte man wohl Schuberts Wahl der Tonart besser begründen, als Schilling dies hier tut?

Nun hat Schubert die Tonartenfolge in der zweiten Fassung der Ballade geändert. In der Zeit, als er das Lied für den Druck vorbereitete, widerstrebte es ihm, ein Lied, auch einen ausgedehnten Gesang wie *Die Erwartung* in einer anderen Tonart zu schließen, als in der er begann. Dabei erscheinen dann die so überzeugenden Entsprechungen zu Schillings Tonartencharakteristik abgeschwächt;

---

151 *Universal-Lexicon* . . ., a.a.O., Band III, 1836, S. 149.

vor allem wirkt die Rückkehr nach B-dur in der letzten Strophe, die den Umschlag in der Dichtung überspielt, wenig überzeugend. Dennoch handelt es sich bei Schuberts Korrekturen nur um Retuschen: Wesentliche Momente des ursprünglichen Planes bleiben erhalten — insbesondere die fortschreitende Entrückung des Sängers in das erregende E-dur, die Tritonusspannung zur Ausgangstonart. Im übrigen entspricht Schuberts korrigierender Eingriff einer Haltung, die wir in seinen späteren Werken häufiger beobachten können. Bei der ursprünglichen Konzeption eines Liedes entspricht die Wahl einer Tonart durchaus dem poetischen und musikalischen Affekt eines Liedes. Es ist aber die Tonart Ausdruck des musikalischen Affektes, der durch Mittel des musikalischen Satzes festgelegt wird — nicht umgekehrt der musikalische Satz bedingt durch die Wahl einer Tonart (jedenfalls nicht im Klavierlied — im Orchestersatz, wo durch ihre Stimmung tonal in höherem Maße festgelegte Instrumente mitwirken, gilt etwas anderes). Schubert wählte die Tonart nicht nach einem theoretischen Konzept — Tonart und musikalischer Satz verbanden sich ihm wie selbstverständlich, zwanglos. Deshalb konnte er auch, nachdem durch Mittel des musikalischen Satzes ein Affekt bestimmt war, eine Tonart unbedenklich ändern, ein Lied — wie er es häufig tat — in eine andere Lage transponieren (etwa für einen bestimmten Sänger). Am musikalischen Affekt änderte sich dann nichts mehr.

Die Folge der Tonarten aber als Ausdruck der musikalischen Affekte spiegelt ein Charakteristikum der vierten Epoche in Nägelis Liederkunst. *„Alle Kunstmittel"*, so schrieb Nägeli, *„dienen, wahrhaft angewandt, zur Erhöhung des Wortausdrucks",* denn der Komponist ist *„an der Hand der Dichtkunst"* fortzuschreiten bemüht (s.o.; S. 15). Die Dichtung erfüllt so die Funktion, die Nägeli ihr zuschreibt: die des Cantus firmus in der polyphonen Musik. Da bedarf es dann besonderer musikalischer Kunstmittel, wie Zumsteeg sie benutzt hat, nicht mehr, um das Ganze in einen befriedigenden Zusammenhang zu bringen.

Verfolgt man die Entwicklung der Ballade im Verlauf des 19. Jahrhunderts, dann lassen sich verschiedene Kontaminationsformen zwischen ihr und den übrigen Gattungen des Liedes beobachten. Ich habe schon darauf hingewiesen, daß neben dem Strophenlied, von dem ja auch die Ballade ausgegangen ist, das variierte Strophenlied eine Rolle spielt. Aber auch das durchkomponierte Lied in seiner spezifisch romantischen Ausformung ist für die Ballade von Bedeutung, ebenso Mischformen zwischen dem Kantaten-Typus und dem eigentlichen durchkomponierten Lied. Charakteristische Beispiele für solche Mischformen sind etwa Karl Loewes und Franz Schuberts Vertonungen von Goethes *Erlkönig*. Loewes Komposition — eine seiner frühesten Balladen — entstand 1818, als er in Halle studierte. Sie zeigt, wie Schuberts frühe Balladen, deutlich den Einfluß Zumsteegs, auf den sich Loewe ausdrücklich beruft[152]. Wahrscheinlich 1824 erschien sie bei Schlesinger in Berlin als op. 1, Nr. 3[153]. Nach Loewes eigenem Bericht faszinierte ihn an Goethes Gedicht vor allem der sich im Dialog manifestierende Gegensatz der Personen, des Erzählers, des Vaters, des Kindes und des Erlkönigs; im Gespräch, so heißt es in seiner *Selbstbiographie*[154], habe er Goethe gestanden, daß er den *Erlkönig* für die beste deutsche Ballade halte, da alle Personen im Dialog eingeführt sind.

152 Vgl. Albert B. Bach, *The Art Ballad. Loewe and Schubert*, Edinburgh und London 1891, S. 63.
153 Werner-Joachim Düring, *Erlkönig-Vertonungen. Eine historische und systematische Untersuchung*, Regensburg 1972 (= *Kölner Beiträge zur Musikforschung* 69), S. VI.
154 *Dr. Carl Loewe's Selbstbiographie. Für die Öffentlichkeit bearbeitet von C. H. Bitter*, Berlin 1870 (Neudruck Hildesheim 1976), S. 76 f.; vgl. auch A. B. Bach, *The Art Ballad*, a.a.O., S. 66.

Loewe sucht nun in seiner Vertonung des Gedichts, die einzelnen Personen sowohl musikalisch zu charakterisieren, als auch sie im Dialog voneinander abzusetzen. Daraus, das leuchtet unmittelbar ein, entstehen kantatenhafte Züge, die an Zumsteeg durchaus erinnern. Anders als in dessen und in Schuberts Vertonung der *Erwartung* sind die verschiedenen Abschnitte des Gedichts jedoch nicht in abgeschlossene Sätze gefaßt; die ganze Komposition ist in sich gebunden, sowohl tonartlich (sie ist einheitlich in g-moll geschrieben), als auch im musikalischen Duktus — der 9/8-Takt ist konstitutiv für das Lied, Tremolofiguren durchziehen es[155], schaffen eine einheitliche, düster-gespenstische Atmosphäre. Die unablässig vorwärtsdrängende Bewegung ist nur dort unterbrochen, wo der Erlkönig spricht. Hier bleibt die Ballade, bleibt der Fluß der Erzählung gleichsam stehen. Die erste Strophe des Erlkönigs (*„Du liebes Kind, komm, geh mit mir"*), vorgetragen in wiegendem 6/8-, nicht mehr in drängendem 9/8-Takt, beschränkt sich auf Dreiklangsbrechungen; ein einziger, leise rauschender Klang deutet auf den Einbruch des Unwirklichen, darauf, daß während dieser Strophen keine Zeit verläuft. *„Heimlich flüsternd und lockend"* setzt Loewe zu dieser ersten Strophe. Die zweite Strophe des Erlkönigs (*„Willst, feiner Knabe, du mit mir gehn?"* — *„sotto voce"*) unterscheidet sich von der ersten nur dadurch, daß sie rhythmisch eingebunden ist in das Ganze der Ballade (9/8-Takt statt 6/8-Takt); selbst der Erlkönig übernimmt in seiner lockenden Rezitation die punktierten Rhythmen, mit denen Loewe im Verlauf der Ballade die zunehmende Erregung des Vaters,

---

[155] Loewe unterbricht das Tremolo nur in zwei Takten, dort, wo der Erzähler die real beteiligten Personen vorstellt: *„Es ist der Vater mit seinem Kind"*. Der 9/8-Takt wechselt zweimal in den 6/8-Takt; in der Strophe *„Komm, liebes Kind, komm, geh mit mir"* und in der vorletzten Strophe *„Mein Vater, mein Vater, jetzt faßt er mich an"*.

die Eile charakterisiert, mit der er immer geschwinder den Hof zu erreichen sucht. Es scheint, als dringe die Realität durch die Lockrufe des Erlkönigs hindurch. Die dritte Rede des Erlkönigs endlich (*"Ich lieb' dich, mich reizt deine schöne Gestalt, und bist du nicht willig, so brauch' ich Gewalt"*) erscheint zunächst nur wie eine kurze Reminiszenz der beiden vorangehenden Strophen des Erlkönigs, in G-dur beginnend, aber sofort in punktierte Rhythmen übergehend. Dann aber, zu den Worten *"und bist du nicht willig"* wechselt Loewe in die Grundtonart der Ballade, g-moll, zurück: Realität und Erscheinung werden eins. Das Kind greift nun den anfänglichen 6/8-Takt des Erlkönigs auf, ohne jedoch seine Identität, das ihm eigene deklamatorische Modell preiszugeben: *"Mein Vater, mein Vater, jetzt faßt er mich an, Erlkönig hat mir ein Leids getan."* Es kann keinem Hörer verborgen bleiben, was geschehen ist. Die Schlußstrophe des Erzählers dient nur noch dazu, endgültig in die Realität zurückzuführen und auszusprechen, was in der Musik bereits vor sich ging — die Vereinigung von Wirklichkeit und Erscheinung: *"Das Kind war tot"*.

Während die Strophen des Erlkönigs in Loewes Ballade wie kurze Einbrüche des Unwirklichen in einen einheitlichen Fluß einer durchaus realen Handlung sich ausnehmen, sind sie in Schuberts drei Jahre vor Loewes entstandener Ballade weiter ausgeführt. Dieses Werk, das Schubert um jeden Preis als sein op. 1 herausbringen wollte und dies — gegen den Widerstand der Verleger — auch durchsetzte[156],

---

[156] Schuberts op. 1 ist 1821 erschienen. Es ist ein merkwürdiges Zusammentreffen, daß die Verleger weder für Schuberts noch für Loewes Ballade das Risiko tragen wollten. Schuberts *Erlkönig* erschien in Kommission bei Cappi & Diabelli in Wien; die Kosten hatten Schuberts Freunde übernommen (vgl. hierzu *Neue Schubert-Ausgabe*, Serie IV, Lieder, Band 1, Vorwort, S. XVI); die Kosten für Loewes op. 1, das außer dem *Erlkönig* den *Edward* von Herder und *Der Wirtin Töchterlein* von Uhland enthält, trug der berühmte Hallenser Musiktheoretiker Adolf Bernhard Marx.

ist ebenfalls vom Gegensatz der Dialogpartner geprägt. Der Vater singt in tiefer Lage, ruhig deklamierend, das Kind in hoher Lage und in größter Erregung, der Erzähler schließlich in einfacher Tenorlage, zu Beginn gleichsam neutral, am Ende von der Dramatik des Geschehens gepackt. Die Strophen des Erlkönigs sind dagegen eigene, in die Ballade eingefügte Lieder, tonartlich, metrisch, in ihrem betörenden Duktus von der eigentlichen Ballade abgesetzt. In der zweiten Ausgabe des Liedes kennzeichnet Schubert diese Besonderheit auch durch eine, bei ihm ziemlich seltene, dynamische Vorschrift: ppp. Wenn der Erlkönig zum drittenmal spricht (*„Ich liebe dich, mich reizt deine schöne Gestalt"*), ist dies in den Hauptteil der Ballade eingebunden. Er beginnt rezitativ-ähnlich über liegenden Bässen, geht aber dann, seine Worte scharf akzentuierend, in den Duktus der Ballade über, so daß die zweite Halbstrophe, der Ausruf des Kindes *„Mein Vater, mein Vater, jetzt faßt er mich an"*, wie eine Fortsetzung der ersten Halbstrophe, der Verse des Erlkönigs, erscheint. Die Gestalt des Erlkönigs und des Knaben gehen ineinander über, werden eins[157].

Dennoch: die Herkunft des *Erlkönig* aus der kantatenhaften Ballade ist nicht zu verkennen. Schubert selbst unterstreicht dies einmal, als er in einer Schubertiade bei seinem Freund Albert Stadler in Linz die Ballade mit verteilten Rollen singen läßt. Es war noch vor Erscheinen des Liedes, 1819; Schubert selbst sang dabei den Vater, Johann Michael Vogl, der berühmte Sänger, den Erlkönig (der an den Sänger ja besondere Anforderungen stellt), Josefine Koller das Kind und Stadler begleitete. Es war, schreibt Stadler, ein *„Versuch"* (aber immerhin ein Versuch!), je-

---

[157] Eine ausführliche Analyse der Ballade findet man bei Erdmute Schwarmath, *Musikalischer Bau und Sprachvertonung in Schuberts Liedern,* Tutzing 1969 (= *Münchner Veröffentlichungen zur Musikgeschichte* 17), S. 21—41.

doch von „*eigentümlicher Wirkung*"[158]. In einer bedeutenden Sammlung von Abschriften Schubertscher Lieder, die der Schubert und vor allem Vogl nahestehende Graf Karl Haugwitz teils hat anfertigen lassen, teils selbst geschrieben hat, ist Schuberts *Erlkönig* denn auch ausdrücklich als „*Cantate*" bezeichnet[159].

In einem wesentlichen Punkt unterscheidet sich Schuberts Komposition allerdings von einer Kantate in der Art der *Erwartung*: Wie Loewe sein Werk durch das fortgesetzte Tremolo, so bindet Schubert es durch eine durchlaufende Triolenbewegung, die auch während der Strophen des Erlkönigs, in den eingeschobenen Liedern, nicht abbricht. Diese Triolenbewegung ist — wie das Tremolo bei Loewe — ryhthmisch-metrisch grundsätzlich undifferenziert; sie gibt einen Rahmen, ein Scenario, die dem durchkomponierten Werk nicht nur Einheitlichkeit, sondern einen festen realen Bezug verleihen — sie wird daher in der Regel auch durchaus real, bildlich interpretiert (Unwetter, Sturm, „Reiterbewegung"[160]). Übrigens sucht Schubert offenbar dort, wo das Lied die Wirklichkeit darstellt (in den Strophen des Erzählers, in den ersten Strophen des Vaters und des Kindes, vor den letzten Versen des Erlkönigs), die Bewegung durch eine rollende Figur metrisch zu definieren. In den Schreckensrufen des Kindes tritt diese Figur ganz zurück, ebenso in den Strophen des Erlkönigs (dort prägt die Singstimme die Struktur der Komposition). In diesen Strophen wird auch die Triolenfigur selbst noch

---

158 O.E. Deutsch, *Schubert. Die Erinnerungen seiner Freunde* (s. Anm. 144), S. 178.
159 Die Abschrift befindet sich in der Sammlung Náměšť im Mährischen Museum Brünn (Signatur: A 15927); vgl. *Neue Schubert-Ausgabe*, Serie VIII, Supplement, Band 8: W. Dürr, *Quellen II (Schuberts Werke in Abschriften: Liederalben und Sammlungen)*, Kassel etc. 1975, S. 150
160 Vgl. etwa W.-J. Düring, a.a.O., S. 42 ff.

auf eine Weise verändert, die die Reitbewegung nur noch von Ferne in das Bewußtsein des Kindes dringen läßt. Wirklichkeit und Erscheinung durchdringen sich hier auf ähnliche Weise wie bei Loewe.

Gewinnt so in Schuberts *Erlkönig* wie in Loewes Komposition die ursprünglich kantatenhaft konzipierte Ballade auf weite Strecken hin den Charakter eines durchkomponierten romantischen Liedes, so verwischen sich die Grenzen der Gattung in anderen Kompositionen Schuberts völlig. Ein Beispiel sei dafür die wahrscheinlich 1822 entstandene Ballade *Der Zwerg* (D 771). Schubert vertont hier ein Gedicht seines Freundes Matthäus von Collin, das zunächst *Treubruch* hieß. Vielleicht erst auf Schuberts Anregung hin ist der Titel geändert worden, unter dem das Lied dann im Frühjahr 1823 in Schuberts op. 22 erschien.

I *Im trüben Licht verschwinden schon die Berge,*
   Es schwebt das Schiff auf glatten Meereswogen,
   Worauf die Königin mit ihrem Zwerge.

II *Sie schaut empor zum hochgewölbten Bogen,*
    Hinauf zur lichtdurchwirkten blauen Ferne,
    Die mit der Milch des Himmels blaß durchzogen.

III *Nie habt ihr mir gelogen noch, ihr Sterne,*
    So ruft sie aus, bald werd ich nun entschwinden,
    Ihr sagt es mir, doch sterb ich wahrlich gerne.

IV *Da tritt der Zwerg zur Königin, mag binden*
    Um ihren Hals die Schnur von roter Seide
    Und weint, als wollt' er schnell vor Gram erblinden.

V *Er spricht: Du selbst bist schuld an diesem Leide,*
   Weil um den König du mich hast verlassen,
   Jetzt weckt dein Sterben einzig mir noch Freude.

VI *Zwar werd ich ewiglich mich selber hassen,*
    Der dir mit dieser Hand den Tod gegeben,
    Doch mußt zum frühen Grab du nun erblassen.

VII *Sie legt die Hand auf's Herz voll jungem Leben,*
     Und aus dem Aug die schweren Tränen rinnen,
     Das sie zum Himmel betend will erheben.

VIII *Mögst du nicht Schmerz durch meinen Tod gewinnen!*
      Sie sagt's, da küßt der Zwerg die bleichen Wangen,
      Drauf alsobald ... vergehen ihr die Sinnen.

IX *Der Zwerg schaut an die Frau, vom Tod befangen,*
    Er senkt sie tief ins Meer mit eignen Handen.
    Ihm brennt nach ihr das Herz so voll Verlangen.

An keiner Küste wird er je mehr landen.

Weshalb wohl hat der Dichter — oder Schubert? — den Titel der Ballade geändert? In der Tat handelt es sich ja um einen „Treubruch", begangen von der Königin an dem Zwerg, den sie *„um den König"* verlassen hat. Nun ist sie allein auf dem Schiff, mit „ihrem" Zwerge. Die Sterne künden ihr den Tod, die Strafe für den Treubruch, die der Zwerg vollzieht. Wer ist der Zwerg? Ist er nur der Vollstrecker der unausweichlichen Strafe — oder hat die Königin ihr Urteil in den Sternen gelesen, weil sie sich schuldig fühlte, sich ihrer Strafe gewissermaßen selbst auslieferte? Muß der Zwerg die Königin töten, oder will er dies selbst?

Muß die unterdrückte, getretene Kreatur sich rächen, wenn man von ihr sich ab- und äußerem Glanz zuwendet, der legitimen Macht, dem König? Spielen revolutionäre Gedanken mit hinein, wie man sie etwa auch im „Rigoletto" sieht? Es ist ein Wesenszug romantischer Dichtung, daß sie nicht nur die Möglichkeit der Verbindung von Unvereinbarem wie himmlischer Prädestination und individueller Rebellion zuläßt, sondern sie sogar fordert. Die Lösung der Widersprüche soll nicht der Dichter geben — der Romantiker überläßt sie, wie wir wissen, der fortschaffenden Phantasie des Lesers. In jedem Falle: bei dieser Deutung steht der „Treubruch" im Mittelpunkt der Handlung; es geht um die Königin und ihre Schuld. Durch den neuen Titel aber wird die Aufmerksamkeit auf den Zwerg gelenkt, der als Vollstrecker der Strafe selbst schuldig wird.

Man hat neuerdings darauf hingewiesen, daß Schubert mit dem Zwerg vielleicht sich selbst identifizierte, in der Königin seine früh verstorbene Mutter und in dem König sowohl seinen Vater als auch Beethoven sah[161]. Es ist zumindest auffällig, daß Schubert in der gleichen Zeit, in der dieses Lied entstand, seine „Traumerzählung" schrieb, in der er allegorisch Auseinandersetzungen mit seinem Vater schildert, seine Mutter erwähnt und sie in Beziehungen zur Musik bringt[162]. Es ist weiterhin bemerkenswert, daß das Lied *Der Zwerg* enge innere Beziehungen zu Schuberts unvollendeter Sinfonie in h-moll (D 759) zeigt, die Arnold Schering als „sinfonische Dichtung" deutet und die, wie er meint, eben diese Traumerzählung zum Programm hat[163],

---

161 In einem 1978 zuerst aufgeführten Schubert-Film von Titus Leber (*Fremd bin ich eingezogen*) spielt *Der Zwerg* eine zentrale Rolle in diesem Zusammenhang.
162 *Mein Traum*, geschrieben am 3. Juli 1822; vgl. O.E. Deutsch, *Schubert. Die Dokumente seines Lebens* (s. Anm. 39), S. 158 f.
163 Arnold Schering, *Franz Schuberts Sinfonie in h-moll und ihr Geheimnis*, Würzburg-Aumühle (1938).

endlich daß Schubert gerade dort, wo der Zwerg sein Urteil spricht: *„doch mußt zum frühen Grab du nun erblassen"*, Beethoven zitiert, den Beginn der fünften Sinfonie, und das Zitat nach der Vollstreckung des Urteils noch sechsmal wiederholt. Mir scheint jedoch, man darf die Parallelen hier nicht zu eng ziehen. Es ist unbezweifelbar, daß Schubert sich durch den Text persönlich besonders angerührt fand, daß aber nur einzelne Züge des Gedichtes, vielleicht manche Schlüsselworte, ihn selbst ansprachen, während seine Komposition einem in sich geschlossenen, fremden Text galt, dessen Thematik ihn immer wieder beschäftigt hat und dem er durch die Musik eine neue Dimension geben wollte.

Daß diese Musik sich an dem Vorbild des durchkomponierten Liedes orientieren mußte, liegt bereits in der formalen Konzeption des Gedichtes begründet. Der Dichter wählte hierfür die Terzinenstrophe und den Elfsilbler der klassischen italienischen Epik. Beides verhindert einschneidende Zäsuren. Jede Strophe ist durch ihren Reim an die vorangehende ebenso gebunden wie an die folgende, und die gleichmäßige Ordnung der Verse, die immer wiederkehrende weibliche Kadenz, zusätzlich verbunden mit dem (abweichend vom italienischen Vorbild) grundsätzlich jambischen Metrum, führen den Leser unaufhaltsam weiter, über jede inhaltliche Zäsur hinweg. Solche inhaltlichen Zäsuren sind natürlich gegeben: Strophe 1–2 Exposition, Strophe 3 Klage der Königin, Strophe 4–6 Urteil des Zwerges, Strophe 7 Todesklage, Strophe 8–9 Vollstreckung des Urteils, Schlußvers Conclusio.

Um dem Lied ein einheitliches Szenarium zu geben, greift Schubert zunächst zu den beim *Erlkönig* erprobten Mitteln. Aus den Anfangsversen leitet er musikalische Bilder ab. *„Im trüben Licht verschwinden schon die Berge, es schwebt das Schiff auf glatten Meereswogen"* – das bedeutet: Unscharfe Konturen, regelmäßige Wellenbewegung, sanftes Gleiten. Unscharfe Konturen schafft Schubert durch Tremolofiguren, die – wie die Triolenfiguren im *Erlkönig* der rechten Hand des Klavierspielers anvertraut – verhältnismäßig undifferenziert bleiben, nur geben leichte melodische Veränderungen ihnen den Anschein einer gleichmäßigen, sanften Wellenbewegung. Anstelle des sanften Gleitens allerdings setzt Schubert deutliche rhythmische Impulse, die wie Ruderschläge die Bewegung weiterführen und die Tremolofiguren metrisch definieren. Es handelt sich hier übrigens um eine rhythmische Lieblingsfigur Schuberts, die drängend, treibend wirkt durch den verlängerten Auftakt von drei Achteln. Schubert verwendet ihn sowohl im Vierviertaltakt wie hier, als auch in dem dann noch drängenderen Dreivierteltakt wie in dem knapp zwei Jahre zuvor entstandenen ersten Lied der Suleika (*„Was bedeutet die Bewegung"*, D 720) oder im ersten Satz der „Unvollendeten":

Beispiel 42:

Nicht zu geschwind

Im trü - ben Licht ver -

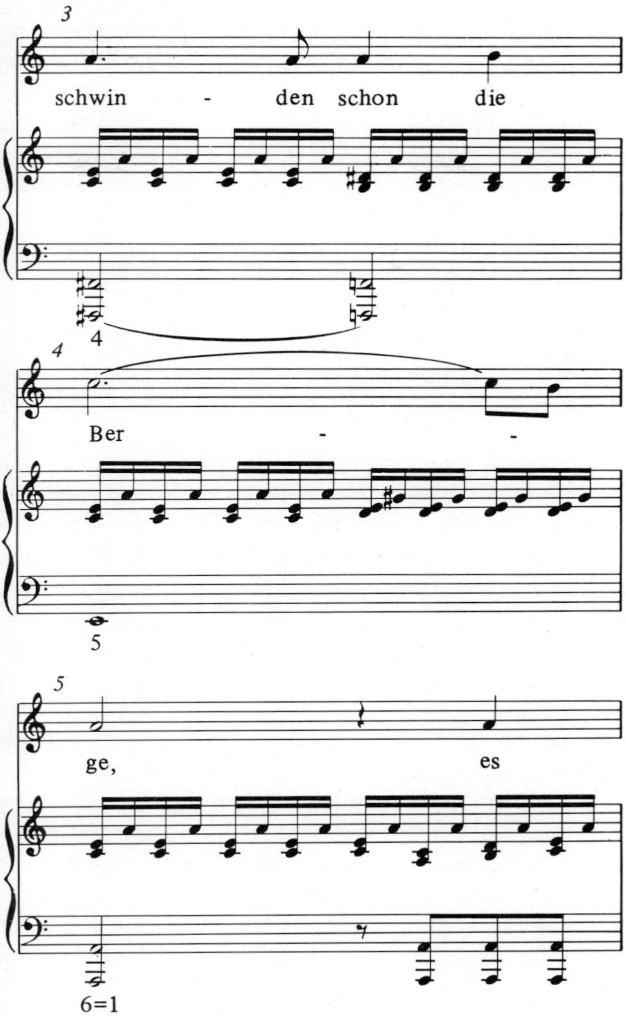
3
schwin - den schon die
4
4
Ber - -
5
5
ge, es
6=1

Wenn im Dreivierteltakt die Bewegung noch drängender, ungebrochener erscheint als im Vierviertaltakt, vor allem dieses Liedes, dann rührt dies wohl daher, daß hier erst jeweils nach einer gedehnten halben Note zu Taktbeginn ein neuer Anstoß, ein neuer Ruderschlag die Bewegung weitertreibt. Anders daher als in dem Suleika-Lied kann die Bewegung in der Ballade auch einmal abbrechen, der Baß in halben oder gar ganzen Noten fortschreiten. Er gewinnt dabei eine konkrete musikalische Linie, die Schubert fast im Sinne eines *basso ostinato* gleich zweimal unverändert wiederholt. Wie in älterer Zeit erhält damit der Baß den Charakter des Unerbittlichen, Gesetzmäßigen. Das wird deutlich beim Einsatz der Singstimme. Diese deklamiert weich, kantabel, der diffusen Stimmung der ersten Verse entsprechend — und natürlich auch ihrer metrischen Struktur. Um Kantabilität und Ausgeglichenheit zu erreichen, muß Schubert freilich wieder die fünfhebigen Jamben in Viertakter verwandeln (man vergleiche hierzu die Überlegungen zu *Die Liebende schreibt,* s.o.; S. 152 und Anm. 105); er verkürzt deshalb den dritten und vierten Takt und schafft damit von vornherein die Möglichkeit der kombinierten Deklamation in Halben und Vierteln. Im ersten Vers allerdings hebt er die so gewonnene Viertaktigkeit durch Kadenzdehnung schon wieder auf, bevor sie überhaupt befestigt ist. Es entsteht so das Paradoxon einer Fünftaktgruppe, die aus einem in einen Viertakter verwandelten Fünfheber gewonnen ist. Der Widerspruch, der hierin liegt, ist charakteristisch für das ganze Lied. Er ergibt sich nämlich aus dem Widerspruch einer ausgeglichenen, am Viertakter orientierten Singstimme mit ruhigen Viertel-Auftakten und einer fünftaktig geprägten Baßstimme mit erregenden, drängenden Achtel-Auftakten. Dieser musikalische Widerspruch aber spiegelt den Widerspruch zwischen der Individualität der Königin und der unpersönlichen, unerbittlichen Strenge des Gesetzes. So stellt die Musik bereits in den Strophen der Exposition des Liedes die Grundkonflikte der Ballade dar.

Was so in der Exposition ausgeführt ist, verschärft sich in der Strophe der Königin. *„Nie hábt ihr mír gelógen nóch, ihr Stérne"* — Schubert kann das „nie" nicht als Auftakt singen lassen, es ist dazu zu gewichtig. Er formt den Vers durch Wiederholung des ersten Wortes um, ändert das jambische Modell in ein trochäisches: *„Níe, nie hábt ihr mir gelógen nòch, ihr Stérne"* — und dieses trochäische Modell gilt auch für die übrigen Verse, die die Königin spricht, den letzten dieser Strophe und den ersten der achten. Im letzten Vers der dritten Strophe dehnt Schubert das entscheidende *„Ihr"*, den Hinweis auf die Sterne (*„Íhr sàgt es mír, doch stérb ich wàhrlich gérne"*), und in der achten Strophe die erste Silbe, so als zögere sie, nun ihrerseits ein Urteil auszusprechen, das Urteil über den Zwerg, von dem sie doch weiß, daß es ebenso unerbittlich über ihn verhängt ist, wie die Sterne ihr den Tod bestimmen: *„Mögst du nicht Schmérz durch mèinen Tòd gewínnen"*. Dem trochäisch deklamierten Vers aber setzt in der dritten Strophe der Baß seine rhythmische Formel mit einer Hartnäckigkeit entgegen, die in keiner anderen ihresgleichen hat; es scheint, als wolle Schubert keinen Zweifel daran lassen, daß in der Baß-Formel das Gesetz der Sterne sich repräsentiere.

In der folgenden, vierten Strophe geschieht etwas Merkwürdiges. Völlig unerwartet gibt der Baß seine Eigenständigkeit auf und übernimmt Ton für Ton die Melodie der Singstimme. Diese ihrerseits beginnt überraschend mit jenem Dreiachtel-Auftakt, der bisher dem Baß vorbehalten war. Der Zwerg tritt zur Königin und verkündet ihr das Urteil; er vollzieht das Gesetz, Singstimme und Baß sind hier eins — die musikalische Faktur zeigt dies deutlich an:

Beispiel 43:

Mit der siebenten Strophe kehrt die Musik zum Beginn der Ballade zurück, das Blickfeld des Zuschauers (nicht nur des Hörers) weitet sich wieder, die Nebel lichten sich für einen Augenblick. Auch der Text wendet sich vom Zwerg noch einmal ab und der Königin zu, doch bleibt der Zwerg stets gegenwärtig. Das rhythmische Modell des Motivs erscheint ja, wie wir sahen, inzwischen inhaltlich vertieft, ist nicht nur Ruderschlag, es ist zugleich Ausdruck des Schicksals und weist auf dessen Werkzeug wie Opfer, den Zwerg. Vor Beginn seines letzten Verses (*„doch mußt zum frühen Grab du nun erblassen"*) erklang es im Baß besonders deutlich, im Intervall der verminderten Quinte (*B-B-B-E*), und die Singstimme hat es sofort aufgegriffen. Gleichgültig, ob Schubert hier wirklich auf Beethovens fünfte Sinfonie anspielen wollte oder nicht — der Hörer kann das Motiv nicht mehr anders hören, als als „Schicksalsmotiv".

Die Königin stirbt, ihr „vergehen die Sinnen". Der Baß greift nun dieses Motiv wieder auf, hämmert es wie verzweifelt: zunächst im Intervall der großen Terz (so, wie es auch bei Beethoven erscheint, zu Beginn der fünften Sinfonie), aber enharmonisch verfremdet, als verminderte Quart (*Es-Es-Es-H*), dann wieder als verminderte Quint. Endlich versenkt der Zwerg die Tote ins Meer — doch: *„ihm brennt nach ihr das Herz so voll Verlangen"*. Wieder gibt der Baß sein eigenes Motiv auf und zitiert den ersten Gesang des Zwerges, das Urteil, das sich nun in das Urteil der Königin verkehrt hat. Die Singstimme ist dazu zwar unabhängig, aber rhythmisch parallel geführt. Erst zu den Worten *„an keiner Küste wird er je mehr landen"* kehrt die Klavierstimme zu ihrer ursprünglichen Bewegung zurück: Auch der Zwerg steht, wie wir wissen, unter der Herrschaft des Gesetzes.

Was das Gedicht offenließ, hat die Musik gedeutet: Nicht der Zwerg ist das Gesetz — er ist ihm unterworfen. Beide,

Zwerg und Königin, sind Opfer. Die eigentlich tragische Gestalt aber ist dann nicht die Königin; ihr Tod ist die Konsequenz ihres „Treubruchs". Die tragische Gestalt ist der Zwerg, der das Gesetz, das Urteil der Sterne, vollstrecken muß und damit selbst unschuldig schuldig wird. Schuberts oder Collins Änderung des Titels von *Treubruch* in *Der Zwerg* entspricht also Schuberts musikalischer Interpretation der Ballade.

Wenn nun aber, was in der Dichtung noch ambivalent blieb, in der musikalischen Interpretation eindeutig geworden ist, dann bedeutet dies auch: musikalische und poetische Strukturen laufen zwar parallel, sind jedoch nicht völlig kongruent. Ohne die Musik bliebe das Gedicht offen; ohne Zuhilfenahme des Textes wären die musikalischen Strukturen zwar in sich durchaus logisch und plausibel, doch ließen sie sich poetisch nicht deuten. In der Wechselbeziehung von Dichtung und Musik aber führen gerade infolge ihrer Inkongruenz musikalische und poetische Strukturen übereinander hinaus. In diesem Sinne ist die Ballade ein nicht nur „polyrhythmisches", sondern auch im Schlegelschen Sinne ein romantisches Lied.

In der Folgezeit verschmelzen Ballade und Lied immer häufiger. Während auf der einen Seite das Prinzip des „Durchkomponierens" — ursprünglich ja, wie wir sahen, eigentlich nur in der Ballade gestattet — allgemein akzeptiert wird, wählen auf der anderen Seite die Komponisten mit Vorliebe kürzere Balladen, die sich für liedhafte Vertonungen eignen. Man vergleiche hier etwa Robert Schumanns „Lied" *Sonntags am Rhein* (op. 36,1) und seine „Ballade" *Frühlingsfahrt* (op. 45,2): In Konzeption und Ausführung sind beide einander sehr ähnlich. Die Ballade als selbständige musikalische Form scheint aufgegeben — und so beklagte ja auch bereits Schillings *Univsal-Lexicon* das Verschwinden *„der größeren Ballade"* (s.o., S. 184).

Ganz selten trifft man noch auf einen Typus der Ballade, der einer puren Prosavertonung nahekommt. Man begegnet ihm zunächst in Johann Friedrich Reichardts *Monolog aus Goethes Iphigenie,* den Schubert 1815 in Reichardts *Liedern der Liebe und der Einsamkeit* kennengelernt und sich als *"Probe einer musikalischen Behandlung dieses Schauspiels"* abgeschrieben hat (D Anhang III,7). Dieser Monolog — keine Ballade, sondern eben eine dramatische Szene — war möglicherweise Schuberts unmittelbares Vorbild für seine Komposition von Ossians Gesängen, umfangreichen Abschnitten aus den zu seiner Zeit für keltisch gehaltenen Heldenliedern des James Macpherson in der deutschen Prosaübersetzung von Edmund Baron de Harold. Schubert hat diese Texte in einem rezitativischen Stil vertont, der sich nur gelegentlich zum Arioso verdichtet (man vergleiche etwa *Lodas Gespenst,* D 150, oder *Die Nacht,* D 534). Schuberts Verleger Anton Diabelli & Co. haben diese Gesänge, als sie sie nach seinem Tod (1830) als Heft 1 (= D 534) und 3 (= D 150) der *Nachgelassenen musikalischen Dichtungen* herausbrachten, jeweils mit einem abschließenden Lied im eigentlichen Sinne versehen (und so sind diese Gesänge noch heute bekannt)[164]. In dieser Gestalt mag Schuberts Rezitativ-Ballade dann als Vorbild gewirkt haben. Schumanns Ballade *Die beiden Grenadiere* (op. 49,1) jedenfalls bewahrt einen arios verdichteten rezitativischen Ton, solange die Grenadiere die Niederlage ihres Kaisers, Napoleons, und damit das endgültige Scheitern der Revolution beklagen. Mit den Versen *"So will ich liegen und horchen still, wie eine Schildwach', im Grabe, bis einst ich höre Kanonengebrüll und wiehernder Rosse Getrabe. Dann reitet mein Kaiser wohl über mein Grab . . ."* — d.h. mit der Hoffnung auf Wiederkehr der Revolution — stimmt Schu-

---

164 Für *Lodas Gespenst* wählte der Verleger Schuberts *Punschlied* (D 277), für *Die Nacht* dessen *Jagdlied* (D 521).

mann die Marseillaise an, nicht als Ziel, sondern als befestigenden Schlußgesang (daß Schumann den Jubelton dieses Schlußgesangs dann in seinem chromatisch eingetrübten, ins Adagio führenden kurzen Nachspiel wieder zurücknimmt, als einen schönen aber unerfüllbaren Traum, steht auf einem anderen Blatt).

Schilling, so erinnern wir uns, kannte nur noch einen bedeutenden Liedkomponisten, der die Tradition der Ballade als eigenständige Gattung des deutschen Sololiedes fortführt: Karl Loewe. Seine bedeutendsten Werke erscheinen dabei als Synthese von Elementen, die wir in Schuberts frühen Balladen, im *Zwerg* und in Schuberts wie Loewes *Erlkönig*-Kompositionen beobachten konnten. Schuberts *Zwerg* haben wir zwar als romantisches durchkomponiertes Lied beschrieben — doch sind kantatenhafte Elemente, die sich in seinem *Erlkönig* deutlich bestimmen ließen, auch im *Zwerg* noch spürbar. Die Strophen nämlich, die vom Zwerg handeln, sind vom allgemeinen „Szenarium" deutlich abgesetzt. Darin auch entsprechen sich diese Ballade und Loewes *Erlkönig*. In seinen späteren Balladen nun verstärkt Loewe — in wieder engerer Anlehnung an Zumsteeg — das kantatenhafte Element, führt dabei aber ein neues technisches Mittel ein, das wir gerade in Schuberts *Zwerg* deutlich beobachten konnten: das semantisch definierte Motiv als die einzelnen „Kantaten"-Sätze verbindendes Moment.

Deutlich wird dies etwa in Loewes 1858 als op. 128 erschienener Ballade *Archibald Douglas* nach einem Text Theodor Fontanes, die Werner Oehlmann gar für seine bedeutendste Ballade überhaupt hält.[165] Fontanes langes

165 W. Oehlmann, *Reclams Liedführer* (s. Anm. 121), S. 333. Vgl. auch Hans Joachim Mosers Vorwort zu seiner Auswahlausgabe (*Carl Loewe. Balladen und Lieder*, I, Peters): *„Dies mit Recht berühmteste und wohl reichste Werk, das Loewe als 61jähriger tief mitempfindend schrieb ..."*.

historisches Gedicht — 23 vierzeilige Strophen in jambischen Vierhebern, alle mit männlichem Reim schließend — schildert die Versöhnung des Grafen Archibald Douglas VI. (1489—1557) mit dem schottischen König Jakob V. Archibald Douglas war das Haupt der englischen Partei am schottischen Hofe gewesen, hatte selbst eine Tudor geheiratet und wurde 1528 nach England vertrieben. Erst 1543 konnte er nach Schottland zurückkehren, als König Jakob IV. gestorben war und sein Sohn Jakob V., einst das Mündel des Archibald Douglas, den Thron bestiegen hatte.

In Fontanes Gedicht freilich geht es nicht um Staatsaffären — es ist die Ballade von dem Emigranten, dem aus seiner Heimat Vertriebenen, der bereit ist, auf seine Rechte zu verzichten, um heimkehren zu dürfen, der Versöhnung sucht, auch um den Preis der Unterwerfung. Fontane stellt dies — ganz im Sinne der alten Ballade — im Dialog dar, der nur von wenigen, die Handlung beschreibenden Strophen des Erzählers unterbrochen wird. So gliedert sich die Dichtung ganz natürlich in verschiedene „Kantaten"-Sätze. Die ersten drei Strophen bilden die eigentliche Exposition, vom Grafen im Monolog vorgetragen:

I   *„Ich hab es getragen sieben Jahr,*
Und ich kann es nicht tragen mehr!
Wo immer die Welt am schönsten war,
Da war sie öd und leer.

II   *Ich will hintreten vor sein Gesicht*
In dieser Knechtsgestalt,
Er kann meine Bitte versagen nicht,
Ich bin ja worden so alt.

III   *Und trüg er noch den alten Groll,*
Frisch wie am ersten Tag,
So komme, was da kommen soll,
Und komme, was da mag."

Musikalisch getragen ist dieser Teil der Ballade von einem Vorhaltsmotiv, das zugleich vom Intervall der verminderten Quinte bestimmt ist. Der Vorhalt (*g-fis,* aber auch *es -d*) als Ausdruck der Resignation, die verminderte Quinte als Ausdruck des Schmerzes, aber auch der Todeserwartung. Loewe definiert das Motiv durch die Singstimme, die es erst am Ende der dritten Strophe aufgreift, und zwar zu den Worten: *„So komme, was da kommen soll, und komme, was da mag."*

Beispiel 44:

Die auf die Exposition folgenden, erzählenden Strophen leiten von dem Grafen Douglas über zu König Jakob. Sie werden rezitativisch deklamiert. Zunächst klingt das Motiv der verminderten Quinte noch wie von ferne an. Dann erscheint der König: *„Da horch! vom Waldrand scholl es her wie von Hörnern und Jagdgeleit"*. Die erzählenden Strophen sind — wie im alten *Recitativo accompagnato* — gleichsam illustrierend komponiert. Man hört die Hörner, spürt den aufwirbelnden Kies. Erst als Graf Douglas den König begrüßt und der König ihn erkennt, kehrt das Motiv der Eingangsstrophen wieder, nun verkürzt zu einem vorhaltsbildenden Akkord: $a + es' + g'$ vor $b + es' + g'$. Jetzt beginnt der eigentliche Dialog. Graf Douglas trägt seine Bitte vor:

VIII *„König Jakob, schaue mich gnädig an*
Und höre mich in Geduld,
Was meine Brüder dir angetan,
Es war nicht meine Schuld."

Diese einleitenden Worte sind als Introduktion komponiert, die auf das folgende Lied des Grafen vorausweist. Dieser erinnert den König an seine Kindheit, an das, was beide einst verbunden hat:

IX *„Denk nicht an den alten Douglasneid,*
Der trotzig dich bekriegt,
Denk lieber an deine Kinderzeit,
Wo ich dich auf Knien gewiegt.

X *Denk lieber zurück an Stirlings-Schloß,*
Wo ich Spielzeug dir geschnitzt,
Dich gehoben auf deines Vaters Roß
Und Pfeile dir zugespitzt.

XI *Denk lieber zurück an Linlithgow,*
An den See und den Vogelherd,
Wo ich dich fischen und jagen froh
Und schwimmen und springen gelehrt.

XII Und denk an alles, was einstens war,
Und sänftige deinen Sinn —
Ich hab es getragen sieben Jahr,
Daß ich ein Douglas bin."

Es ist ein eindringliche Melodie, die Graf Douglas da vorträgt und siebenmal — nur leicht variiert — wiederholt, mit jeder halben Strophe neu ansetzend. Loewe schreibt dem Sänger eigens einen eigenen, von der Tempobezeichnung der Klavierstimme (*Andante con moto*) abweichenden Affekt vor: *Moderato flebile*. Aber nicht klagend, sondern nur drängend dürfte das vorzutragen sein, was von der Anlage her wie ein Strophenlied erscheint, in Wahrheit aber aus einem einzigen Viertakter, einem offenen Halbsatz einer Periode besteht. Aus der ständig getäuschten Erwartung des Zuhörers, der Sänger möge die Periode zu Ende führen, erwächst der eigentümlich drängende Effekt:

Beispiel 45:

> Denk nicht an den alten Douglasneid, der trotzig dich bekriegt

Selbst die Triolen, die die Melodie scheinbar musikalisieren, die die Auftakte beschweren und asymmetrische Beziehungen herstellen (sie verbinden etwa den Auftakt „*Denk*" mit dem schweren Taktteil „Dóuglasneid"), treten hier in den Dienst der Deklamation: Sie verzögern den Einsatz der Singstimme, erhöhen den Affekt der Auftakte und beschweren sie dort, wo ihr inhaltliches Gewicht groß ist (so bei dem beschwörenden „Denk", das die Gedanken des Königs zurücklenken soll in die Zeit, als zwischen den beiden Gegnern noch Harmonie und Frieden war). Erst mit der letzten Halbstrophe ändert Douglas den Ton. Zu den Worten „Ich hab es getragen sieben Jahr" fügt der Komponist nicht den lange erwarteten Periodenschluß — er zitiert (wie der Dichter) den Anfang des Liedes, verdichtet allerdings: die verminderten Quinten im Klavier, die Vorhalte zu einer chromatischen Linie verbindend. Der König antwortet „mit unterdrücktem Zorn, abgestoßen"; nur das Vorhaltsmotiv $es'\text{-}d'$, das er aufgreift, zeigt, daß die Qual des Grafen ihn anrührt:

XIII „Ich seh dich nicht, Graf Archibald,
   Ich hör deine Stimme nicht,

Dann aber erklingt im Klavier die Erinnerungsmelodie des Grafen, und der Sänger, der König, singt zu der absteigenden Melodielinie zunächst eine aufsteigende Gegenstimme, stimmt aber schließlich in die Melodie des Grafen mit ein:

   Mir ist, als ob ein Rauschen im Wald
   Von alten Zeiten spricht.

XIV Mir klingt das Rauschen süß und traut,
   Ich lausch ihm immer noch,

Der König unterbricht sich, greift das Vorhaltsmotiv $es'\text{-}d'$ wieder auf:

   Dazwischen aber klingt es laut:
   Er ist ein Douglas doch!

Mit den Worten „Ein Douglas vor meinem Angesicht wäre ein verlorener Mann" wendet Jakob sich ab — zitiert dabei aber schon selbst musikalisch die letzten Worte des Grafen, die verminderten Quinten und die chromatische Linie. Der Zuhörer ist sich nicht sicher, ob dieses Zitat die endgültige Verbannung bedeutet, oder aufkeimendes Verständnis.

In den nun folgenden Strophen berichtet wieder der Erzähler. *"König Jakob gab seinem Roß den Sporn..."*. Graf Douglas freilich gibt nicht auf; er faßt den Zügel des Pferdes und hält *"mit dem Könige Schritt"*. Wieder faßt Loewe den Text in Halbstrophen, nach dem Modell des Erinnerungsliedes, ohne aber jemals die Melodielinie ganz ausschwingen zu lassen. In chromatischen Sequenzen drängt er vorwärts, von g-moll über gis-moll und a-moll nach b-moll; dann schließt er mit einer großen Kantilene, in der der Graf seine Bitte wiederholt:

> *Nur laß mich atmen wieder aufs neu*
> *Die Luft im Vaterland!*

Es kommt zum dramatischen Höhepunkt der Ballade, den Loewe ganz nach herkömmlicher Weise musikalisch darstellt, mit peitschenden Akkorden und heftigen Läufen. Das chromatische Vorhaltsmotiv wird dabei dramatisch gesteigert, durch Oktavbrechung (b'-b statt b'-b') deklamatorisch überhöht. Der Graf bittet den König, ihn zu töten, wenn er ihm nicht vergeben kann. Dieser zieht sein Schwert – und bietet es dem Grafen als Zeichen der Versöhnung an:

XXII *"Nimm's hin, nimm's hin und trag es aufs neu*
Und bewache mir meine Ruh!
Der ist in tiefster Seele treu,
Wer die Heimat so liebt wie du.

Die Ballade schließt mit einem Allegro-Satz in G-dur. In diesem ist zunächst eine neue halbstrophige Melodie gekoppelt mit einem Abgesang, den Loewe aus dem chromatischen Motiv gewinnt, das er so zunächst in der Bitte des Grafen ausgebildet hatte. Der König singt es zu den Worten *„Der ist in tiefster Seele treu"* und macht sich so die Leiden des Grafen endgültig zu eigen. Der G-dur Satz beginnt von neuem:

XXIII *Zu Roß, wir reiten nach Linlithgow*
      Und du reitest an meiner Seit,

Abermals bricht die Melodie ab. Die Erwähnung des Schlosses Linlithgow hat den König noch einmal in seine Kindheit zurückgeführt und die Erinnerung an die Melodie geweckt, mit der der Graf seine Bitte vorgetragen hatte:

Da wollen wir fischen und jagen froh
Als wie in alter Zeit."

Diesmal allerdings ist die Melodie nicht mehr drängend, offen; der König wiederholt die beiden ersten Takte sogleich sequenzierend, einen Ton höher, und führt sie dann in einer großen, der Oper entlehnten Schlußkadenz zu Ende. Da bleibt nichts, was den Hörer zu *„potenzirten Reflexionen"* aufforderte. Es ist alles gesagt; die Versöhnung ist vollkommen, der Ring hat sich geschlossen.

Bei der Komposition dieser umfangreichen Ballade orientierte sich Loewe wohl an dem Zumsteegschen Modell der „Kantate", aber er führte die einzelnen Sätze nicht aus; an die Stelle in sich abgeschlossener, in die Ballade eingefügter Lieder setzte er kurze, wiederholte Formeln, die die Handlung weiterführen. Die einzelnen Teile aber verbindet er durch Erinnerungsmotive, durch Melodie- und Intervallzitate, die den Text begleiten und interpretieren. Dabei geht er mit einer Konsequenz und Zielstrebigkeit vor, die dem Erinnerungsmotiv der Romantik einen neuen Sinn, eine neue Funktion gibt und auf Wagner verweist.

Wenden wir uns daher abschließend einem Komponisten zu, für den Wagners Musik Voraussetzung der eigenen Arbeit war und der zugleich Loewes Balladen mit „höchster Begeisterung" studiert hat: Hugo Wolf[166]. Wolf hat nicht wenige Balladen geschrieben; manche in der Art des variierten Strophenliedes wie *Der Rattenfänger* (Goethe) vom November 1888, andere als kleine durchkomponierte Szene, wie das *Elfenlied* (Mörike) vom März desselben Jahres. Seine bedeutendste Ballade, zugleich seine umfangreichste ist *Der Feuerreiter* (Mörike), entstanden in Unterach am 10. Oktober 1888. Wolf selbst legte großen Wert auf sie; ursprünglich sollte sie die Serie der Mörike-Lieder beschließen. Am 8. Oktober 1888 schrieb er aus Unterach an seinen Freund und Helfer Friedrich Eckstein: *„Ich habe in den letzten Tagen wieder fleißig ‚gemörikelt', u.z. lauter Gedichte, die Sie besonders adoriren . . . Alle Lieder sind wahrhaft erschütternd componiert . . . Gott gebe nur, daß mir der Feuerreiter gelingt, nur dann erst sind die 50 beieinander"*[167]. Es sind dann zwar 53 Lieder geworden, doch galt ihm zweifellos *Der Feuerreiter* als der eigentlich krönende Abschluß der Liedergruppe. Er hat das Werk vier Jahre später für Chor und Orchester bearbeitet, und in dieser Gestalt hat es Wolf auch den ersten durchschlagenden Erfolg beschert.

Es war offenbar das Unheimliche, Gespenstische, was Wolf an Mörikes Ballade faszinierte. Wie Frank Walker berichtet, hat er sich mit dem Stoff intensiv auseinandergesetzt: *„Aus dem ‚Magikon', einer Zeitschrift aus den Tagen Mörikes, die sich mit Geisterkunde befaßte, erfuhr er von Feuerfühlern, Feuersehern und Feuerreitern, die die Macht hatten, weit entfernte Feuer zu spüren, zu denen sie dann unwiderstehlich hingezogen wurden. Die Magie verbot es den Feuerreitern, das Feuer zu löschen"*[168]. Mit seiner Mu-

---

166 Vgl. Franz Walker, *Hugo Wolf. Eine Biographie* (s. Anm. 88), S. 280.
167 F. Walker, a.a.O., S. 252.
168 a.a.O., S. 281.

sik beabsichtigte er vor allem, Schauder zu erregen. Bei einer Einführung in einem Konzert, das der Berliner Wagner-Verein für ihn veranstaltete, sang Wolf selbst am 3. März 1892 seinen *Feuerreiter* und leitete den Vortrag mit den Worten ein: *„Jetzt will ich Ihnen was singen, da sollen Ihnen die Haare zu Berge stehen"*[169].

In Mörikes Ballade verbindet sich das Geheimnisvoll-Schauerliche mit dem naiven Volkston ganz in dem Sinne, in dem die Theoretiker die Gattung ursprünglich beschrieben haben. Es ist eine Kehrreim-Ballade, ein Rondo, wie es bei Koch heißt. Freilich: naiv ist nur der Ton, mysteriös-geheimnisvoll der Stoff. Der Dichter aber schildert beides aus der Distanz des Erzählers. Nicht der Dialog, nicht das Geschehen selbst formt das Gedicht — der Erzähler, ein Dritter, Außenstehender, berichtet davon einem Vierten, dem Zuhörer. Das ermöglicht den Umschlag in der letzten Strophe, die Verwandlung des Kehrreims *„Hinterm Berg"* in *„Ruhe wohl"*, aus dem fast so etwas wie Sympathie mit dem Dämon spricht.

I *Sehet ihr am Fensterlein*
Dort die rote Mütze wieder?
Nicht geheuer muß es sein,
Denn er geht schon auf und nieder.
Und auf einmal welch Gewühle
Bei der Brücke, nach dem Feld!
Horch! das Feuerglöcklein gellt:
   Hinterm Berg,
   Hinterm Berg
Brennt es in der Mühle!

---

169 a.a.O., S. 360; vgl. auch S. 373.

II   *Schaut! da sprengt er wütend schier*
Durch das Tor, der Feuerreiter,
Auf dem rippendürren Tier,
Als auf einer Feuerleiter!
Querfeldein! Durch Qualm und Schwüle
Rennt er schon, und ist am Ort!
Drüben schallt es fort und fort:
    Hinterm Berg,
    Hinterm Berg
Brennt es in der Mühle!

III   *Der so oft den roten Hahn*
Meilenweit von fern gerochen,
Mit des heil'gen Kreuzes Span
Freventlich die Glut besprochen —
Weh! dir grinst vom Dachgestühle
Dort der Feind im Höllenschein.
Gnade Gott der Seele dein!
    Hinterm Berg,
    Hinterm Berg
Rast er in der Mühle!

IV   *Keine Stunde hielt es an,*
Bis die Mühle barst in Trümmer;
Doch den kecken Reitersmann
Sah man von der Stunde nimmer.
Volk und Wagen im Gewühle
Kehren heim von all dem Graus;
Auch das Glöcklein klinget aus:
    Hinterm Berg,
    Hinterm Berg
Brennt's! —

V *Nach der Zeit ein Müller fand*
Ein Gerippe samt der Mützen
Aufrecht an der Kellerwand
Auf der beinern' Mähre sitzen:
Feuerreiter, wie so kühle
Reitest du in deinem Grab!
Husch! da fällt's in Asche ab.
   Ruhe wohl,
   Ruhe wohl
Drunten in der Mühle!

Die ersten vier der fünf regelmäßig gebauten Strophen (mit einer deutlichen Zäsur jeweils nach dem vierten Vers) sind — wie es einem „Rondo" zukommt — symmetrisch geordnet. Die erste Strophe beginnt leise, wie raunend; sie weist auf die „rote Mütze", darauf, das etwas nicht mit rechten Dingen zugeht, berichtet dann von der Menschenmenge, dem Feuerglöcklein, davon, daß es in der Mühle brennt. Die zweite Strophe zeigt den Feuerreiter selbst, der die Menge wütend durchbricht, zur Mühle eilt. Die dritte bringt den Höhepunkt der Erzählung: Der Feuerreiter, der sonst — vom Feuer angezogen — dies Feuer „freventlich" besprochen hat, aus der Ferne, sieht diesmal das Feuer, den Feind, so intensiv, daß er die Schranken durchbricht, sich mit dem Feuer vereint und es zugleich bekämpft. Er *„rast in der Mühle"* — und hat damit zugleich das Tabu durchbrochen, das ihm verbietet, das Feuer zu löschen. Dies freilich gelingt ihm nicht — die vierte Strophe berichtet es — die Mühle verbrennt, den Feuerreiter sieht man nicht mehr wieder. Die Strophe leitet zur ersten zurück: die Menschenmenge zerstreut sich, das Feuerglöcklein klingt aus. Der Kehrreim endet verkürzt (mit dem Wort *„brennt's!"*) wie mit einer Fermate, die das Gedicht offen hält — und die den Zeitsprung ermöglicht, den Epilog. Nicht vernichtet wurde der Feuerreiter, er ist vielmehr zur Ruhe gekommen; in der Vereinigung mit dem Feuer wurde er erlöst. Jetzt reitet er *„kühle"* in seinem Grab — nein: er reitet nicht (so scheint es nur dem Betrachter), er ruht, und er ruht wohl, drunten in der Mühle.

Wolf führt den Zuhörer unmittelbar in die Handlung hinein: eine unheimliche Bewegung treibt ihn vorwärts, ein hastendes Motiv in „sehr lebhaften" Triolen, jeweils dreimal wiederholt, dann eine kleine Terz höher von neuem beginnend, huscht vorüber, im Unisono vorgetragen, im Pianissimo gehalten und langsam sich steigernd: eine gespenstische Atmosphäre entsteht. Der Sänger rezitiert dazu im Flüsterton: *„Sehet ihr am Fensterlein dort die rote Mütze wieder?"*. Die Klavierstimme gewinnt an Intensität; zunächst steigern gelegentliche Oktaven im Baß die Tonstärke des immer noch pianissimo vorgetragenen Motivs, dann setzt ein ausdrückliches Crescendo ein, und zugleich drängt sich die musikalische Linie zusammen: Die sequenzierenden Wiederholungen im Abstand von einer kleinen Terz folgen nun unmittelbar aufeinander, steigern sich weiter und münden schließlich in einen verminderten Septakkord, ausdrücklich mit *„immer ff"* bezeichnet — *„Und auf einmal welch Gewühle"*. Aus dem „Gewühl" des durch das Triolenmotiv rhythmisch gegliederten Septakkordes hebt sich in wilden Oktaven ein neues Motiv ab: Ein Reiter scheint herauszubrechen. Plötzlich bleibt die Bewegung stehen. Ein einzelner Ton, das *e*, hebt sich heraus, vom Sänger rezitiert, von der Klavierstimme nach dem Modell des verminderten Septakkordes umspielt: *„Horch! das Feuerglöcklein gellt"*. Und das Glöcklein antwortet tatsächlich mit einem schrillen *h*, in äußerster Lautstärke vom Klavier herausgeschleudert und zugleich vom Klavierbaß in einer konventionellen Akkordfolge, einer fast schulmäßigen Kadenz, tonal definiert. Erst hier schält sich die Grundtonart der Ballade, h-moll, heraus, der Hörer ist am Ziel. Die Singstimme kontrapunktiert die Klavierstimme, das *fis,* die Quinte, den Rezitationston von h-moll umkreisend. Dabei allerdings gewinnt die Singstimme zum erstenmal motivische Konturen; der Sänger singt einen in sich gerundeten Zweitakter, den Refrain des „Rondos": *„Hinterm Berg, hinterm Berg brennt es in der Mühle!".* Der erste Satz einer kleinen Kantate ist beendet; der Hörer, der dem Feuerreiter aus der Stadt auf das Feld bis zur Mühle gefolgt ist, findet sich nun mitten im Geschehen.

Wolf hat in dieser Strophe die den Fortgang der Ballade bestimmenden Motive vorgestellt: die Triolenfigur der hastenden, mit dem Feuerreiter vorwärts drängenden Menge, die in dem durch das *„Gewühle"* semantisch definierten verminderten Septakkord kulminiert (Fig. 1), das aus der Triolenfigur abgeleitete Motiv des die Menge durchbrechenden Reiters (Fig. 2), den Ruf der Feuerglocke, der die Menge zum Stehen bringt (Fig. 3) und das Signal selbst: es brennt in der Mühle (Fig. 4). Alle diese Motive haben deutlich illustrierenden Charakter; man glaubt, sie deuten zu können, selbst wenn man den Text nicht verstünde.

Beispiel 46:

wüh - le   bei der

Fig. 2

Brük - ke nach dem

Fig. 1

Feld!

Fig. 2

Horch! das Feu-er-glöck-lein gellt:

Fig. 1+3

wild

hinterm Berg, hinterm Berg brennt es

fff

Fig. 4

in der Müh - le!

Die zweite Strophe beginnt zunächst wieder ganz neu. Ein noch unbekanntes, wieder den Text illustrierendes Motiv beherrscht den ersten Teil des zweiten „Satzes": Eine markante Baßlinie (*D-Cis-B-A*), eine chromatische Alteration des alten Quartfallmotivs[170], wird kontrapunktiert von peitschenden Akkordschlägen, die den dem Quartfallmotiv traditionell innewohnenden Charakter von Sicherheit und Festigkeit gleichsam in ihr Gegenteil verkehren. Der Feuerreiter wird vorgestellt: *„Schaut! da sprengt er wütend schier durch das Tor, der Feuerreiter"*. Der Sänger rezitiert den Text wieder, die Baßlinie dabei melodisch variierend. Es ist die Menge, die ihn beobachtet. Dann aber erscheint er wieder selbst, der Feuerreiter; das Reitermotiv bricht hervor, die Strophe mündet, wie die erste, in den Ruf der Feuerglocke, in den Refrain.

Überraschend beginnt dann die dritte Strophe ganz anders, *„etwas ruhiger"*, liedhaft. Die Singstimme übernimmt unvermutet die Führung, das Instrument scheint zu begleiten, in ruhigen, klaren Akkordfolgen. Es ist, als ob die Zuschauer sich verwundert fragten: Wer ist das nur? Was ist mit dem Feuerreiter? Er durchbricht die Schranken, die ihm gesetzt sind. Doch was so ruhig und ausgeglichen erscheint, beruht auf Täuschung. Aus den Worten der Menge spricht Furcht und Entsetzen; die scheinbare Harmonie von Singstimme und „Begleitung" bricht auf. Die Melodie der Singstimme nämlich ist in sich geschlossen, rund, periodisch gegliedert in zweimal zwei Takte; eine einfache Melodie in fis-moll, die vom Grundton aufsteigt bis zur Sexte und zum Grundton wieder zurückkehrt:

---

170 Herwig Knaus hat nachgewiesen, daß das Quartfallmotiv in der Liedmelodik Robert Schumanns eine entscheidende Rolle spielt, vgl. H. Knaus, *Musiksprache und Werkstruktur in Robert Schumanns ‚Liederkreis'*, München-Salzburg 1974 (= *Schriften zur Musik* 27).

Beispiel 47:

etwas ruhiger

Der so oft den ro-ten Hahn mei-len-weit von fern ge-ro-chen

Die Klavierstimme jedoch deutet das fis-moll sofort harmonisch um nach D-dur/h-moll; der Grundton ist nun Terz oder Quinte – der so sicher erscheinende Grund ist keineswegs mehr sicher. Die Oberstimme des Klaviersatzes zudem, die der Singstimme zunächst zu folgen scheint, löst sich von ihr, als die Sexte erreicht ist, und strebt aufwärts zum oberen *fis* — gegen die in sich gerundete Melodie setzt die Klavierstimme die dynamische Skala. Die Singstimme setzt mit dem fünften Takt neu an; diesmal aber kann sie ihr Modell nicht zu Ende führen, die Klavierstimme stößt über die Oktavgrenze ihrer Skala hinaus: Die Komposition bricht aus in den Ausdruck reinen Entsetzens — *„Weh! dir grinst vom Dachgestühle dort der Feind im Höllenschein."*

Dieser erste Teil der dritten Strophe zeigt eines der seltenen Beispiele konsequenter polyrhythmischer Kompositionsweise bei Wolf. Text, Singstimme und Klavierstimme sind unabhängig, gleichberechtigt und führen in ihrem Zusammenwirken den Zuhörer über das hinaus, was jedes Element für sich darstellt. Das Grauen wird erst auf dem Hintergrund scheinbarer Geborgenheit und Sicherheit real und konkret; der Zuhörer ist nicht mehr unbeteiligt, ist selbst bedroht.

Am Ende dieser Strophe ist der Ruf der Feuerglocke nicht mehr zu vernehmen; nur das Signal selbst dringt, verändert, durch die Menge: *„Hinterm Berg, hinterm Berg rast er in der Mühle!"* Es ist der Refrain des Sängers, der sich erhalten hat — der eigentliche Ruf aber, der der Klavierstimme anvertraut war, hat sich in das Rasen des Feuerreiters verwandelt. Wolf bedient sich zu seiner Darstellung einer rhythmisch verkürzten Form des alterierten Quartfallmotivs aus der zweiten Strophe: An die Stelle von punktierten Vierteln und Achteln treten nun punktierte Achtel und Sechzehntel.

Dieselbe rhythmische Figur beherrscht auch den Beginn der vierten Strophe, zu der nun das alte Quartfallmotiv in der ursprünglichen Lage und der ursprünglichen rhythmischen Gestalt wieder hinzutritt. Die Mühle zerbirst, das Feuer erlischt, den *„kecken Reitersmann"* sieht man nicht mehr. Die Spannung läßt nach, die Komposition führt den Hörer zurück in das Pianissimo des Beginns. Die Menge, das

„Gewühle" bleiben (und mit ihnen die entsprechenden Motive), doch die Erregung hat nachgelassen. Auch das Reitermotiv kehrt noch einmal wieder, doch in fallender Bewegung, so als sei der Feuerreiter der Menge zwar noch gegenwärtig, aber nicht mehr als „wilder Reiter", der gegen das Feuer ansprengt, sondern wie sie auf dem Heinweg, nach vollbrachter Tat. Der Ruf der Feuerglocke ertönt noch einmal, aber ganz leise, wie aus der Ferne; das Signal ist nicht mehr schrill und wild, sondern verhalten, immer zögernder und schließlich verklingend.

Nach einer *„langen Pause"* am Ende der vierten Strophe, die den Zeitsprung markiert, folgt die letzte Strophe, der Epilog. *„Nach der Zeit ein Müller fand ein Gerippe samt der Mützen".* Der Komponist nimmt Bezug auf die dritte Strophe (*„Der so oft den roten Hahn meilenweit von fern gerochen"*), das Zeitmaß ist noch ruhiger als dort, die Klavierstimme weitgehend diegleiche, die Singstimme jedoch verändert: An die Stelle der in sich gerundeten selbständigen – auch tonal selbständigen – Melodie tritt hier ein melodischer Kontrapunkt, der aus der Klavierstimme abgeleitet ist. Die polyrhythmische innere Spannung ist erloschen; der Entsetzensschrei erklingt zwar noch einmal, jedoch *„ein wenig zurückhaltend"*, und im ppp. Es ist kein Schrei mehr – das Entsetzen wird zitiert, und der rezitativische Kommentar klingt eher ironisch: *„Feuerreiter, wie so kühle reitest du in deinem Grab!"* Auch die Feuerglocke wird noch einmal zitiert: das *„e"* erklingt nur im Klavier, im pppp – jedoch in punktierten Rhythmen und als Spitzenton eines verminderten Septakkordes – so als verbinde er sich in der Erinnerung noch einmal mit dem Bild der Menschenmenge und der zerborstenen Mühle. Dann aber verliert die Komposition jede ironische Distanz: Das Signal der Feuerglocke hört man nun verändert, in tiefer Lage und in doppelten Notenwerten (und das heißt – des ruhigeren Tempos we-

gen — etwa im vierfach gedehnten Zeitmaß): *„Ruhe wohl".*
Aus der Feuerglocke ist die Totenglocke geworden.

In Hugo Wolfs *Feuerreiter* ist manches charakteristische Merkmal der Zumsteegschen Ballade noch wiederzuerkennen, in erster Linie die kantatenhafte Disposition: Jede Strophe — die letzte als Epilog ausgenommen — beginnt mit einem neuen, eigenen Motiv, zeigt sich als eigener musikalischer Satz. An Zumsteeg erinnert auch die Neigung zu musikalischer Illustration des Textes. Stärker noch als bei Loewe sind jedoch die einzelnen Abschnitte, die einzelnen Strophen motivisch gebunden. Diese Motive sind nicht mehr nur Erinnerungsmotive, sondern — gewissermaßen im Wagnerschen Sinne — instrumentale Kommentare, die den Fortgang der Handlung begleiten und die einzelnen Textelemente immer wieder zurückbeziehen auf ihre Keimzellen in der ersten und zweiten Strophe. Dabei verliert die Singstimme an Gewicht — in ganz ähnlicher Weise, wie wir es in den vorigen Kapiteln beobachten konnten. Nicht selten (den Kehrreim und die dritte Strophe ausgenommen) begnügt sie sich mit einer Art Sprechgesang: Dann ist der Instrumentalpart musikalisch sich selbst genug. Es ließe sich durchaus denken, diesen für sich allein, als Klavierballade auszuführen. Wichtigste Aufgabe der Singstimme aber ist es — immer die „polyrhythmische" dritte Strophe ausgenommen — den Text, das „Programm" der Klavierballade, zu deklamieren und damit die Musik inhaltlich eindeutig zu definieren.

Liederzyklen

Liederzyklen oder Liederkreise sind eine exzeptionelle Erscheinung in der Liedkomposition. Es ist bemerkenswert, daß der Begriff in der Liedkomposition kaum eine Rolle spielt, weder zu Beginn des Jahrhunderts, noch an dessen Ende. Das mag seinen Grund darin haben, daß die Liedtheorie, wie wir gesehen haben, grundsätzlich von der Poetik ausgeht. Der Gedichtzyklus aber ist eher in noch höherem Maße eine Ausnahmeerscheinung gewesen als der Liederzyklus. Gedichte, Lieder miteinander verbinden heißt: sie aufeinander beziehen, ein Lied im anderen formal und inhaltlich fortwirken lassen. Es heißt aber auch: in der Anordnung der Lieder Proportionen, Steigerungen, Abläufe beachten, also Elemente in die Lyrik tragen, die aus anderen Gattungen der Literatur, dem Drama oder dem Roman abgeleitet sind. All das verträgt sich wenig mit dem Liedbegriff der Goethezeit, den wir eingangs beschrieben haben. Es ist daher kein Wunder, daß Liederzyklen anfangs selten sind — selten in der Intention der Komponisten, noch seltener im Konzert. Schubert beispielsweise hat die zwanzig Lieder von der *Schönen Müllerin* 1823 geschrieben; 1824 waren sie in fünf Heften im Druck erschienen; erst im Mai 1856 wurden sie das erstemal öffentlich als Zyklus vorgetragen — durch Julius Stockhausen in Wien. Bis dahin sah man in ihnen eine Sammlung von einzelnen Liedern — und für die Theorie, für die Musikästhetik war das einzelne Lied maßgeblich, so wie es im Konzert erklang (und wie es, keineswegs zu Unrecht, noch heute oft zu hören ist).

Nur dann, wenn der Textzusammenhang einer Liedergruppe dem Publikum bekannt war, wenn der Komponist seinen Zyklus etwa einem beliebten Roman, einem Drama oder einem Epos entnommen hatte, nur dann konnte er damit rechnen, daß der Zuhörer das Einzellied, das er hörte, in den Zusammenhang einordnete, daß er mithörte, was er vom Roman, vom Drama her wußte. Ein Beispiel möge zeigen, was hier gemeint ist: Wenn etwa in den zwanziger oder dreißiger Jahren des Jahrhunderts Schuberts schon damals viel gesungenes *Ave Maria* (D 839) erklang, dann wußte der Zuhörer, daß es sich um ein Lied aus der damals weit verbreiteten Verserzählung *Das Fräulein vom See* (*The Lady of the Lake*) von Walter Scott handelte und daß es Ellen, die Titelheldin der Erzählung, war, die es sang. Er hörte das Lied also nicht als „Hymnus an die heilige Jungfrau", sondern als Klage eines verzweifelten Mädchens – in ähnlicher Weise, wie der heutige Hörer *Gretchen im Zwinger* aus dem *Faust* (Schuberts 1817 entstandenes, unvollständig erhaltenes Lied *„Ach neige, du Schmerzensreiche, dein Antlitz gnädig meiner Not"*, D 564) nicht als ein beliebiges Gebet an die Jungfrau hören kann.

Das Lied der Goethezeit hatte vornehmlich gesellige Funktion: man sang es im häuslichen Kreise, im Salon, in Liedertafeln und ähnlichen geselligen Vereinigungen; auch die vielgenannten „Schubertiaden" – Zusammenkünfte in Schuberts Freundeskreis, auf denen der Komponist vor allem Lieder und Tänze vortrug – sind ein Beispiel dafür. Fast versteht es sich da von selbst, daß einer der ersten Liederzyklen, die wir kennen, aus einem Gesellschaftsspiel, einem Liederspiel hervorging. So hatte sich im Winter 1816–1817 im Hause des Geheimen Staatsrats Stägemann in Berlin ein geselliger Kreis gebildet, dem auch der Dichter

Wilhelm Müller (1794—1827) angehörte. Man hatte sich die Aufgabe gestellt, die Geschichte von *Rose, die Müllerin* in einer Liederkette dramatisch darzustellen. Die Tochter Stägemann übernahm die Rolle der Müllerin, Wilhelm Müller die des Müllerburschen, der Maler Hensel (der später Fanny Mendelssohn, die Schwester des Komponisten heiratete) die des Jägers, des Rivalen. Die Gedichte schrieb in der Mehrzahl Wilhelm Müller, die Musik dazu Ludwig Berger[171]. Aus diesem Liederspiel ist dann in den Jahren 1818—1820 Wilhelm Müllers Gedichtzyklus *Die schöne Müllerin* hervorgegangen.

Das Liederspiel [171a] selbst ist der Ballade verwandt — auch in ihrer ursprünglich spielerischen Grundhaltung. An die Stelle von Strophen und Strophengruppen nur treten eigene Lieder, die Verbindung ist lockerer, der Dichter freier: er ist nicht über weite Strecken an ein einmal gewähltes Formschema gebunden. Auch für den Komponisten ist die Organisation des Ganzen einfacher. Er kann an die Stelle eines Strophenliedes mit unzähligen, ermüdenden, musikalisch immer gleichen oder ähnlichen Strophen eine Folge von Strophenliedern setzen — im Grunde also das Prinzip des Durchkomponierens mit dem Prinzip des Strophenliedes verbinden.

Die Verbindung dieser beiden Prinzipien steht offenbar als kompositorisches Konzept auch hinter Beethovens etwa

---

[171] Vgl. hierzu etwa Arnold Feil, *Franz Schubert. Die schöne Müllerin. Winterreise*, Stuttgart 1975, S. 23 f. Ausführliches hierzu bei Max Friedlaender, *Die schöne Müllerin . . . von Franz Schubert. Kritische Ausgabe . . .*, Leipzig o.J (1922), S. 7 ff., und F. V. Damian, *Franz Schuberts Liederkreis ‚Die schöne Müllerin'*, Leipzig 1928, S. 88 ff.

[171a] Gemeint ist hier die für einen geselligen Kreis bestimmte Liederkette, nicht die auf Reichardt zurückgehende, für die Bühne gedachte Variante des Singspiels. Vgl. hierzu Luise Eitel Peake, *The Antecedents of Beethoven's Liederkreis*, in: *Music & Letters* LXIII, 1982, S. 242—260.

ein halbes Jahr vor Bergers Müller-Liedern entstandenem Liederkreis *An die ferne Geliebte* (op. 98), wohl dem frühesten Liederzyklus im engeren Sinne. Der Text dieser Lieder stammt von dem damals in Wien lebenden Brünner Medizinstudenten Alois Jeitteles; Beethoven erhielt ihn wahrscheinlich im Manuskript von dem jungen Dichter. Dabei fühlte sich Beethoven von dem Gegenstand der Dichtung offenbar besonders angesprochen. Alexander Thayer macht darauf aufmerksam, daß der Liederkreis sicher nicht zufällig in einer Zeit entstanden ist, in der Beethoven an Ferdinand Ries *„die Worte schrieb: ‚Ich fand nur eine, die ich wohl nie besitzen werde'* "[172]. Man hat neuerdings darauf hingewiesen, daß Beethoven in der Komposition seine unglückliche Liebe objektivierte[173], sich damit von ihr löste, daß es ihm erst danach möglich wurde, über die *„eine, die ich wohl nie besitzen werde"* (sehr wahrscheinlich die Adressatin des berühmten Briefes an die *„Unsterbliche Geliebte"* vom Juli 1812) zu sprechen und zu schreiben. Selbst wenn dies zutrifft — oder vielleicht gerade dann — ist es erklärlich, daß Beethoven bei der Komposition der schwärmerischen Texte des jungen Jeitteles zu einem neuen, eigenen Liedtypus gefunden hat, der gleichweit entfernt ist von den Vorbildern des vergangenen Jahrhunderts (dem „Odentypus", dem die Mehrzahl der Beethovenschen Lieder verpflichtet ist), wie von dem der Arie, deren Muster etwa seine *Adelaide* (op. 46), aber auch das

---

[172] Brief vom 8. Mai 1816, vgl. Alexander Wheelock Thayer, *Ludwig van Beethovens Leben*, III, 3.—5. Aufl., Leipzig 1923, S. 565. Aus derselben Zeit berichtet Fanny Giannatasio del Rio, Beethoven *„liebe unglücklich! Seit fünf Jahren hatte er eine Person kennen gelernt, mit welcher sich näher zu verbinden er für das höchste Glück seines Lebens gehalten hätte. Es sei nicht daran zu denken, fast Unmöglichkeit, eine Chimäre. ‚Dennoch ist es jetzt noch wie am ersten Tag'* . . ." (Thayer, a.a.O., S. 564).

[173] Vgl. hierzu Joseph Kerman, *An die ferne Geliebte*, in: *Beethoven Studies*, hsg. von Alan Tyson, New York 1973, S. 129—132.

Bußlied, das letzte der *Sechs Lieder von Gellert* (op. 48), prägen.

Der zyklische Charakter des Liederkreises *An die ferne Geliebte* ist durch die Dichtung vorgegeben. Die sechs Gedichte des Alois Jeitteles sind nicht nur aufeinander bezogen, sie sind selbst in Kreisform geordnet. Das gilt für ihre metrisch-formale Konzeption, d.h. für den musikalischen Aspekt der Dichtung. Joseph Kerman hat darauf hingewiesen[174], daß — nimmt man die inhaltlich verwandten Lieder 3 und 4 zusammen — die einzelnen Lieder sich nach Strophenzahl (4+3+8+3+4 Strophen)[175], metrischer Ordnung (trochäisch-anapästisch-trochäisch-anapästisch-trochäisch) und Verszahl der Einzelstrophen (4-6-4-6-4) symmetrisch ordnen. Die Kreisform gilt jedoch auch für die inhaltliche Konzeption des Zyklus. Das erste Lied gibt das Thema an, beklagt die Trennung von der Gebliebten (*I: „Auf dem Hügel sitz ich, spähend in das blaue Nebelland, nach den fernen Triften sehend, wo ich dich, Geliebte, fand"*), die Unmöglichkeit jeglicher Kommunikation und zieht daraus den Schluß (*IV: „Will denn nichts mehr zu dir dringen, nichts der Liebe Bote sein? — Singen will ich, Lieder singen, die dir klagen meine Pein!"*). Mit dieser vierten Strophe hätte das erste Lied seine Aufgabe im Grunde bereits erfüllt: die Themenstellung. In einer fünften Strophe aber greift es noch darüber hinaus, nimmt einen Gedanken vorweg, den dann erst der ganze Zyklus ausführen soll: *„Denn vor Liedesklang entweichet jeder Raum und jede Zeit, und ein liebend Herz erreichet, was ein liebend Herz geweiht!"*

Das zweite Lied nun zeigt uns das *„ruhige Tal",* in dem die Geliebte wohnt, und spricht von der Sehnsucht des

---

174 a.a.O., S. 126.
175 Genau genommen sind es 5+3+5+3+4 Strophen; die fünf Strophen des ersten Liedes lassen sich jedoch als 4+1 deuten, denn die letzte Strophe dieses Liedes entspricht der letzten des letzten Liedes, stellt also gewissermaßen eine Antizipation dar.

Sängers, in jenes Tal zurückzukehren. Das dritte und vierte Lied rufen *„leichte Segler in den Höhen"* (Lied 3) beziehungsweise *„diese Wolken in den Höhen"* (Lied 4), aber auch Bächlein und Winde an, die die Geliebte zu sehen, zu spiegeln, zu berühren vermögen, und bitten, ihr seine Seufzer zu bringen. Das fünfte Lied endlich (*„Es kehret der Maien, es blühet die Au"*) zeigt die Natur im Frühling, die sich erfüllende Liebe — doch: *„Wenn alles, was liebet, der Frühling vereint, nur unserer Liebe kein Frühling erscheint, und Tränen sind all ihr Gewinnen."*

Das letzte Lied nun greift das erste wieder auf: *„Nimm sie hin denn, diese Lieder"*. Was die Natur nicht vermag — der Geliebten seine Sehnsucht mitzuteilen — das vermag die Kunst; vor ihr weicht Raum und Zeit. Wenn die Geliebte abends *„zu der Laute süßem Klang"* seine Lieder singt — *„dann vor diesen Lieder weichet, was geschieden uns so weit, und ein liebend Herz erreichet, was ein liebend Herz geweiht!"* Der Kreis ist geschlossen, in doppeltem Sinne: Der Zyklus ist zum Beginn zurückgekehrt, aber auch die Sehnsucht des Liebenden ist gestillt, die Geliebte ist ihm und er ihr wieder gegenwärtig.

Beethoven folgt der formalen Konzeption des Dichters. Sein erstes Lied gibt — wie das erste Gedicht des Jeitteles — das Thema an, formuliert es in einem Achttakter, der die erste Strophe umgreift, aber eher wie ein „Thema" wirkt, als wie eine in sich geschlossene Strophenmelodie. Beethoven behandelt es daher auch quasi instrumental, wiederholt es für jede der fünf Strophen in der Singstimme im wesentlichen unverändert (nach dem Prinzip des Strophenliedes), variiert aber die Begleitung zugleich in der Klavierstimme in jeder Strophe, und zwar fortschreitend im Sinne der Figuralvariation: 1. Strophe — Thema (die Begleitung stützt die Singstimme und definiert sie harmonisch); 2. Strophe — Erste Variation in punktierten Rhythmen; 3. Strophe —

Zweite Variation in fortlaufender Sechzehntelbewegung; 4. Strophe — Dritte Variation in einer Art Sarabandenrhythmus; 5. Strophe — Vierte Variation in drängender Bewegung mit nachschlagenden Sechzehnteln. Diese letzte Variation ist nach dem Modell der Figuralvariation auch ein Epilog in sich steigerndem Tempo (*„Nach und nach geschwinder, stringendo"* schreibt Beethoven vor), das im Nachspiel zu dem einzigen Forte-Abschnitt des Liedes führt. Dieser Coda-Charakter entspricht zugleich aber auch der besonderen Stellung der Schlußstrophe des Gedichtes, die über das Lied hinaus auf den Schluß des Zyklus weist.

Zwischen die einzelnen Strophen des ersten Liedes hat Beethoven ein — gleichfalls variiertes — Zwischenspiel von zwei Takten eingeschaltet, das, synkopisch einsetzend, die Bewegung weiterführen und verhindern sollte, daß am Ende jeder Strophe eine für das eigentliche Strophenlied im engeren Sinne charakteristische Zäsur das Ende des musikalischen Satzes markiert. In ähnlicher Weise nun führt ein kurzes Zwischenspiel von zwei Takten vom ersten Lied zum zweiten Lied und damit in ein neues Tempo, eine neue Tonart und eine neue Bewegung. Dieses zweite Lied ist wieder ein Strophenlied — dem Charakter der Dichtung entsprechend aber ein konventionelleres als das erste. Hier muß keine These mehr aufgestellt und durchgeführt werden; es ist jenes *„ruhige Tal"* zu beschreiben, in dem *„Schmerzen und Qual"* schweigen. Beethoven faßt die drei Strophen nach Reichardtscher Art zu einem variierten Strophenlied zusammen, indem er die erste und dritte Strophe von der Singstimme ausführen und vom Klavier stützen läßt, während in der in die Subdominante transponierten Mittelstrophe das Instrument die Melodie übernimmt; die Singstimme hingegen trägt — auf der Quinte psalmodierend wie auf einem Rezitationston — den Text vor.

Wieder führen zwei Takte Zwischenspiel in eine neue Tonart, eine neue Bewegung und ein neues Tempo. Das dritte Lied führt sich zunächst ein wie ein wirkliches Strophenlied: die zweite Strophe ist mit der ersten identisch. Mit der dritten Strophe aber ändert sich der Ton unvermittelt: *„Wird sie an den Büschen stehen, die nun herbstlich falb und kahl"* — der Sänger bemerkt zum erstenmal, daß „Ferne" nicht nur räumlichen, sondern auch zeitlichen Abstand bedeutet, daß sie Veränderung mit sich bringt. In den Strophen 3—5 erklingt die Melodie der ersten beiden Strophen daher in Moll; im übrigen ist sie weitgehend unverändert. Der Klaviersatz hingegen unterscheidet sich grundsätzlich. Während die ersten beiden Strophen, von geschmeidigen Triolen bewegt, gleichsam dahinfliegen (*„Leichte Segler in den Höhen"*), ist die Bewegung in der dritten ganz zurückgenommen. In der vierten steigert sie sich zu nachschlagenden Achteln und kehrt erst in der fünften zu den Triolen zurück, ohne freilich den Schwung der dritten Strophe wieder zu erreichen. So vermag sie auch in den letzten Takten (*„meine Tränen ohne Zahl"*) den elegischen Ton der dritten Strophe noch einmal aufzunehmen.

Das dritte Lied kombiniert somit Gestaltungsprinzipien des zweiten (einfaches Strophenlied) mit denen des ersten (Variation). Inhaltlich verbinden sich hier ja auch Momente des ersten Liedes mit denen des zweiten, der Versuch nämlich, Kontakt mit der fernen Geliebten aufzunehmen, und die Beschwörung ihres Bildes im jetzt *„stillen Tal"*. Es folgen abermals zwei Zwischentakte. Mit Beginn des vierten Liedes kehrt der Komponist in die Ausgangstonart des dritten zurück. Der Sänger greift die Gedanken der ersten beiden Strophen des dritten Liedes wieder auf — sie klingen auch musikalisch wieder an: der Sechsachteltakt erinnert an die triolische Bewegung des Viervierteltaktes im dritten

Lied, die nun aber auch die Singstimme aufnimmt. Es entstehen kurze, gleichförmige Strophen mit diesmal zwar auch variierter, bewegungsmäßig aber einheitlicher Instrumentalstimme. Das vierte Lied kann freilich die Molltöne am Ende des dritten nicht vergessen machen; es ist nachdenklicher, eine Art Abgesang.

Wenn der Komponist dann mit dem fünften Lied wieder jubelnd einsetzen will: *„Es kehret der Maien, es blühet die Au"*, wenn die Trauer über die Entfremdung durch die Zeit von der Hoffnung auf die Wiederkehr des Frühlings und auf die sich dann erfüllende Liebe verdrängt wird, dann benötigt der Komponist nun ein längeres, rhapsodisches Zwischenspiel, das die nachdenkliche Stimmung verscheucht und wie gewaltsam einen neuen Ton anstimmt. Es folgt dann ein reines Strophenlied, in dem nur leichte Veränderungen in den Zwischenspielen andeuten, daß möglicherweise nicht alles stimmt, daß der Sänger der so heftig beschworenen Freude nicht ganz zu glauben vermag. Der Hörer ist daher nicht völlig überrascht, wenn das Lied am Ende in einem weit angelegten Ritardando den Jubel aufgibt, sich der Tränen erinnert, mit denen das dritte Lied schloß. Die letzten Takte sind so ganz zurückgenommen, die Bewegung ist Adagio, die Tonart c-moll statt C-dur; der Komponist leitet uns hinüber zum Schlußgesang des Zyklus in Es-dur.

Dieser Schlußgesang nun ist kein Lied mehr: es ist eine kleine zweiteilige Arie: *Andante con moto, amabile — Ziemlich langsam und mit Ausdruck / Allegro molto e con brio*. Beethoven zieht — wie der Dichter — aus den vorangegangenen Liedern die Summe. Der erste Teil der Arie ist ein charakteristischer, lieblicher Andante-Satz, in dem sich der Sänger ganz der Geliebten zuwendet: *„Nimm sie hin denn, diese Lieder"*; dabei erinnert er melodisch an das Thema des ersten Liedes, ohne es direkt zu zitieren. Es folgt ein arios rezitierender Mittelteil und die Wiederkehr des Andante-Satzes (*„und du singst, was ich gesungen"*). Dann stockt die Arie in einer Fermate. Der zweite Teil beginnt „ziemlich langsam": Das Thema des ersten Liedes erklingt nun vollständig und wie zu Beginn des Zyklus — jedoch nicht in der Originalgestalt, sondern in der der fünften Variation. Der Komponist macht darauf aufmerksam, daß die letzten Strophen beider Gedichte sich gleichen. Zugleich benutzt er den besonderen Charakter der Coda-Variation, das „stringendo" der letzten vier Takte, als Überleitung zum Allegro molto, zur Stretta der Arie. Diese weitet nun das Schlußmotiv des Themas, führt es aus im Sinne eines Finales, das zugleich Finale des ganzen Zyklus ist. Bemerkenswert ist dabei das Nachspiel, das die beiden letzten Worte aufgreift (*„Herz geweiht"*), mit sforzato-Synkopen im Fortissimo, dann aber wieder zurückgeht bis zum Pianissimo und doch schließlich mit einer trotzigen Schlußfigur das Forte bestätigt. Es ist der Wille des Komponisten, des Sängers, der die widrige Realität zu bezwingen versucht.

Beethovens Liederzyklus *An die ferne Geliebte* stellt so zugleich eine Summe seiner Liedkunst dar. Die einzelnen Lieder des Zyklus folgen verschiedenen Modellen des variierten Strophenliedes, wobei einmal das Liedprinzip, das anderemal die Variation im Vordergrund stehen kann. In der Verbindung der einzelnen Lieder durch jeweils vermittelnde Überleitungstakte entsteht jedoch ein Zyklus von Kompositionen nach Art einer Kantate[176], die sich von Zumsteegs Balladen vor allem darin unterscheidet, daß die einzelnen Glieder nicht Ariosi (die dem Text im Detail nachgehen) sind, sondern in sich festgefügte Strophenlieder. Beethovens „Kantate" nun mündet in eine Arie, die

---

176 *„Gleichsam e i n ungeheuer erweitertes Lied"* nennt Hans Boettcher den Zyklus (*Beethoven als Liederkomponist*, Augsburg 1928, S. 67).

einerseits seine zweite wichtige Liedform repräsentiert, andererseits aber auch der Kantate zu dem notwendigen Finale verhilft.

Die zyklischen Elemente des Textes spiegeln sich in der Disposition des Beethovenschen Zyklus; sie regen Beethoven an, vielleicht im Sinne von Leitideen. Was den Zyklus musikalisch verbindet, ist dann aber bei Beethoven mit den Mitteln seiner Instrumentalmusik ausgeführt, in einer Weise, die den Eindruck entstehen läßt, als dominiere bei ihm das rein Musikalische. Der Eindruck trügt zwar: bei einem Versuch, die Singstimme instrumental vorzutragen, bliebe unverständlich, weshalb diese etwa an den Variationen nicht teilhat, auch erhält die Musik, wie gezeigt wurde, erst aus dem poetischen Affekt heraus ihren Sinn, ohne Worte wäre der oft unvermutete Wechsel musikalischer Charaktere kaum plausibel. Dennoch aber zeigt sich, welchen bedeutenden Anteil das Instrumentale (und in der Stretta der Arie auch die konventionelle Strettaformel in der Singstimme) im Zyklus hat, in welcher Weise er „polyrhythmische" Kompositionsweise wenn nicht vorwegnimmt, so doch vorbereitet.

Sind auch Liederzyklen im engeren Sinne selten zu Beginn dieses Jahrhunderts, so ist doch zyklische Kompositionsweise und zyklische Ordnung oft geradezu die Regel — bei Franz Schubert zumindest. Seit 1814 komponierte er häufig Lieder eines einzigen Dichters in größerer Zahl nacheinander. Im Jahre 1815 entstanden so beispielsweise 25 Lieder von Ludwig Theobul Kosegarten (zwanzig im Juni/Juli und noch einmal sieben im Oktober), elf Lieder von Theodor Körner (zwischen Ende Februar und Anfang April), acht von Klopstock (im September). 1814 hatte er bereits 13 Lieder nach Gedichten von Friedrich Matthisson geschrieben — darunter die bereits erwähnte *Adelaide* (D 95), ein Lied, mit dem sich Schubert zum erstenmal an

Beethoven maß. Nicht selten gewinnen diese Lieder fast den Charakter eines Zyklus, wenn auch eines Zyklus in freier Ordnung, gebunden nur durch einen den Liedern gemeinsamen, einheitlichen Ton. Schuberts Matthisson-Liedern gemeinsam ist so eine freie strophische Kompositionsweise und eine, in seinem Liedschaffen bis dahin ungehörte, polyrhythmisch geprägte liedhafte Diktion[177]. Es ist nur konsequent, daß Schubert Anfang 1816 daran dachte, seine Lieder in acht nach Dichtern geordneten größeren Heften herauszugeben. Diese Hefte, für die sich Schubert Goethes Unterstützung erhoffte[178], konnten damals jedoch nicht erscheinen; einen Verleger fand Schubert dafür nicht, denn Goethes Hilfe war ausgeblieben.

Als Schubert dann von 1821 an seine Lieder in kleineren Heften von meist drei bis vier Liedern wirklich zum Druck gab, kamen diese einer zyklischen Ordnung schon näher. Schubert ordnete die Lieder entweder nach Dichtern (es gibt Goethe-Hefte, Mayrhofer-Hefte, Seidl-Hefte usw.), oder aber nach inhaltlichen Gesichtspunkten. Hier ist es nun nicht mehr die Dichtung, die die Komposition beeinflußt (und auf die die Musik allenfalls zurückwirkt), sondern die ordnende Hand des Komponisten, die den Inhalt

---

177 Vgl. Maximilian und Lilly Schochow, *Franz Schubert. Die Texte seiner einstimmig komponierten Lieder und ihre Dichter*, Hildesheim und New York 1974, Vorwort. Zu den Matthisson-Liedern siehe auch F. Schubert, *Ausgewählte Lieder*, hsg. von W. Dürr und Reinhard Van Hoorickx, Kassel etc. 1969.

178 Schubert schickte eines der geplanten Hefte in Reinschrift nach Weimar (das Heft ist als „erstes Liederheft für Goethe" bekannt geworden). Sein Freund Josef von Spaun schrieb den Begleitbrief dazu und bat darin den Dichter um die Erlaubnis, ihm das Heft zu widmen. Goethe ging darauf jedoch nicht ein. Vgl. O.E. Deutsch, *Schubert. Die Dokumente seines Lebens* (s. Anm. 39), S. 40 f.; im einzelnen s. O.E.Deutsch, *Schuberts zwei Liederhefte für Goethe. Ein Rekonstruktions-Versuch*, in: *Die Musik* XXI/1, 1928/29, S. 31–37, und W. Dürr, *Aus Schuberts erstem Publikationsplan: Zwei Hefte mit Liedern von Goethe* (s. Anm. 50).

der Lieder durch ihre Zusammenstellung verändert. Einige
Beispiele mögen das belegen. So stellt Schubert 1826 in seinem Liederheft op. 65 zwei Gedichte von Johann Mayrhofer
und eines von Friedrich Schlegel zusammen. Eröffnet wird
die Liedergruppe durch das *Lied eines Schiffers an die Dioskuren* von Mayrhofer (D 360, 1816 entstanden), einen Anruf
an die *„Zwillingssterne"*, die auf dem Meere Geborgenheit
und Sicherheit geben, aber auch ein Ziel bezeichnen: *„Dieses Ruder, das ich schwinge, Meeresfluten zu zerteilen, hänge ich, so ich geborgen, auf an eures Tempels Säulen"*. Für
sich genommen erscheint dies Lied als ein Bild des Vertrauens auf die himmlische Macht.

Es folgt nun aber an zweiter Stelle das 1819 entstandene
Lied *Der Wanderer* (D 649) von Schlegel, in dem der Mond
dem Wanderer den Weg weist in Fremde und Einsamkeit:
*„Folge treu dem alten Gleise, wähle keine Heimat nicht.
Ew'ge Plage bringen sonst die schweren Tage. Fort zu andern sollst du wechseln, sollst du wandern, leicht entfliehend jeder Klage."* Dabei flößt die Fremde keine Furcht
ein; im Dunkeln, im „Widerschein" des Mondes erscheint
die Welt dem Wanderer gut: *„Alles Reine seh ich mild im
Widerscheine, nichts verworren in des Tages Glut verdorren:
froh umgeben, doch alleine."* Der Schiffer des ersten Liedes
ist nun nicht mehr Schiffer im gewöhnlichen Sinne, sondern
Schlegels Wanderer, und wenn er singt, er fühle sich in den
Strahlen der Zwillingssterne *„doppelt mutig und gesegnet"*,
dann erinnert dies den Hörer nun an das Licht des Mondes,
in dessen Führung der Wanderer von sich sagen kann:
„steige mutig, singe heiter, und die Welt erscheint mir gut".
Was noch fehlt, ist ein Hinweis auf das Ziel des Wanderers.
Man findet es in dem dritten Lied *Heliopolis I* (D 753, 1822
entstanden): *„Im kalten, rauhen Norden ist Kunde mir geworden von einer Stadt, der Sonnenstadt... Licht erzeugt
alle Gluten, Hoffnungspflanzen, Tatenfluten!"* Er ist auf

dem Wege nach Utopia, dem Land der Hoffnung — und der Tat! dorthin, wo nicht mehr ferne Sterne oder Widerschein des Lichtes Illusionen schaffen, sondern wo die Sonne selbst leuchtet. Die drei Gedichte sind so zu einem inhaltlich geschlossenen, durchaus romantischen Zyklus zusammengefügt, und in ihrer zyklischen Bindung haben sie eine neue Dimension gewonnen, die sie einzeln weder durch ihren Text, noch in der Verbindung von Text und Musik besitzen.

Ein anderes Beispiel dafür, wie sich eine — diesmal bei der Komposition der einzelnen Lieder wohl bereits intendierte inhaltliche Aussage erst in der zyklischen Bindung erschließt, sei Schuberts Liederheft op. 23. Im Mittelpunkt dieses Opus stehen zwei Lieder von Johann Chrisostemus Senn, der Schubert damals sehr nahe stand. Senn war im März 1820 in der Folge einer Hausdurchsuchung verhaftet worden. Anlaß dafür war die Tagebuchnotiz eines Studenten, die der Polizei in die Hände gefallen war: *„Senn ist der einzige Mensch, den ich fähig halte, für eine Idee zu sterben"*[179], hieß es darin. Über das Ergebnis der Durchsuchung berichtete der Polizei-Oberkommissär Leopold von Ferstl an den österreichischen Polizeipräsidenten Sedlnitzky selbst: *„Rapport . . . über das störrische und insultante Benehmen, welches der in dem burschenschaftlichen Studentenvereine mitbefangene Johann Senn . . . bey der angeordneter massen in seiner Wohnung vorgenommenen Schriften-Visitation und Beschlagnahme seiner Papiere an*

---

179 Vgl. Harry Goldschmidt, *Franz Schubert. Ein Lebensbild*, Leipzig 7/1980, S. 139 und O.E.Deutsch, *Schubert. Die Dokumente seines Lebens* (s. Anm. 39), S. 87 ff. Zu dem Liederheft op. 23 siehe auch W. Dürr, *Franz Schubert in seiner Zeit: Ergebnisse musikalischer Quellenforschung*, in: *Quellenforschung in der Musikwissenschaft*, in Verbindung mit Wolfgang Rehm und Martin Ruhnke hsg. von Georg Feder, Wolfenbüttel 1982 (= *Wolfenbütteler Forschungen* Bd. 15), bes. S. 115–117.

den Tag legte . . . Dabey sollen seine bey ihm befindlichen Freunde, der Schulgehilfe aus der Roßau Schubert, und . . . der Sohn des Handelsmannes Bruchmann, Jurist im 4. Jahre, in gleichem Tone eingestimmt, und gegen den amthandelnden Beamten mit Verbalinjurien und Beschimpfungen losgezogen seyn"[180].

Senn verbrachte 14 Monate in Untersuchungshaft und wurde dann nach Tirol abgeschoben, blieb jedoch als Verbannter unter Polizeiaufsicht. Seine Freunde — Schubert und Bruchmann (zu dieser besonderen Gruppe in Schuberts Freundeskreis zählten damals auch Franz von Schober und Moritz von Schwind) — kamen glimpflich davon. Mit Senns Los aber gaben sie sich nicht zufrieden. Im September 1822 besuchte Bruchmann den Freund in Innsbruck und berichtete davon in einem Brief an Schober: *„Gestern habe ich Senn gesprochen und den halben Tag mit ihm auf den Bergen verlebt! . . . Was seine äußeren Verhältnisse, seine jetzige nicht üble Lage, seine Pläne zu seiner Befreyung aus den österreichischen Klauen betrifft, will ich der mündlichen Mittheilung vorbehalten, da sich bey der in einigen Monathen zu erwartenden Veränderung seiner Lage eine schöne Mitwirkung für uns aufthun wird . . . Grüßen Sie Schwind und Schubert . . ."*[181].

Aus der „Befreiung aus den österreichischen Klauen" ist nichts geworden; Bruchmann aber brachte wahrscheinlich die beiden Gedichte Senns nach Wien mit, die Schubert umgehend in Musik setzte. Der Komponist hat dann wohl überlegt, auf welche Weise er seine Verbundenheit mit Senn auch öffentlich demonstrieren könne. Am ehesten geeignet war dazu der Druck der eben komponierten Lieder — doch reichte ihr Umfang für eines der üblichen Liederhefte nicht aus. So fügte Schubert ihnen noch zwei weitere hinzu,

180 O.E. Deutsch, a.a.O., S. 87 f.
181 H. Goldschmidt, a.a.O., S. 141 f.

durch die sich dieser besondere Freundeskreis nun im ganzen darstellte: eines, für das sich derselbe Bruchmann immer wieder bei Schubert eingesetzt hatte (*Die Liebe hat gelogen*, D 751, Text von August Graf von Platen) und eines von Schober (*Schatzgräbers Begehr*, D 761). Das Liederheft war so vollständig. Es erschien im Sommer 1823. Sicher hatte Schubert es — wie er es sonst zu tun pflegte — seinem Freunde, dem Dichter Senn, widmen wollen, doch dürfte die Zensur die Widmung an einen Verbannten nicht gestattet haben. Sie blieb dieses Liederheft Schuberts erstes ohne eine besondere Widmung[182]. Diese allerdings war auch nicht nötig: Die Zusammenstellung der vier Lieder spricht für sich.

Die vier Lieder verbindet ein gemeinsames Thema: das der Vergeblichkeit. In *Selige Welt* (D 743) vergleicht Senn das Leben mit einem Kahn, der ziel- und steuerlos dahintreibt. Die gesuchte „selige Insel", das weiß man wohl, ist nur Wahn, ist Utopie. Trotzdem aber landet man *„überall an, wo sich Wasser an Erde bricht"*. In Senns zweitem Lied, *Schwanengesang* (D 744), spricht sich seine persönliche Resignation noch deutlicher aus. Vielleicht um dies aufzufangen, fügt Schubert als letztes Lied noch Schobers Gesang von dem Schatzgräber an, der rastlos einem alten Gesetz nachspürt, das in tiefster Erde vergraben liegt — wohl wissend, daß er vielleicht vergeblich gräbt. Das Thema der „seligen Insel" kehrt also wieder: *„Wohl tönt"*, heißt es bei Schober, *„auch mir der Klugheit seicht Geschwätz: Du*

---

[182] Auf dem Titelblatt der Erstausgabe ist — das ist ganz ungewöhnlich — keiner der Textdichter genannt. Vermutlich scheute man sich, Senn überhaupt zu erwähnen. Dazu paßt, daß in frühen Abzügen der Erstausgabe Senns Name auch innen beim Kopftitel der Lieder fehlt, vgl. Otto Biba, *Franz Schubert und seine Zeit*, Katalog der Ausstellung im Archiv der Gesellschaft der Musikfreunde in Wien 17. Oktober bis 22. Dezember 1978, Wien 1978, S. 61.

wirst die Müh und Zeit umsonst verlieren. Das soll mich nicht in meiner Arbeit irren . . .". Die „Einkleidung", durch die Senn und Schober die konkrete politische Zielrichtung zu verschleiern trachteten[183], läßt sich in der Zusammenstellung der vier Lieder — und erst in ihr — mit einiger Wahrscheinlichkeit entschlüsseln. Erst die Tatsache, daß Schubert diese Lieder zu einem Liederheft vereinigt hat, gibt uns einen Hinweis darauf, wie er sie verstanden hat.

Schuberts erster kleiner Liederzyklus im engeren Sinne ist im September 1816 entstanden: Drei Gesänge des Harfners aus Goethes Roman *Wilhelm Meisters Lehrjahre* (D 478)[184]. Schubert vereinigt darin die drei Gesänge „Wer sich der Einsamkeit ergibt", „An die Türen will ich schlei-

---

[183] Senn wies später selbst darauf hin, daß sich in diesen Liedern Erfahrungen aus den Freiheitskriegen (die eben nur Befreiung vom äußeren Feind, nicht aber auch Freiheit gebracht hatten) aussprechen: „*Die deutschen Befreiungskämpfe 1813 bis 1815 hatten auch in Österreich eine bedeutende geistige Erhebung zurückgelassen. Unter anderem hatte sich in Wien gleichsam instinktmäßig, ohne alle Verabredung, ein großartiger geselliger Kreis von jungen Literaten, Dichtern, Künstlern und Gebildeten zusammengefunden, desgleichen die Kaiserstadt schwerlich bis dahin je gesehen und der nach seiner Auflösung nach allen Richtungen Samen der Zukunft streute . . . In diesem Kreise dichtete Franz Schubert seine Gesänge . . . Auch meine Gedichte, von denen Schubert einige in Noten setzte, entstanden in diesem Kreise zum Teil oder stehen in Beziehung zu demselben oder sind als Nachklänge zu betrachten . . . So wenig würdig dieselben sind, den oben angedeuteten Erzeugnissen anderer an die Seite gesetzt zu werden, so verleugnen sie meist nicht ihren Ursprung im engeren und weiteren Sinne des Wortes, die sie häufig auch durch ihre Einkleidung bekennen . . ."* (1849). Vgl. H. Goldschmidt, a.a.O., S. 142 f. und O.E.Deutsch, *Schubert. Die Erinnerungen seiner Freunde* (s. Anm. 144), S. 385 f.

[184] Ein möglicherweise bereits früher, 1814 oder 1815 entstandener Zyklus von drei Liedern (*Don Gayseros*, D 93, aus Friedrich de la Motte Fouqués Roman *Der Zauberring*) ist nur unvollständig erhalten.

chen" und *„Wer nie sein Brot mit Tränen aß"* in der Reihenfolge, in der sie in Goethes *Gedichten* gedruckt sind; er folgt damit also Goethes zyklischem Vorbild (s.o., S. 134). Zu einem wirklichen Zyklus mit innerer Konsequenz aber wurden die Lieder erst, als Schubert sie 1822 zum Druck gab und bei dieser Gelegenheit nicht nur eines davon noch einmal neu komponierte (*„Wer nie sein Brot mit Tränen aß"*), sondern die Lieder auch umstellte: *„Wer nie sein Brot mit Tränen aß"* wurde nun das zweite, *„An die Türen will ich schleichen"* das dritte. Damit aber vollziehen die drei Lieder auf einer neuen Ebene nach, was das erste für sich allein genommen dargestellt hatte (s. die Bemerkungen zu *„Wer sich der Einsamkeit ergibt"*, S. 120): die Wendung von der allgemeinen Regel über die Darstellung des persönlichen Leidens zur endgültigen Einsamkeit. Nachdem nämlich der Komponist das erste Lied am Ende ins Allgemeine zurückgeführt hat, schildert nun das zweite (*„Wer nie sein Brot mit Tränen aß"*) des Harfners Leiden und deren Gründe; er klagt die himmlischen Mächte an, die ihn ins Leben hineinführen, die *„den Armen schuldig werden"* lassen und ihn dann seinen Qualen ausliefern, denn: *„alle Schuld rächt sich auf Erden"*. Das dritte Lied endlich zeigt den nun zum Bettler gewordenen Harfner aus der Distanz, im Spiegel objektivierender Linien musikalischer Polyphonie: *„Jeder wird sich glücklich scheinen, wenn mein Bild vor ihm erscheint, eine Träne wird er weinen, und ich weiß nicht, was er weint."* Es ist die Einsamkeit des Leiermanns aus der *Winterreise,* die aus diesem Liede spricht. Durch neue Ordnung und neue Bezüge führt hier der Komponist wieder über den Dichter hinaus.

Kleinere Zyklen im engeren Sinne schrieb Schubert noch verschiedentlich: Die *Sieben Gesänge aus Walter Scotts „Fräulein vom See"* op. 52 zum Beispiel oder die vier *Gesänge aus Wilhelm Meister* op. 62 (D 877). Sie enthalten jeweils auch mehrstimmige Gesänge (ein Quartett und ein Terzett das op. 52, ein Duett das op. 62) und erschwerten damit fraglos eine Aufführung als Zyklus — zumindest heute, wo gemischte Programme, wie zu Schuberts Zeiten, schon aus Kostengründen nicht leicht zusammenzustellen sind. Beide Zyklen sind deshalb als Zyklen heute aus dem Bewußtsein des Publikums verschwunden — man kennt nur noch einzelne Lieder: etwa das schon zitierte *Ave Maria* (D 839) aus op. 52 oder *„Nur wer die Sehnsucht kennt"* aus op. 62 (D 877, Nr. 4). Trotzdem aber ist Schubert zum eigentlichen Begründer der Gattung Liederzyklus in der Geschichte des Liedes geworden — ungeachtet seiner Vorgänger, vor allem Beethovens: durch die beiden Zyklen *Die schöne Müllerin* (D 795) und *Winterreise* (D 911)[185].

Die beiden Zyklen stehen für jeweils eine der beiden für die weitere Liedgeschichte bedeutsam gewordenen Unterarten des Liederzyklus: eine, in der die innere Ordnung des Zyklus primär durch den Text gegeben ist und eine, in der sie vornehmlich durch die Musik gestiftet erscheint.

Vorlage für *Die schöne Müllerin* ist ein „Liederspiel", von dem bereits die Rede war, eine Reihe von Gedichten, für die der Textdichter Wilhelm Müller sich offensichtlich eine Gruppe von Gedichten zum Vorbild genommen hat, die Goethe zuvor in seinen *Gedichten* veröffentlicht hatte: *Der Edelknabe und die Müllerin, Der Junggesell und der Mühlbach, Der Müllerin Verrat* und *Der Müllerin Reue*. Wilhelm Müller hat das Liederspiel überarbeitet, komplettiert und 1821 in einer Gedichtsammlung *Sieben und siebzig Gedichte aus den hinterlassenen Papieren eines reisenden Wald-*

---

[185] Der *Schwanengesang* (D 957/965 A) ist kein Zyklus im engeren Sinne. Die zwei Liedergruppen von Ludwig Rellstab und Heinrich Heine sind lockere Liedergruppen im oben beschriebenen Sinne; das Lied *Die Taubenpost* (D 965 A) nach einem Text von Gabriel Seidl ist ein nachträglich angefügtes Lied.

hornisten veröffentlicht. Dieser Gedichtsammlung entnahm Schubert seine Liedertexte. Er vertonte sie in derselben Reihenfolge, in der Müller sie hatte drucken lassen, ohne wesentliche Änderungen. Freilich strich er einen Prolog und einen Epilog, die die Handlung und die Gestalt des ganzen Zyklus ironisch brechen[186], und auch drei Lieder, die zum Fortgang der Handlung nichts wesentliches beitragen[187]. Den Zusammenhang des Ganzen — die zyklische Einheit — stiftet hier die Konsequenz der Handlung, auf ähnliche Weise wie in einer ausgedehnten Ballade, mit der wir das Liederspiel verglichen haben. Musikalische Mittel, die den Zusammenhang begründen, sind daher hier ebensowenig nötig wie dort. Wie in Schuberts frühen Balladen leitet sich in den Müllerliedern die Tonart verschiedener einzelner Lieder unmittelbar vom Text ab (vgl. die Bemerkungen zu *Die Erwartung*, S. 198 ff.). Der Zyklus beginnt in B-dur (*Das Wandern*) und schließt in E-dur (*Des Baches Wiegenlied*): Der tonartlichen Spannung entspricht in der angeführten Ballade die Spannung zwischen Eingangsstrophe und ekstatischem Mittelteil. Auch die dort beschriebenen Tonartencharaktere lassen sich in den Müllerliedern wiederfinden — nur ergeben sie sich hier nicht unmittelbar aus dem Textinhalt, sondern aus der Funktion eines Liedes im Zusammenhang des Zyklus. So folgt auf das B-dur des ersten Liedes G-dur im zweiten (*Wohin*). Die Tonartencharaktere ließen aber eher erwarten, daß das erste Lied in G-dur stehe (*"alles Ländliche, Idyllen- und Eklogen-*

---

186 „*Ich lad euch*", so heißt es in *Der Dichter*, als Prolog, „*schöne Damen, kluge Herrn, und die ihr hört und schaut was Gutes gern, zu einem funkelnagelneuen Spiel im allerfunkelnagelneusten Stil; schlicht ausgedrechselt, kunstlos zugestutzt, mit edler deutscher Roheit aufgeputzt . . .*".
187 Es handelt sich um *Das Mühlenleben* (nach *Der Neugierige*), *Erster Schmerz, letzter Scherz* (nach *Eifersucht und Stolz*) und *Blümlein Vergißmein* (nach *Die böse Farbe*).

mäßige, ja die ruhige und befriedigte Leidenschaft"), das zweite hingegen in B-dur (*„heitere Liebe, gutes Gewissen, Hoffnung, Hinsehen nach einer besseren Welt"*). Jedenfalls gilt dies, liest man jedes Lied für sich. Schubert aber, so scheint es, deutet in der Wahl seiner Tonarten auf Kommendes. *Das Wandern* ist eben kein Lied, das für sich stehen kann oder gar soll, wie die zum Volkslied gewordene Vertonung des Textes von Carl Friedrich Zöllner (1800—1854) — es ist das „erste" Lied, es setzt etwas in Gang, seine vorwärtsdrängende Bewegung läßt ein Ziel erwarten, auch wenn es im Text noch nicht angesprochen ist, wenn wir noch nicht wissen, welcher Art es sein mag[188]. Sicher ist „Wandern" das Thema des Liedes, mehr noch aber „Hoffnung" (d.h. „Erwartung") — dann freilich ist B-dur die angemessene Tonart wie in der Ballade *Die Erwartung*.

Die zunächst unbestimmte Hoffnung wird in dem folgenden Lied in eine bestimmte Richtung gelenkt. Der Müller findet seinen Freund und Berater, das „Bächlein", und läßt sich von ihm führen. Die Bewegung verliert ihr Drängen, ihre Gerichtetheit — die Idylle fängt den Wanderer ein: *„Ist das denn meine Straße? O Bächlein, sprich, wohin? Du hast mit deinem Rauschen mir ganz berauscht den Sinn . . .*". Freilich: die Idylle hat hier nicht den Charakter einer „ruhigen und befriedigten Leidenschaft" — „befriedigt" ist der Müller nur im Vergleich zum ersten Liede; er glaubt, seinen Weg gefunden zu haben. Doch die Befriedigung ist Entrückung — und solche Entrückung spiegelt sich in der musikalischen „Rückung" von B-dur in die terzverwandte Tonart G-dur. Wahrscheinlich ist im zyklischen Zusammenhang mehr noch als der einer Tonart traditionell zu-

---

[188] Vgl. Arnold Feil, *Franz Schubert. Die schöne Müllerin. Winterreise*, Stuttgart 1975, S. 57 ff. Dort findet man eine detailliertere Analyse der beiden großen Zyklen Schuberts. Zu *Die schöne Müllerin* s. auch Thrasyboulos G. Georgiades, *Schubert. Musik und Lyrik*, Göttingen 1967.

geschriebene Affekt diese Möglichkeit der Verstörung des Hörers durch unerwartete Rückungen für Schubert ein Motiv für die Wahl einer bestimmten Tonart. Man vergleiche hierzu den Schritt von a-moll nach H-dur in den Liedern *Der Feierabend* und *Der Neugierige,* den Weg aus dem Reich der Realität des „Mühlenlebens" in die Märchenwelt des Bächleins, oder die Rückung von D-dur nach B-dur, von *Mein* — dem Jubellied erfüllter Liebe — zu *Pause* — jenem Lied, in dem sich zuerst die Furcht vor einem jähen Ende des Glückes zeigt. (Es sei in diesem Zusammenhang nochmals betont, daß Schubert seine Tonarten ja nicht aufgrund theoretischer Überlegungen wählt, sondern weil er ihnen gleichsam selbstverständlich einen bestimmten Affekt zuschreibt. Das ist ein unterbewußter Vorgang, der durch andere, wichtigere, praktische oder ästhetische Gründe aufgehoben werden kann. Ein „praktischer" Grund kann z.B. die Anpassung an eine bestimmte Stimmlage sein — Transposition —, ein ästhetischer die überraschende „Rückung").

Durch solche Rückungen ist auch das Verhältnis der letzten Lieder des Zyklus zueinander gekennzeichnet. Zwei Welten stehen hier gegeneinander: die reale Welt melancholischer, resignierter Todeserwartung (g-moll: *Eifersucht und Stolz* oder *Der Müller und der Bach*) und eine irreale Welt, in der sich die Widersprüche aufheben durch ironische Distanzierung (h-moll/H-dur, e-moll/E-dur: *„Und wenn sie wandelt am Hügel vorbei und denkt im Herzen, der meint' es treu! dann Blümlein alle, heraus, heraus, der Mai ist kommen, der Winter ist aus."*). Es ist nur konsequent, wenn so auch das letzte Lied in E-dur steht — selbst wenn dies sicher nicht die Tonart ist, die wir uns für ein Wiegenlied erwarten. Wir erinnern uns: es ist *„eine der erregtesten Tonarten . . . Heilige Liebe, Offenheit, freundliche Anschauung der göttlichen Schöpfung"* sprechen aus ihr. Es geht aber auch nicht um Schlaf und Ruhe, sondern um endgültige Entrückung, Entfernung aus der Realität. Der Bach übertönt, verdeckt die Leiden des Müllers, er beseitigt sie nicht: *„Wenn ein Jagdhorn schallt aus dem grünen Wald, will ich sausen und brausen wohl um dich her".* Wohl wiegt er den Müller zur Ruh — doch diese Ruhe ist zugleich neue Wanderschaft: *„Wandrer, du müder, du bist zu Haus. Die Treu ist hier, sollst liegen bei mir, bis das Meer will trinken die Bächlein aus".* Die Realität dringt nur noch von ferne in das Lied, durch die Jagdhorn-Quinten, die Schubert bereits in *Die böse Farbe* in die irreale Welt hinübergenommen hatte, und die sich jetzt in ein Wiege-Motiv verwandeln. Der Rivale ist der eigentliche Grund für die neue, weitere Wanderschaft. Als Wiege-Motiv verwendet Schubert aber auch sein eigentliches Schreit- und Wanderer-Motiv, einen trochäischen Rhythmus ´xx´xx, wie wir ihn aus seinem Lied vom *Wanderer* kennen (D 489: *„Ich komme vom Gebirge her"*) und dann vielfältig ausgeführt aus seiner *Fantasie in C* für Klavier op. 15, der *„Wandererfantasie"* (D 760), aber auch — ganz prononciert — aus dem Oktett für Männerstimmen und tiefe Streicher *Gesang der Geister über den Wassern* (D 714) oder aus Liedern wie *Der Tod und das Mädchen* (D 531): Immer geht es dabei um die Überschreitung von Grenzen, um den Weg zu einem unbestimmten, utopischen Ziel. So auch hier. Der Sinn des Zyklus verschiebt sich damit deutlich, fort vom Spielerischen. Die „schöne Müllerin" ist eigentlich nur mehr eine — wenn auch entscheidende — Station auf der Wanderschaft des Müllerburschen, die Wanderschaft aber ist der eigentliche Inhalt des Schubertschen Zyklus. Daher auch mußte der Komponist den verfremdend ironischen Prolog und Epilog, die das spielerische Element des Zyklus betonen, ausscheiden.

So hat sich das „Liederspiel" von der „schönen Müllerin" in der Vertonung Schuberts verändert: Akzente scheinen anders gesetzt, andere Momente herausgehoben als in Wilhelm Müllers im Druck erschienenem Liederkreis — doch hat Schubert nichts eigentlich hinzugefügt. Der Weg des Wanderers, der unbeschwert beginnt, den das Bächlein führt, zunächst *„zur Müllerin hin"*, dann aber schließlich in jenes Meer, das die Bächlein austrinkt — dieser Weg ist ja auch in Müllers Versen beschrieben. Schubert vertont den Zyklus auf ähnliche Weise, wie er ein großes Gedicht in Musik setzt. *Die schöne Müllerin* ist eine große, polyrhythmische Ballade.

Anders verhält es sich mit der *Winterreise*. Das liegt zunächst an ihrer Entstehungsgeschichte: Anfang 1827 fand Schubert in einem 1823 erschienenen Taschenbuch — im fünften Jahrgang der *Urania* — die zwölf Gedichte des ersten Teiles des Zyklus, von *Gute Nacht* bis *Einsamkeit*. Er vertonte diese zwölf Lieder als eine in sich abgeschlossene, zusammenhängende Liederfolge. In Schuberts Manuskript läßt sich das noch heute ablesen: Er entwarf die zwölf Lieder in einem Zuge und führte sie dann erst nach und nach aus. Schließlich trug er sie seinen Freunden im Zusammenhang vor: *„Eines Tages"*, so berichtet uns Josef von Spaun, *„sagte er zu mir, ‚komme heute zu Schober* (Schubert wohnte damals in Untermiete bei seinem Freunde Franz von Schober), *ich werde euch einen Zyklus schauerlicher Lieder vorsingen. Ich bin begierig zu sehen, was ihr dazu sagt. Sie haben mich mehr angegriffen, als dies je bei anderen Liedern der Fall war'*"[189]. Später erst lernte Schubert den erweiterten, vollständigen Gedichtzyklus Wilhelm Müllers kennen, der 1824 in Müllers zweitem Bändchen der *Gedichte aus den hinterlassenen*

---

[189] O. E. Deutsch, *Schubert. Die Erinnerungen seiner Freunde*, a.a.O., S. 160 f. Vgl. hierzu auch Vorwort und *Quellen und Lesarten* in: *Neue Schubert-Ausgabe, Lieder. Band 4,* hsg. von W. Dürr, Kassel etc. 1979, S. XX f. und S. 299 f.

Papieren eines reisenden Waldhornisten erschienen war. Die zwölf hinzugefügten Gedichte sind dort zwischen die zuerst geschriebenen eingeschoben — freilich so, daß auf das ursprünglich letzte Gedicht *Einsamkeit* nun noch die Gedichte *Mut!* und *Der Leiermann* folgen. Die neuen Gedichte erscheinen somit als Paraphrasen, Varianten oder Kommentare der ursprünglichen. Schubert aber fügte — als er im Herbst 1827 alle eingeschobenen Gedichte komponierte — diese zu einem zweiten Teil des Zyklus zusammen, den er als *„Fortsetzung der Winterreise von Wilh. Müller"* bezeichnete (so ist das Manuskript des zweiten Teils überschrieben). Die gegenüber dem Gedichtzyklus grundlegend geänderte Folge der 24 Lieder erscheint dem Hörer aber trotzdem plausibel. Wie ist das möglich?

Dem Zyklus liegt — anders als den Liedern von der *Schönen Müllerin* — kein gerichteter Handlungsablauf zugrunde; der Wanderer bewegt sich hier im Kreise[190], oder besser in einer Art Spirale. Der Beginn ist eindeutig festgelegt mit dem Verlassen der Stadt und der ungetreuen Geliebten (*Gute Nacht*); das Ende ist zunächst unklar markiert durch *Einsamkeit*, dann präzise durch *Der Leiermann*. Dazwischen findet man immer wieder „Rückblicke", Entsprechungen, Wiederholungen. Wenn Schubert nun die zwölf nachkomponierten Lieder nicht einfach — nach Müllers Vorbild — zwischen die zuerst geschriebenen einschiebt, dann liegt das wahrscheinlich daran, daß er den ersten Teil, den ursprünglichen Zyklus der zwölf Lieder, als musikalisch geschlossene Einheit empfunden hat, die er durch Einschübe zerstören würde. Zwar ist es durchaus möglich, daß es auch äußere Gründe waren, die ihn zwangen, den ursprünglichen Zyklus als solchen zu bewahren: es könnte sein, daß er die ersten zwölf Lieder bereits zum Druck gegeben hatte, als er

---

190 A. Feil, a.a.O., S. 101.

den vollständigen Gedichtzyklus in die Hände bekam. Doch hätte Schubert die Reihenfolge auch dann noch ändern können, wenn ihm an der Ordnung, die der Dichter dem Zyklus gegeben hatte, überhaupt gelegen gewesen wäre. Der erste Teil der Winterreise ist nämlich erst im Januar 1828 erschienen, als der zweite Teil längst komponiert war — und es wäre höchst ungewöhnlich für Schubert gewesen, daß er ihm wichtige Änderungen an einem ursprünglichen Publikationsplan nicht durchgesetzt hätte (solange dies dem Verleger keine allzu großen Kosten verursachte).

Was also mag diese ersten zwölf Lieder so stark verbunden haben, daß Schubert sie nicht auseinanderreißen wollte? Die so locker erscheinende Liederfolge erweist sich, meine ich, bei näherem Zusehen als derart in sich strukturiert, daß jede Einfügung das Konzept verunklaren muß. Es geht dabei, so scheint mir, um den Weg von außen nach innen, von der realen Welt in eine ideale. Es ist — wie der Rezensent der Erstausgabe des ersten Teils der *Winterreise* in der *Wiener Allgemeinen Theaterzeitung* vom 29. März 1828 (also noch zu Schuberts Lebzeiten) schreibt — der Weg *„in weite Fernen"*, wo *„die Ahndung des Unendlichen im dämmernden Rosenlicht sehnsüchtig aufgeht"*, ein Weg, auf dem dennoch der *„Schmerz beschränkender Gegenwart . . ., der die Grenze des menschlichen Seins umstellt"* immer fühlbar bleibt [191]. (Der zweite Teil des Zyklus freilich, den der Rezensent Anfang 1828 noch nicht kennen konnte, zeigt, daß der Weg des Wanderers keineswegs in rosige Unendlichkeit, in die romantische Utopie führt; der Wanderer der *Winterreise* überschreitet keine Grenze mehr, der Weg nach innen führt vielmehr ans Ende.)

Das erste Lied des Zyklus — *Gute Nacht* — berichtet ganz real vom Abschied, davon *„daß man mich trieb hin-*

---

191 O. E. Deutsch, *Schubert. Die Dokumente seines Lebens*, a.a.O., S. 506.

aus" und daß die Liebe das Wandern liebt, *„von Einem zu dem Andern".* Das Lied steht in d-moll, der Tonart der Schwermut und der Resignation[192]. Es zeigt den Wanderer unterwegs in einer scheinbar seit Ewigkeiten gleichförmigen Bewegung — sie ist ziellos, von „Aufbruch" ist nichts zu spüren: darin unterscheidet dies Lied sich grundsätzlich von *Das Wandern,* dem ersten der Müllerlieder. Das nächste Lied, *Die Wetterfahne,* ist ein Rückblick auf des *„Liebchens Haus";* der Wanderer hält inne, die Bewegung scheint unterbrochen. Dieses Lied steht in a-moll, der Moll-Dominante des ersten, ist also tonartlich wie inhaltlich auf das erste bezogen. Dann aber folgt ein Bruch. Das dritte Lied, *Gefrorne Tränen,* steht in f-moll, der Moll-Untermediante zu a-moll. Der Wanderer wendet sich von außen nach innen; jetzt geht es um den Gegensatz der inneren Leidenschaft zu einer in Eis erstarrten Außenwelt, die dennoch abgehoben ist von der realen Welt, aus der der Wanderer kommt — nur noch Zeichen eines Weges, den er vor sich hat. Er geht auch nicht mehr ruhig, gleichmäßig, wie im ersten Lied, sondern unsicher schreitend. Erst dann verfestigt sich der Schritt, als er nicht mehr nach außen, sondern ganz nach innen blickt, auf die „Quelle" seiner Tränen. Daraus erwächst ein neuer Impetus, eine gleichsam „eilende" Bewegung, die zugleich *Erstarrung* ist, wie das folgende, vierte Lied heißt. Der Blick des Wanderers wendet sich noch weiter nach innen, sucht nach „ihr", nach *„ihrer Tritte Spur",* doch vergebens. Er fürchtet, der heiße Quell möge versiegen, seine Schmerzen mögen schweigen und ihr Bild damit verschwinden. Es scheint, als sei damit so etwas wie ein Ziel der Wanderung angegeben. Das Lied steht in c-moll, der Dominante des vorigen. So hat sich eine erste Gruppe von Lie-

---

[192] Chr. F. D. Schubart, *Ideen zu einer Ästhetik der Tonkunst* (s. Anm. 140), S. 261: *„D-Moll, schwermütige Weiblichkeit, die Spleen und Dünste brütet."*

dern konstituiert, gleichsam eine Art Exposition des ganzen Zyklus. Der Weg des Wanderers ist nun vorgegeben, ebenso — ganz ähnlich wie in der *Schönen Müllerin* — die musikalischen Mittel, mit denen Schubert ihn darstellt: mit verschiedenen Formen der Bewegung (und des Innehaltens) und zugleich tonalen Kontrasten, die das Unvermittelte bezeichnen. Wenn es aber um den tonalen Kontrast geht und auch um gewisse Proportionen tonaler Bereiche (2 Lieder d-moll/a-moll, 2 Lieder f-moll/c-moll), dann ist es schwer vorstellbar, wie sich neue Lieder zwischen die bereits komponierten fügen könnten.

Auf die erste Gruppe folgt eine zweite von drei Liedern, alle drei in E-dur oder e-moll[193]. Auf den Abstieg in die Moll-Untermediante folgt nun der Aufstieg in die Dur-Obermediante. Es ist die Welt des Traums, des *Lindenbaums,* eines Traums freilich, der von der Realität immer bedroht ist. Der Traum entwickelt sich aus der *Erstarrung*: in der Einleitung zum *Lindenbaum* greift Schubert das Baßmotiv der *Erstarrung* wieder auf und verknüpft so zugleich die beiden Liedgruppen. Es führt in eine Figur, in der — wie in dem vorigen Lied — die Bewegung wieder gefroren erscheint: *„ich mußt' auch heute wandern, vorbei in tiefer Nacht".* Die Realität bricht in die Traumwelt ein, jedoch verfremdet, so als wäre die Realität der Alptraum, der die schöne Idylle zu stören droht. Wenn auch der Wanderer dann in die Idylle zurückfindet — der Traum ist von kurzer Dauer. Im nächsten Lied, in *Wasserflut,* ist der Wanderer

---

[193] Schubert hat das zweite der drei Lieder (*Wasserflut*) ursprünglich in fis-moll komponiert; in einer teilautographen Abschrift und in der Erstausgabe steht es dann aber in e-moll. Die Transposition geht wahrscheinlich auf Schubert zurück; vermutlich (darauf deuten Korrekturen in der ersten Niederschrift) lag es ihm in fis-moll für die Singstimme zu hoch. — Zur tonalen Ordnung in der *Winterreise* vgl. auch Hans Joachim Moser, *Das deutsche Lied seit Mozart*, Berlin und Zürich 1937, Band II, S. 44 ff.

bereits zurückgekehrt in die Welt der „gefrornen Tränen", nicht mehr schreitend jedoch, sondern verharrend, wie hypnotisiert von seinem Traum: Die Figur der gefrorenen Bewegung des *Lindenbaums* beherrscht dieses Lied. An die Gedanken der *Wasserflut* knüpft dann auch *Auf dem Flusse* noch einmal an. Die drei Lieder bedeuten eine Art Pause auf dem Wege des Wanderers. Was in der ersten Liedergruppe angedeutet wurde, ist hier erneut ausgeführt, doch sind Außen und Innen, Realität und Traum, jetzt seltsam ineinander verschränkt.

Eine dritte Gruppe von Liedern führt den Wanderer dann zum „Ziel". Es ist eine merkwürdig gebrochene, scheinbar ungeordnete Folge von Liedern. Das erste davon, *Rückblick,* wendet sich noch einmal dem Anfang zu. Die gleichförmige Achtelbewegung von *Gute Nacht* hat sich verwandelt in stolpernde Hast. Der Wanderer ist wie gehetzt: *„Ich möcht nicht wieder Atem holen, bis ich nicht mehr die Türme seh".* Das Lied steht in g-moll, der Subdominante des ersten. Die Flucht aus dem Umfeld der Stadt führt abermals zu einem Bruch, die hastende Bewegung wird zu träumerischem Tanz: Ein Irrlicht hat die Führung übernommen. *Irrlicht* — das Lied steht in h-moll. Das tonartliche Verhältnis von *Rückblick* und *Irrlicht* entspricht dem von *Eifersucht und Stolz* (g-moll) und *Die liebe Farbe* (h-moll) in den Müllerliedern. Abermals verändert sich die Bewegung: sie ist jetzt wieder drängend, sucht ein Ziel. *Rast* heißt dieses Ziel — und der Text spricht davon, daß der Wanderer sich endlich *„zur Ruh"* lege — aber: die Musik straft den Text Lügen, von einem Ende der Wanderung kann keine Rede sein. Der Hörer mag im Zweifel bleiben, was nun real, was vorgestellt ist, die Ruhe oder die Wanderung; Realität und Traum schieben sich ineinander (nicht mehr in strophenweiser Verschränkung, wie zuvor, sondern simultan, im Zusammenklang von Text und musikalischem

Kommentar). Das Lied steht in c-moll[194]. Wieder folgt ein Bruch: Der Traum behält die Oberhand. Schubert führt uns aus c-moll nach A-dur, in den *Frühlingstraum*. Dessen letzter Abschnitt ist von einer neuen Bewegungsfigur getragen, von jenem daktylischen Rhythmus, von dem bereits im Zusammenhang mit *Des Baches Wiegenlied* die Rede war. Man weiß nicht, ob diese Figur aus dem Traum heraus, oder — wie der Text suggerieren möchte: *„Die Augen schließ ich wieder"* — in ihn hineinführen soll. Jedenfalls steht an seinem Ende das nächste, letzte Lied des ersten Teils: *Einsamkeit* — offenbar das Ziel der Wanderung, einer Wanderung ganz hinein in die Innenwelt, der Absonderung auch von der umgebenden Natur: *„Wie eine trübe Wolke durch heitre Lüfte geht ... so zieh ich meine Straße"*. Das Lied „geht" wieder, in gleichmäßigen Achteln wie im ersten Lied, „*langsam*" aber dennoch seltsam leicht (Schubert bewirkt das durch die Aufspaltung der Bewegung in komplementären Rhythmen zwischen Baß und Diskant). „Erstarrung" freilich ist das nicht; der Wanderer ist „elend", das Bild der Geliebten noch nicht erloschen. Schubert zeichnet hier wohl ein Ziel vor — auch im tonalen Verhältnis der letzten vier Lieder. a-moll — c-moll — A-dur — h-moll, die die Zieltonart h-moll umkreisen — aber man glaubt es ihm nicht; das kann das Ende nicht sein. Wir verstehen, daß der Rezensent der *Wiener Allgemeinen Theaterzeitung* den Wanderer, wie in den Müllerliedern, weiter unterwegs sieht in das „dämmernde Rosenlicht" des Unendlichen. Müller und Schubert aber meinten es anders; eine Verdeutlichung war nötig. Man findet sie — aber auf verschiedene Weise —

---

[194] Schubert hat das Lied ursprünglich in d-moll komponiert, dann aber selbst hinzugesetzt: *„NB Ist ins Cmoll zu schreiben."* Offenbar suchte er die tonartliche Nähe zum ersten Lied des Zyklus zu vermeiden (vielleicht weil eine Rückkehr zum Ausgangspunkt der Wanderung nicht möglich ist?): Im ganzen Zyklus kommt d-moll nicht wieder vor.

in den später geschriebenen Gedichten, in den Liedern des zweiten Teils.

Die ersten sieben Lieder dieses zweiten Teils erscheinen wie eine Art Kommentar zum ersten. Bestimmte Aspekte werden aufgenommen, weitergeführt, neu beleuchtet. *Die Post* und *Im Dorfe* zum Beispiel spiegeln Aspekte von *Gute Nacht* und *Rückblick;* der Hörer wird noch einmal zurückverwiesen auf den Ausgangspunkt der Wanderung. Anders als bei Müller aber weiß er dabei, daß der Weg in die „Einsamkeit" bereits gegangen ist. Daß ein neuer „Rückblick" dennoch überhaupt möglich ist, macht deutlich, daß die „Einsamkeit" das Ende des Weges noch nicht gewesen war. Auf ähnliche Weise kann man Lieder wie *Der greise Kopf* mit *Gefrorne Tränen* oder *Letzte Hoffnung* mit *Der Lindenbaum* und *Täuschung* mit *Irrlicht* wie mit *Frühlingstraum* in Verbindung bringen[195]. Die letzten fünf Lieder des Zyklus nehmen dann aber den Faden wieder auf, führen uns weiter auf dem Weg des Wanderers. Die Tonart des *Wegweisers* ist die von *Rückblick*: g-moll, doch nicht drängende, fliehende Bewegung zeichnet der Komponist, sondern ruhig gehende Achtel wie in *Gute Nacht*. Das Lied bezeichnet einen neuen Ausgangspunkt: Einen Weiser sieht der Wanderer stehen, *„unverrückt vor meinem Blick",* der ihm den Weg unerbittlich weist, der einen „Rückblick" nicht mehr gestattet. Dieser Weg führt zunächst in *Das Wirtshaus*, auf *„einen Totenacker"*[196]. Dieses Lied ist be-

---

[195] Den Beginn von *Täuschung* hat Schubert dem Lied vom Wolkenmädchen zu Beginn des zweiten Aktes seiner Oper *Alfonso und Estrella* (D 732) entnommen (Nr. 11). Auch dort „täuscht" ein Irrlicht den Wanderer; es führt ihn in die Illusion und damit ins Verderben.

[196] Thr. G. Georgiades hat gezeigt, daß die Melodie dieses Liedes dem Kyrie des gregorianischen Requiems verwandt ist, vgl.: ,*Das Wirtshaus*' *von Schubert und das Kyrie aus dem gregorianischen Requiem*, in: *Gegenwart im Geiste, Festschrift für Richard Benz*, Hamburg 1954.

herrscht von jenen daktylischen Rhythmen, denen wir bereits mehrfach begegnet sind. Doch was am Ende von *Einsamkeit* noch möglich schien — der Weg in das Jenseits und in das Reich der Utopie —, jetzt ist er dem Wanderer versperrt. Die *„unbarmherz'ge Schenke"* weist ihn ab. Das idyllische F-dur dieses Liedes ist Illusion wie das A-dur der *Täuschung. Mut,* das 22. Lied, kehrt nach g-moll zurück, zur Tonart des *Wegweisers.* Schmerz und Leid werden nun verdrängt; wenn die Natur dem Wanderer nicht zu Hilfe kommt, muß er sich selber helfen: *„will kein Gott auf Erden sein, sind wir selber Götter!"* Das vorletzte Lied, *Die Nebensonnen,* schließt nochmals an die *Täuschung* an und an den *Frühlingstraum*: A-dur, die Tonart der Illusion. Zum letztenmal erinnert sich der Wanderer seiner Geliebten, ihrer Augen, die ihm wie Sonnen strahlten. Aber das waren keine wirklichen Sonnen — Nebensonnen waren es, Irrbilder, die nun erloschen sind. Der Wanderer geht auch nicht mehr, er schreitet im Tanz, im Kreise, zu den wiegenden Rhythmen einer Sarabande[197]. Sein Weg ist zuende. Es folgt das letzte Lied, *Der Leiermann.* Die Fiktion des A-dur verwandelt sich in a-moll, traditionell die Tonart der Resignation, *„frommer Weiblichkeit"*[198]. Hier offenbar meint das die Überwindung des eigenen Schicksals durch seine voll-

---

197 Vgl. A. Feil, a.a.O., S. 142 ff.
198 Chr. F. D. Schubart, a.a.O., S. 261. Schubert hatte das Lied zuerst (und noch in der Reinschrift) in h-moll geschrieben und es damit auf den Schluß des ersten Teils bezogen. H-moll ist nach Schubart *„Der Ton der Geduld, der stillen Erwartung seines Schicksals"* (S. 264), es entspricht dem *Affekt* des Liedes in noch höherem Maße als das zwar verwandte aber neutralere a-moll. Ob die Transposition auf den Verleger oder auf Schubert zurückgeht, ist nicht sicher zu entscheiden (die Anweisung im Autograph, das Lied *„in A-mol"* umzuschreiben, stammt vom Verleger), doch scheint mir das affektärmere a-moll der *Funktion* des Liedes gerecht zu werden. Im Unterschied der beiden Tonarten h-moll und a-moll spiegelt sich gerade auch der Unterschied von *Einsamkeit* und *Der Leiermann.*

kommene Annahme. Die zwei Nebensonnen sind untergegangen — der Wanderer gesellt sich dem Leiermann, den niemand hören will, dessen Teller immer leer bleibt und der dennoch seine Leier dreht. Das Lied führt in die endgültige Erstarrung, in die unbedingte Einsamkeit, in der auch das eigene Gefühl gestorben ist. Der Leiermann erscheint wie der Todesbote — aber dieser Tod ist diesseitig, er führt nicht in die Utopie, er führt zum Ende. Freilich: ganz sicher sind wir dessen auch nicht. Das Lied endet mit einer offenen Frage (die als „offen" durch Schuberts schwebenden hohen Quintschluß noch betont wird): *„Willst zu meinen Liedern deine Leier drehn?"*. Führen diese Lieder doch noch über das Ende hinaus? Brechen sie das Eis endgültiger Vereinsamung auf?

Schubert führt den Wanderer in diesem Zyklus andere Wege als der Dichter; die zunehmende Entfernung vom Ausgangspunkt im Sinne einer Spirale, die immer wieder Rückblicke, Rückgriffe gestattet (ebenso wie Ausblicke auf Fiktionen und auf das Ende), wird in Schuberts zweifachem Ablauf, einem Ablauf, in dem Beginn und Ende gegeneinander versetzt sind (in *Die Post* zu Beginn des zweiten Teils hat der Wanderer die Stadt bereits verlassen, kehrt nur in seiner Empfindung zum Ausgangspunkt zurück; in *Einsamkeit* hat er das Ziel seiner *Winterreise* noch nicht ganz erreicht) deutlicher gezeigt. Schubert hat so einen Zyklus geschaffen, dessen Struktur sich von der des Dichters unterscheidet. Er hat die Dichtung nicht nur im Sinne polyrhythmischer Komposition kommentiert — er hat sie umgeschaffen, hat die einzelnen Gedichte wie Bausteine zum Bau von etwas Neuem benutzt. Daß Schubert dies nicht von Anfang an beabsichtigte, weil er die Gedichte des zweiten Teils erst kennenlernte, als er die des ersten Teils schon zu einem geschlossenen Zyklus geformt hatte, den er nicht mehr erweitern, nur noch kommentieren und dann zu Ende führen durfte, ändert nichts an der Tatsache, daß der Musiker hier über die ihm von Nägeli zugewiesene Rolle hinausgegangen ist.

Eine wohl noch größere Rolle als bei Schubert spielt der zyklische Gedanke im Liedschaffen Robert Schumanns. Wie Schubert ordnet auch Schumann seine Lieder, wenn er Liederhefte zum Druck gibt. Nicht Einzellieder erscheinen in solchen Heften, sondern Liederreihen, vorzugsweise Lieder auf Texte eines einzigen Dichters[199]. Man denke an die drei Lieder von Adalbert von Chamisso op. 31[200], an die zwölf Lieder von Justinus Kerner op. 35, an die sechs Lieder von Robert Reinick op. 36. Gelegentlich fügt auch Schumann, wie Schubert, einer Gruppe von Liedern eines Dichters noch ein anderes an[201], so den vier Liedern von Hans Christian Andersen op. 40 die *„verrathene Liebe, aus dem Neugriechischen übersetzt von A. v. Chamisso"* (so der Titel der Erstausgabe).

Bezeichnend aber ist, daß bereits Schumanns erstes zum Druck gegebenes Lied-Opus nicht nur eine solch lockere Liedergruppe, sondern ein Liederzyklus im engeren Sinne ist. Es ist das Werk, mit dem das „Liederjahr" 1840 beginnt, mit dem Schumanns Liedschaffen — sieht man von

---

199 Wie bei Schubert, so tragen auch bei Schumann die gebräuchlichen „praktischen" Ausgaben die Schuld daran, daß diese Ordnungsprinzipien in Vergessenheit geraten sind: Dort sind aus den verschiedenen Liederheften die berühmtesten Lieder herausgepickt und als Einzellieder veröffentlicht. Vgl. hierzu etwa Arnold Feil und Walther Dürr, *Kritisch revidierte Gesamtausgaben von Werken Franz Schuberts im 19. Jahrhundert*, in: *Musik und Verlag. Karl Vötterle zum 65. Geburtstag*, Kassel etc. 1968, S. 273 ff.
200 *Die Löwenbraut*, *Die Kartenlegerin* und *Die rote Hanne*; die beiden letzten Lieder sind Übersetzungen von Chamisso nach Gedichten von Pierre Jean de Béranger.
201 Man denke z.B. an Schuberts Liederheft op. 7: zwei Lieder von Ludwig von Széchényi (dem das Heft auch gewidmet ist) und eines von Claudius (*Der Tod und das Mädchen*).

Jugendwerken einmal ab — überhaupt einsetzt: der *Liederkreis von H. Heine* op. 24, eine Gruppe von Liedern, die Schumann der ersten Abteilung von Heines *Buch der Lieder* („*Junges Leiden*") entnommen hat. Die Gedichte stehen dort unter der Überschrift „*Lieder*" und ohne eigene Titel in derselben Ordnung wie dann in Schumanns *Liederkreis*. Schon von daher zeigt sich die Liedergruppe als Zyklus im engeren Sinne. Schumann selbst bestätigt das: Er nennt diese Liedergruppe nicht nur ausdrücklich „*Liederkreis*", er spricht davon auch verschiedentlich als „Liederzyklus"[202].

Autobiographische Momente in der Wahl gerade dieser Gedichte für das erste Lied-Werk lassen sich nicht verkennen. „*Die Lieder*", schreibt Schumann am 13. März 1840 an seine Braut Clara Wieck, „*sind meine ersten gedruckten, also kritisire sie mir nicht zu stark. Wie ich sie componirte, war ich ganz in Dir. Du romantisches Mädchen verfolgst mich noch mit Deinen Augen überall hin, und ich denke mir oft, ohne solche Braut kann man auch keine solche Musik machen*"[203]. Der Zyklus zeigt es deutlich: Immer wieder geht es um die Widernisse des von der Geliebten Getrennten: „*Morgens steh ich auf und frage*", so beginnt das erste Lied, „*kommt feins Liebchen heut? Abends sink ich hin und klage: aus blieb sie auch heut. In der Nacht mit meinem Kummer lieg ich schlaflos, lieg ich wach; träumend wie im halben Schlummer, träumend*

---

202 „*Die vorigen Tage hab ich einen großen Cyclus (zusammenhängend) Heine'sche Lieder ganz fertig gemacht*" (Brief an Clara Wieck vom 24. Februar 1840, zitiert nach Berthold Litzmann, *Clara Schumann. Ein Künstlerleben. Nach Tagebüchern und Briefen*, I, Leipzig 1903, S. 407) oder: „*Meinen Heineschen Liederzyklus druckten Härtels schon. Ich freu mich darauf wie auf mein erstes Werk*" (Brief an Clara vom 28. Februar 1840, zitiert nach *Robert Schumann in seinen Briefen und Schriften*, hsg. von Wolfgang Boetticher, Berlin 1942, S. 330).
203 Zitiert nach B. Litzmann, a.a.O., S. 410 f.

wandle ich bei Tag."[204] Die Lieder schwanken zwischen Hoffnung, Zorn und Resignation, doch schließt der Zyklus verhalten zuversichtlich.

Der Liederkreis ist locker gefügt; inhaltliche Momente, die durch Heines Gedichtfolge gegeben sind, binden sie eher zusammen als musikalische. Von Liederheften wie Schuberts op. 23 (s.o., S. 258), das sich auf die Freundschaft mit Johann Chrisostemus Senn bezieht, in dem also auch Autobiographisches eine Rolle spielt, unterscheidet er sich vor allem durch den vom Dichter wie vom Komponisten deutlich markierten Schluß. Darin nimmt Schumann in gewisser Weise die *Dichterliebe* (op. 48) vorweg: *„Und es wird mir im Herzen viel Ahnung laut: Der Liebe Geist einst über sie taut; einst kommt dies Buch in deine Hand, du süßes Lieb im fernen Land . . .",* so endet das letzte Lied des *Liederkreises: „Mit Myrten und Rosen",* in dem letzten Lied von op. 48 hingegen heißt es: *„Die alten, bösen Lieder, die Träume bös und arg, die laßt uns jetzt begraben, holt einen großen Sarg . . . Wißt ihr, warum der Sarg wohl so groß und schwer mag sein? Ich senkt' auch meine Liebe und meinen Schmerz hinein."* Wie in der *Dichterliebe* (davon wird noch die Rede sein) ist es auch hier der Schluß des Zyklus, der zeigt, wie sich der Komponist — der doch sonst der vom Dichter vorgegebenen Ordnung genau folgt — neben den Dichter stellt. Heines letztes Gedicht — *„Mit Myrten und Rosen"*[205] — ist nämlich keineswegs versöhnlich gemeint: Die Botschaft des Dichters mag zwar die *„ferne Geliebte"* erreichen — die Trennung aber vermag sie nicht

---

204 Es sei daran erinnert, daß Schumann, als er diese Lieder schrieb, einen Prozeß führen mußte, um Clara heiraten zu können, und daß gerade zu dieser Zeit der Ausgang des Prozesses ungewiß schien.

205 So beginnt das Gedicht in der 1827 erschienenen Erstausgabe des *Buches der Lieder;* später (1844) hieß es dann *„Mit Rosen, Zypressen und Flittergold".*

aufzuheben. Aufgehoben wird nun zwar die Trennung auch in Schumanns Zyklus nicht, doch spricht aus der Zusammenordnung der Lieder — und aus dem musikalischen Affekt gerade dieses letzten Liedes — eine gewisse Hoffnung auf Erfüllung. Diese Hoffnung erscheint gefährdet (in jeden zweiten Takt des Nachspiels zum letzten Lied schiebt der Komponist verminderte Septakkorde ein, die nachdenklich stimmen), doch schließt das Lied in Zuversicht. Das Verhältnis des Komponisten zum Text ist damit ähnlich dem in Schuberts Müllerliedern. Zwar fehlt die dort die einzelnen Lieder eng aneinander bindende Handlung (und das machte es auch möglich, den Schumannschen Zyklus in der bei Peters erschienenen Ausgabe seiner Lieder auseinanderzureißen), doch ist auch bei Heine die innere Ordnung der Liederreihe, der Wechsel der Affekte, so schlüssig, daß der Komponist an der Disposition nichts mehr ändern konnte, wenn er überhaupt den Zyklus im Ganzen vertonen wollte.

Was in den Heine-Liedern noch fehlt, der novellistische Faden, das findet man hingegen in *Frauenliebe und Leben*, op. 42. Auch dieser Zyklus ist 1840 entstanden, als letzter der großen Zyklen, nach dem *Liederkreis* der Eichendorff-Lieder und der *Dichterliebe*. Es ist zweifellos Schumanns geschlossenster Zyklus. Die acht Lieder von der weiblichen Hingabe an den geliebten Mann, der auch ihr „Leben" ist[206], fügen sich tonal und in ihrer Bewegungsordnung so

206 Dietrich Fischer-Dieskau weist darauf hin, daß eine solch enge Sicht von „Frauenliebe und Leben" auch im letzten Jahrhundert nicht immer akzeptiert wurde. So habe Theodor Storm 1874 an Paul Heyse geschrieben: *„Mörike sagte einstmals zu mir: das ist mir sehr zuwider — das ist auch meine Empfindung"* (*Robert Schumann. Wort und Musik. Das Vokalwerk*, Stuttgart 1981, S. 87). Es ist möglich, auch darauf macht Fischer-Dieskau aufmerksam, daß Schumann von diesen Gedichten besonders angesprochen war, daß solche „Hingabe" ein ihm eigener Wesenszug gewesen sein mag (a.a.O., S. 121).

selbstverständlich zusammen, daß man sie fast wie Beethovens *An die ferne Geliebte* als ein Lied im Großen sehen möchte[207]. Die ersten fünf Lieder bilden tonartlich eine erste Gruppe: Es geht von B-dur über Es-dur, c-moll, Es-dur wieder nach B-dur. Die Lieder handeln von der ersten Begegnung mit dem Geliebten (*„Seit ich ihn gesehen"*), von der Verlobung (*„Du Ring an meinem Finger"*) und der Hochzeit (*„Helft mir, ihr Schwestern"*). Mit dem sechsten Lied weicht Schumann in die kleine Unterterz aus, nach G-dur. Es beginnt ein neuer Abschnitt: *„Süßer Freund, du blickest mich verwundert an . . . Hier an meinem Bette hat die Wiege Raum"*. G-dur — D-dur — d-moll: Die zweite Gruppe ist nicht mehr in sich geschlossen; sie erscheint eher gerichtet. Dabei nimmt das letzte Lied eine Sonderstellung ein. Die beiden ersten Lieder der zweiten Gruppe schließen an die erste an, als solle eine ganz ähnliche folgen (nach Tonika-Subdominante-Tonika erwartet man nun gleichsam spiegelbildlich eine Gruppe Tonika-Dominante-Tonika, wobei der Orientierung an der Subdominante die B-Tonarten, der an der Dominante hingegen die Kreuztonarten entsprechen). Die Lieder fügen sich auch in den regelmäßigen Wechsel von langsamer und lebhafter Bewegung ein.

Mit dem achten Lied hingegen (*„Nun hast du mir den ersten Schmerz getan"*) bricht die Liederfolge unerwartet ab. Die Bewegung stockt; die Singstimme deklamiert rezitativisch, die Klavierstimme beschränkt sich auf wenige, scharfe sforzato-Akkorde: *„Du schläfst, du harter, unbarm-*

---

[207] Bereits 1837 — als Schumann das Lied als Gattung für sich selbst noch recht reserviert betrachtete — hatte er Karl Loewes Liederkreis *Esther* (op. 52) für die *Neue Zeitschrift für Musik* besprochen, einen *„Liederkreis in Balladenform in fünf Abtheilungen"* (vgl. R. Schumann, *Gesammelte Schriften*, s. Anm. 84, I, S. 268 f.). Es ist nicht auszuschließen, daß Loewe auch für den Zyklus *Frauenliebe und Leben* die Anregung gab; Loewes eigene Vertonung des Gedichtzyklus von Chamisso erschien ein Jahr vor dem Schumannschen als op. 60.

herz'ger Mann, den Todesschlaf . . . Geliebet hab ich und gelebt, ich bin nicht lebend mehr . . .". Bei Chamisso folgte auf dieses achte Gedicht noch ein neuntes, in dem die Altgewordene zu ihrer Enkelin spricht; Schumann strich es; nach einem solchen achten Lied war ihm Versöhnung nicht mehr möglich[208]. Er biegt daher den Schluß zurecht: *„Ich zieh mich in mein Inn'res still zurück, der Schleier fällt, da hab ich dich und mein verlor'nes Glück, du meine Welt!"* — so schließt das Gedicht. Und indem die Liebende sich in sich selbst zurückzieht (wie auch Schumann es immer wieder tat), findet sie auch den Weg zurück zu dem geliebten Freund. Das Nachspiel führt zum ersten Lied und nach B-dur zurück. Der Kreis ist geschlossen, der Tod aufgehoben.

Schumann hat an dem vorgegebenen Text, an seiner Ordnung, so wenig geändert wie in dem Heine-Liederkreis — wenn man von dem gestrichenen Lied einmal absieht. Er hat den Inhalt des Zyklus durch das Nachspiel jedoch nach seinen eigenen Vorstellungen verändert. Der Komponist ist Herr über den Text.

In noch höherem Maße als bei dem Heine- und dem Chamisso-Zyklus trifft das auf die übrigen Zyklen Schumanns zu. In ihnen stellt der Komponist sich aus den Gedichtsammlungen eines Autors (oder wie in den *Myrten* op. 25 gar verschiedener Autoren) den Zyklus selbst zusammen. Darin geht er über Schuberts Verfahren in der *Winterreise* weit hinaus, der ja nur die Gedichte eines als solchen gegebenen Zyklus neu geordnet hatte.

Der erste dieser Schumannschen Zyklen — eben *Myrten* — ist freilich nur eine lockere Liederreihe. Daß es sich dabei überhaupt um einen Zyklus handelt, und nicht lediglich um ein für einen bestimmten Anlaß zusammengestelltes Liederheft, zeigt wieder das letzte Lied. Es ist, wie in dem *Liederkreis* op. 24, ein Finallied, ausdrücklich mit *Zum Schluß*

[208] Vgl. Dietrich Fischer-Dieskau, a.a.O., S. 89.

überschrieben. Es bezieht sich zudem auf das erste Lied *Widmung* (*„Du meine Seele, du mein Herz"*), mit dem sich der Komponist direkt an die Widmungsträgerin wandte — Schumann hat ja diesen Liederzyklus seiner Braut Clara als Hochzeitsgeschenk überreicht. Das letzte Lied nun knüpft an die *Widmung* wieder an: *„Hier in diesen erdbeklommnen Lüften, wo die Wehmut taut, hab ich dir den unvollkommnen Kranz geflochten, Schwester, Braut! . . ."* (Rückert).

Der Gedanke an die geliebte Braut durchzieht auch den ganzen Zyklus wie ein roter Faden; nicht nur die beiden *Lied der Braut* (Rückert) überschriebenen Gesänge gehören hierher — sie stehen an zentraler Stelle (Nr. 11 und 12) des 26 Lieder umfassenden Zyklus. Immer wieder geht es um die endlich erreichte Vereinigung, um das Leben zu zweit: *Der Nußbaum* (*„. . . flüstern von Bräut'gam und nächstem Jahr"*, Julius Mosen); *Lied der Suleika* (*„Wie mit innigstem Behagen, Lied, empfind ich deinen Sinn! Liebevoll du scheinst zu sagen, daß ich ihm zur Seite bin . . ."*, Marianne von Willemer, aus Goethes *West-östlichem Divan*); *Hauptmanns Weib* (*„Schlagen wir den Feind, küssest du den Gatten, wohnst mit ihm vereint in des Friedens Schatten"*, Robert Burns) und manche andere. Freilich, nicht wenige Lieder haben mit dem zentralen Thema überhaupt nichts zu tun — so z.B. das *Rätsel* von Byron, in dem es um den Buchstaben „h" und bei Schumann dann auch um den Ton *h* geht (der Ton *h* bestimmt jeden Takt des Liedes).

Eine inhaltliche Ordnung des Zyklus läßt sich nicht erkennen, ebensowenig eine Strukturierung nach anderen Kriterien, etwa nach Textautoren oder Bewegungscharakteren. Nur die Tonartenfolge ist so gehalten, daß jedes Lied an das andere anschließt (im Quint- oder im Terzverhältnis); auch kehrt der Zyklus „zum Schluß" zur Ausgangstonart As-dur zurück. Diese Tonart ist freilich nur Beginn und Ziel eines Weges; es kann keine Rede davon sein, daß diese Tonart dominierte. As-dur oder Es-dur finden wir nach dem zweiten Lied nicht mehr und vor dem vierundzwanzigsten nicht wieder. Wenn überhaupt von dominierenden Tonarten gesprochen werden kann, dann sind das e-moll und C-dur.

Geschlossener als die *Myrten* ist der *Liederkreis* nach Gedichten von Eichendorff op. 39, entstanden im Mai 1840. Schumann schrieb über ihn am 22. Mai 1840 an Clara: *"Der Eichendorffsche Zyklus ist wohl mein aller Romantischstes und es steht viel von Dir darin . . ."*[209]. Was Schumann unter „romantisch" versteht, ist freilich nicht leicht zu sagen. In einer Tagebucheintragung vom 14. August 1831 schreibt er, daß sein eigener Stil *"sich zum Romantischen neigt"*, dabei verweist er auf *"mehr Gestalten und redende Charaktere"*[210]. In einer 1839 geschriebenen Entgegnung auf einen Aufsatz von Johann Theodor Mosevius in der Leipziger *Allgemeinen Musikalischen Zeitung*[211], in dem Mosevius *"Ruhe, Klarheit und Ebenmaß"* als Gegensatz zur Musik der *"Teufelsromantiker"* darstellt, fragt Schumann: *"Wo stecken nur die Teufelsromantiker?"*. Er distanziert sich deutlich von *"den Kompositionen der deutsch-französischen Schule, wie in Berlioz, Liszt"* und bittet darum, doch nicht alles, was man romantisch nennen

---

[209] *Robert Schumann in seinen Briefen und Schriften*, hsg. von W. Boetticher, a.a.O., S. 340.

[210] *Robert Schumann. Tagebücher*, I, hsg. von Georg Eismann, Leipzig 1971, S. 361. In einer Eintragung vom 7. Juli 1831 stellt er dem Romantischen das Klassische als *"das Geniale im Gewand des Volksthümlichen, das Unbegreifliche in dem des Faßlichen . . . das Dunkle in durchleuchtender Klarheit, das Körperliche vergeistigt, das Wirkliche durch seine Idee geadelt"* gegenüber (a.a.O., S. 348).

[211] *AMZ* 1839, S. 290; vgl. hierzu R. Schumann, *Gesammelte Schriften* II, a.a.O., S. 425, Anmerkung 379.

möchte, durcheinander zu mengen[212]. Wir wissen bereits, daß er selbst seine Braut am 13. März 1840 ein „romantisches Mädchen" nannte (s.o., S. 279). Schließlich findet man in einem Brief Schumanns an Franz Brendel vom 20. Februar 1847 über die nicht eben gelungene Erstaufführung von *Das Paradies und die Peri* den Hinweis: *„Die Romantik, der orientalische Charakter war nicht ganz zu zerstören"*[213]. Sicher hat sich Schumanns Begriff des Romantischen im Laufe seines Lebens gewandelt. Will man aber doch versuchen herauszufiltern, was sich dahinter an gleichbleibenden Grundvorstellungen verbirgt, dann ist es wohl die unverfälschte Wahrheit der Empfindung, selbst ein gewisser Realismus des Gefühls, der sich weder Formen noch Konventionen anpaßt. Solche Romantik kann schwärmen, aufbrausen, ebenmäßig und phantastisch sein, nur nicht verbindlich oder gar epigonal. Aus dem unbedingten Wahrheitsbegriff resultiert dann wohl auch die Vorstellung von etwas Fremdem, Befremdlichem, das herausfordern, provozieren kann, denn Brückenschlag darf es auch nicht geben, um das Verständnis zu fördern. Anfangs und sicher auch noch 1840 hat sich Schumann mit diesem Begriff von Romantik als „seinem Stil" wohl ganz identifiziert — später mag es ihn auch beunruhigt haben. Wenn Schumann aber seinem „romantischen Mädchen" gegenüber den Eichendorff-Liederkreis als sein Allerromantischstes beschreibt, dann ist das sicher auch eine Liebeserklärung.

Die Gedichte dieses Liederkreises stammen aus verschiedenen Werken Eichendorffs (*Ahnung und Gegenwart; Dich-*

---

212 Erschienen in der *Neuen Zeitschrift für Musik*, s . R. Schumann, *Gesammelte Schriften* I, S. 400.
213 *Robert Schumann in seinen Briefen und Schriften*, hsg. von W. Boetticher, a.a.O., S. 418. Zum Begriff der Romantik bei Schumann vgl. Arno Forchert, „*Klassisch*" und „*romantisch*" in der Musikliteratur des frühen 19. Jahrhunderts, in: *Die Musikforschung* XXXI, 1978, S. 421 ff.

ter und ihre Gesellen: Viel Lärmen um Nichts). Nicht den Romanen und Novellen Eichendorffs hat Schumann jedoch die Texte seines Zyklus entnommen, auch nicht der Erstausgabe der Eichendorffschen Gedichte von 1837 (in der auch die nicht aus erzählenden Texten stammenden Gedichte des Zyklus zu finden sind). Schumanns Textvorlage war eine Abschrift der Gedichte von Clara Wieck, in der sie alle zusammen stehen — freilich nicht in derselben Reihenfolge, in der Schumann sie vertont hat und auch nicht in der des endgültigen Druckes. Anders als in den *Myrten* waren die Texte dem Komponisten hier also von Anfang an vorgegeben[214]; er hat sie jedoch neu geordnet. Claras Abschrift spiegelt die Reihenfolge in Eichendorffs Gedichten von 1837; Schumann vertont diese Gedichte nach und nach als einzelne Lieder und ordnet sie nachträglich zum Zyklus[215]. Auch wenn dieser Zyklus kein ausdrückliches Finallied besitzt wie *Myrten,* auch wenn nicht musikalische Reprisen die Lieder aneinander binden wie *Frauenliebe und Leben* — bereits die Tatsache der Neuordnung durch den Komponisten läßt vermuten, daß dieser an einen wirklichen Liederzyklus dachte, in dem jedes Lied seinen festen Ort hat.

Was nun macht diese Ordnung aus? Ein novellistischer Faden ist nicht gegeben[216]. Autobiographische Momente spielen zweifellos eine Rolle (Schumann weist ja selbst darauf hin). Sie sind aber für den Zyklus keineswegs in vergleichbarer Weise konstitutiv wie in den als Hochzeitsge-

---

214 Claras Abschrift beginnt freilich mit einem dann nicht in den Zyklus aufgenommenen Lied *Der frohe Wandersmann* (*„Wem Gott will rechte Gunst erweisen"*). Schumann hat dies Lied — wenn auch wohl zögernd, vier Wochen nach den übrigen Liedern — auch komponiert, aber dann nicht zum Druck gegeben.

215 Vgl. hierzu Herwig Knaus, *Musiksprache und Werkstruktur in Robert Schumanns „Liederkreis"* (s. Anm. 170), S. 13 ff.

216 Vgl. Hans Joachim Moser, *Das deutsche Lied seit Mozart*, II, Berlin 1937, S. 102.

schenk gedachten *Myrten.* Schumanns eigenes Erleben scheint hier zudem geheimnisvoll verfremdet. An den Beginn des Zyklus stellt der Komponist das Lied *In der Fremde* („*Aus der Heimat hinter den Blitzen rot*"); in Claras Abschrift stand dies Gedicht weit hinten, an elfter Stelle, an erster hingegen *Der frohe Wandersmann* („*Wem Gott will rechte Gunst erweisen*"), das Schumann dann ausgeschieden hat. Wenn er *In der Fremde* nach vorne rückt, dann hat das sicher gewichtige Gründe: das Lied gibt offenbar das Thema an. Fremde – das ist ganz sicher auch „Romantik", Loslösung von Konvention, die die „Heimat" repräsentiert. An diese bindet den Sänger nichts mehr: „*Vater und Mutter sind lange tot, es kennt mich dort keiner mehr*". Ihn zieht es in die „*schöne Waldeinsamkeit*", die nicht nur berauscht, sondern auch betört. Betörung: Das Lied, das in fis-moll begann, schließt in Fis-dur, wie dann auch der ganze Zyklus.

Das zweite Lied, *Intermezzo*, schlägt unerwartet einen ganz anderen Ton an: Es ist ein Liebeslied, eine Liebesbotschaft, die auf schwebenden Synkopen wie von Flügeln getragen „*in die Luft sich schwinget und zu dir eilig zieht*". Es ist sicher, daß Schumann hier an Clara gedacht hat[217]; für sich genommen scheint es ein ganz privates Lied. Im Zusammenhang des Zyklus freilich, zwischen *In der Fremde* und *Waldesgespräch*, erhält es einen neuen Charakter: Das „*Bildnis wunderselig*" wirkt plötzlich fragwürdig; die „*schöne Braut*", die der Sänger heimführen will, erweist sich als „*die Hexe Loreley*", aus deren Zauberwald er nicht entkommen kann und wohl auch nicht will. Die Geliebte ist nun mit ihm „in der Fremde".

Im vierten Lied, *Die Stille,* antwortet dann die Geliebte

---

217 Vgl. H. Knaus, a.a.O., S. 15: Schumanns „*Versicherung seiner Zuneigung aus der Ferne ist Eichendorffs Bekenntnis im ‚Intermezzo'*. . . *sinnverwandt*". Bei H. Knaus findet man detaillierte Einzelanalysen der Lieder des ganzen Zyklus.

selbst; es ist ihre Liebesbotschaft, die sie *„nur Einem"* anvertrauen, ja die sie am liebsten selbst überbringen möchte. Die beiden Lieder, in denen die Liebenden von ihrer Liebe singen, sind übrigens zusammen mit dem letzten Lied die einzigen, die zu den jeweils vorangehenden Liedern im Verhältnis der Terzverwandtschaft stehen (alle übrigen sind untereinander quintverwandt); es scheint, daß Schumann durch diese Rückungen auch den Schritt aus der Fremde, aus romantischer Traumwelt, in die Welt realer Beziehungen bezeichnen wollte. Dabei ist es jedoch keineswegs ausgemacht, daß Traum und Realität als Gegensätze verstanden sind und nicht nur als zwei unterschiedliche Erscheinungsformen des Gleichen. In dem fünften Lied nämlich könnte sich beides verbinden. Dieses Lied, *Mondnacht,* führt zweifellos in die Traumwelt zurück. Die Rückkehr von G-dur nach E-dur zeigt es an, auch die Betonung der Quinte im ganzen Lied (fast jede Melodiezeile endet auf der Quinte, nur der Schluß des Liedes auf dem Grundton, der aber im selben Augenblick, da der Sänger ihn erreicht, durch die in die Subdominante ausweichende Klavierstimme selbst wieder als Quinte ausgewiesen wird; auch in der Klavierbegleitung scheint es, als ob die verschiedenen Harmonien an der beharrlich festgehaltenen Quinte aufgehängt seien). Das im Baß immer von neuem durchgeführte Motiv *E-H-E* hingegen erinnert an den realen Konflikt, in dem Schumann lebt, an seine gerichtlich zu erstreitende Verbindung mit Clara. Dieses Tonsymbol „Ehe" benutzte Schumann sicher nicht zufällig. Seine Neigung zur Chiffrierung ist bekannt (man denke an die bereits als op. 1 erschienenen Abegg-Variationen)[218]. Traum und Realität verbinden

[218] Schumann selbst, darauf macht Fischer-Dieskau aufmerksam, hat einmal an Clara geschrieben, *„Ehe sei ein sehr musikalisches Wort"* (Fischer-Dieskau, a.a.O., S. 73). Vgl. hierzu auch Eric Sams, *Hat Schumann in seinen Werken Chiffren benützt,* in: *Neue Zeitschrift für Musik* 127, 1966, S. 218 ff., und Albrecht Dümling, *Heinrich Heine, vertont von Robert Schumann,* München 1981, S. 95–98.

sich somit in der *Mondnacht* wie Himmel und Erde: „*Es war als hätt der Himmel die Erde still geküßt*".

Traum und Realität sind auch im nächsten Lied gegenwärtig. In *Schöne Fremde* ist der Sänger zwar wieder romantisch entrückt, in eine Landschaft, in der die Wipfel zugleich „rauschen" und „schauern", doch sprechen darin die Sterne „*wie von künftigem großen Glück!*" — und das kann doch nur Schumanns eigenes Glück sein? Das Lied freilich endet mit einem Fragezeichen; zwischen die beseligten Sext-Aufschwünge, die für das ganze Lied charakteristisch sind, setzt der Komponist im Nachspiel zur Mollsexte verminderte Septakkorde. Darf er an das Glück glauben? *Auf der Burg* scheint eine Antwort darauf zu geben. Der Zauberwald ist erstarrt; gleichmäßige Zweitakter beherrschen das Lied. Das Motiv *E-H-E* erklingt wieder, anfangs aber wie auf den Kopf gestellt, als *H-E-H*. Vom Felsen der Loreley schaut der Sänger hinunter auf den Rhein. Eine Hochzeit fährt da unten — doch: „*die schöne Braut, die weinet.*"

In den nun folgenden Bildern blickt der Sänger zurück auf die vorausgegangenen, die Erfahrung des siebenten Liedes bedenkend. Das achte heißt wie das erste: *In der Fremde*. Wieder ist der Sänger in der Einsamkeit des Waldes, doch diese Einsamkeit ist nun nicht mehr verführerisch. Die Heimat — das ist jetzt auch: die Geliebte, aber die „Liebste" ist „lange" tot. Das neunte Lied, *Wehmut,* knüpft an das zweite an; das Lied des Sängers ist jedoch nicht mehr Liebesbotschaft, sondern Ausdruck von Schmerz und Leid. Auch das *Waldesgespräch* verwandelt sich — es ist nun, im zehnten Lied, nur mehr *Zwielicht*, Stimmen, die wandern, Grauen, Tücke und Mißtrauen: „*Manches geht in Nacht verloren — hüte dich, sei wach und munter!*" Das vorletzte Lied endlich bezieht sich auf das siebente, mit dem der Umschlag sich ankündigte: *Auf der Burg*. Wieder ist der

Sänger *Im Walde,* eine Hochzeit zieht den Berg entlang (wie zuvor unten auf dem Rhein), Vögel schlagen, Reiter jagen vorbei — doch bei jeder Beobachtung stockt der Sänger. Die musikalische Bewegung setzt immer *„ziemlich lebendig"* an, doch nach wenigen Akkorden schon hält ein Ritardando sie auf. All das lustige Treiben ist unwirklich, längst verhallt — *„nur von den Bergen noch rauschet der Wald, und mich schauert's im Herzensgrunde".* Diese letzten Verse werden wiederholt. Wie das Weinen der Braut in *Auf der Burg* zeichnet Schumann hier des Sängers eigene Furcht in weit ausladenden Kadenzformeln, die die Bewegung endgültig zum Stehen bringen.

Es folgt das letzte Lied, *Frühlingsnacht, „ziemlich rasch"* und *„leidenschaftlich"* vorzutragen. Das Lied gilt gemeinhin als Ausdruck von zitterndem Jubel und Glücksrausch[219], als ein Lied *„freudig positiver Tendenz"*[220]. Nimmt man das Lied für sich, dann mag das zutreffen, es mag auch sein, daß sich Schumann, als er es komponierte, *„kurz vor dem Ziel aller Wünsche sah"* (Dietrich Fischer-Dieskau). Für ein Lied jedoch, das auf *Zwielicht* und *Im Walde* folgt, kann das nicht gelten. Man glaubt dem Aufschwung, dem Jubel nicht. Das Lied ist im Ton „romantisch" wie *Schöne Fremde* — und Mond und Sterne sind's, die dem Sänger sagen: *„Sie ist deine, sie ist dein!"* Der Sänger hat sich in die Traumwelt zurückgezogen, in der allein er glücklich zu sein vermag. Die Tonart Fis-dur bestätigt das. In Fis-dur schloß das erste Lied. Es ist *„die schöne Waldeinsamkeit",* in der *„keiner mich mehr hier kennt",* in der man träumen und lieben kann.

Der *Liederkreis* nach Eichendorff hat keinen novellistischen Faden; er hat weder Anfang noch Ziel — darin etwa unterscheidet er sich auch von Schuberts *Winterreise.* Es ist

219 Fischer-Dieskau, a.a.O., S. 78 f.
220 H. Knaus, a.a.O., S. 16.

eine Folge von einzelnen Bildern, die Schumann jedoch so geordnet hat, daß sie eine Folge von innerer Konsequenz ergeben. Er stellt zunächst Traumbilder und vernünftige, reale Bilder nebeneinander, verbindet dann Traum und Realität — und das führt zum Bruch: aus freudiger Erwartung wird Skepsis und Resignation. Traum und Realität lassen sich offenbar nicht vereinen; der Sänger zieht sich in die Einsamkeit seines Gefühls zurück, in der allein seine Liebe sich zu erfüllen vermag. Aus einem Zyklus, in dem Robert und Clara Schumanns Liebesglück sich spiegeln sollte, ist so — sicher unbeabsichtigt, aber doch wohl nicht zufällig — ein Zyklus geworden, der eben dieses Liebesglück in Frage stellt und gewissermaßen vorausweist auf das Ende, auf den Sprung in den Rhein im Februar 1854.

Während die Gedichte des Eichendorff-Liederkreises von Clara vorgegeben waren, hat Schumann die der *Dichterliebe* op. 48 selbst frei gewählt, und zwar wieder — wie im Heine-Liederkreis — aus Heines *Buch der Lieder*, diesmal aber aus der Abteilung *Lyrisches Intermezzo*. Diese Abteilung umfaßt 65 Gedichte. Als Schumann mit der Komposition begann — Ende Mai 1840, unmittelbar nach Beendigung des Eichendorff-Liederkreises —, wählte er daraus die Nummern 1—4, 7, 11, 18, 22, 20, 40, 39, 45, 55, 56, 43, 65. Im wesentlichen orientierte er sich also an der ursprünglichen Reihenfolge bei Heine, tauschte anfangs einzelne Nummern aus und wurde gegen Ende des Zyklus zunehmend unabhängiger von der Vorlage. In der ursprünglichen Fassung sollte der Zyklus noch vier weitere Lieder enthalten: *Dein Angesicht, so lieb und schön, Lehn deine Wang an meine Wang. Es leuchtet meine Liebe* und *Mein Wagen rollet langsam*. Schumann hat die Lieder 1844, bei der Drucklegung des Zyklus, ausgeschieden; sie sind nur noch als Einzellieder bekannt. Albrecht Dümling weist darauf hin, daß diese Lieder von Todesgedanken bestimmt sind, die Schumann „*zwar nicht fremd, Clara aber unlieb*" waren; so sei die *Dichterliebe* insgesamt freundlicher als Heines Gedichtreihe[221].

Die *Dichterliebe* ist unter Schumanns Liederzyklen der einzige, der nicht zur Ausgangstonart zurückkehrt. Er beginnt in A-dur und schließt in cis-moll bzw. Des-dur. Dennoch ist er unter den Zyklen mit freier Textwahl der musikalisch geschlossenste. Einige Lieder schließen unmittelbar aneinander an, können für sich allein gar nicht gesungen werden; am Schluß des Zyklus kehrt in einem längeren Klaviernachspiel das Nachspiel eines voraufgegangenen Liedes wieder — darin vorausweisend auf den unmittelbar danach entstandenen Zyklus *Frauenliebe und Leben*. Dennoch fehlt auch der *Dichterliebe* ein novellistischer Faden. Der Zyklus ist dem Eichendorff-Liederkreis in vielem verwandt — nur (und daran ist, wie sich zeigen wird, nicht nur Heine schuld), führt hier nicht einmal der Traum zum Glück.

Das erste Lied, „*Im wunderschönen Monat Mai*", beginnt mit einem Liebesversprechen. Bei Heine klingt dieses Versprechen ganz ungebrochen (eine Brechung ergibt sich erst aus den folgenden Gedichten des *Lyrischen Intermezzos*). Schumann aber beginnt das Lied mit einem Vorspiel, das nach fis-moll weist (ohne diese Tonart selbst anzusprechen; das Lied pendelt in schwebenden komplementären Rhythmen zwischen der Subdominante, h-moll, als Sextakkord, und der Dominante, Cis-dur, als Septakkord). Erst der Einsatz der Singstimme führt das Lied nach A-dur, in die Haupttonart. Sobald aber die Klavierstimme wieder ungebunden ist, in Zwischen- und Nachspiel, wendet sie sich wieder nach fis-moll und schließt, fast folgerichtig, mit einer Frage: Das Lied mündet in einen mit einer Fermate versehenen Septakkord auf Cis. Es scheint, als wolle die Klavierstimme die Singstimme Lügen strafen, als wolle sie

221 A. Dümling, a.a.O., S. 117.

die Glückserwartung des ersten Liedes unmittelbar auf das zweite verweisen: *"Aus meinen Tränen sprießen viel blühende Blumen hervor . . .".* Erst in diesem Lied nämlich ist die Tonart A-dur wirklich befestigt. Der „wunderschöne Monat Mai" — das ist wohl Liebeserwartung, es sind aber auch Seufzer und Tränen.

Es folgt als drittes das einzige Lied des Zyklus, das ganz ungebrochen fröhlich erscheint, in dem auch die Musik diese Fröhlichkeit nicht in Frage stellt: *"Die Rose, die Lilie, die Taube, die Sonne . . .".* Aber das Lied huscht schnell vorbei; die 22 2/4-Takte münden unversehens in einen gehaltenen Akkord auf der Subdominante, in den Beginn des vierten Liedes: *"Wenn ich in deine Augen seh".* Der Sänger deklamiert nun langsam, wie im Rezitativ. Die Freude ist wieder gebrochen. Mit dem fünften Lied schließt die erste Liedergruppe. Dieses fünfte Lied (*"Ich will meine Seele tauchen"*) knüpft in der Diktion an das erste an. Es ist wie dieses tonal gebrochen: Die Singstimme setzt mit *h* ein, der Terz des vorausgehenden, in G-dur stehenden Liedes, umgedeutet zum neuen Grundton in h-moll; zugleich aber interpretiert die Klavierstimme dieses *h* als Septime zu dem die Subdominante vertretenden verminderten Akkord auf *cis.* Daneben erinnern arpeggierende Mittelstimmen an die durchbrochene Sechzehntelbewegung des ersten Liedes. Auch das fünfte Lied ist übrigens eine Liebesbotschaft — und wie das erste spricht es von der Liebe in der Vergangenheit, von dem Kuß *"den sie mir einst gegeben in wunderbar süßer Stund."*[222]

---

[222] A. Dümling, a.a.O., S. 122, weist darauf hin, daß in diesem Lied, wie in manchen anderen des Zyklus (*"Und wüßten's die Blumen die kleinen"*; *"Das ist ein Flöten und Geigen"*; *"Hör ich das Liedchen klingen"*; *"Am leuchtenden Sommermorgen"*), der Name Clara musikalisch chiffriert anklingt. Dümling stützt sich dabei auf die Untersuchungen von E. Sams (vgl. Anm. 218).

Es folgt nun eine Reihe von sieben Liedern, in denen Bilder, die von außen auf den Sänger eindringen (*„Im Rhein, im heiligen Strome"; „Das ist ein Flöten und Geigen"*) und allgemeine, wenn auch in persönlicher, sarkastischer Weise formulierte Maximen (*„Ein Jüngling liebt ein Mädchen"*) mit dem Ausdruck unmittelbarer Empfindung abwechseln, der die ersten Lieder prägt. Diese Gruppe führt zu einem Höhepunkt im zwölften Lied: *„Am leuchtenden Sommermorgen"*. Durch ein ausführliches Nachspiel, das Schumann am Schluß des Zyklus wieder aufgreift, ist dieses Lied von den übrigen abgehoben. Es schließt in sich die Botschaft des ganzen Zyklus: An diesem „leuchtenden Sommermorgen" nämlich *„flüstern und sprechen die Blumen, und schaun mitleidig mich an: Sei unsrer Schwester nicht böse, du trauriger, blasser Mann."* Resignation spricht aus diesem Lied, Rückzug in die Blumenwelt (wie in dem Eichendorff-Liederkreis) und in die Einsamkeit der Liebe[223].

In den nächsten drei Liedern geht es um Träume und Märchen — aber die Träume bringen keine Erfüllung mehr,

---

[223] Es fällt auf, daß Schumann den Namen Clara gerade in dem Nachspiel zu diesem resignierenden Lied zitiert — ob es sich dabei um Trost handelt, wie Dümling meint (a.a.O., S. 128), oder eher um Zweifel, bleibe dahingestellt. Die Tatsache, daß Clara-Zitate nicht in den einfachen Liebesliedern, sondern in Liedern des Schmerzes zu finden sind, spricht eher für die zweite Hypothese. Es ist vielleicht bezeichnend, daß das „Clara"-Zitat in dem Lied von der fremden Hochzeit (*„Das ist ein Flöten und Geigen"*) nach Sams (a.a.O., S. 122) mit dem Wort *„Nachtphantom"* verbunden ist. Dümling (a.a.O., S. 126) verweist in diesem Zuammenhang auf Schumanns Brief an Clara vom 1. Januar 1838: *„ — da sagte ich oft des Nachts zu Gott — ‚nur das Eine laß geduldig vorüber gehen, ohne daß ich wahnsinnig werde', ich dachte einmal deine Verlobung in den Zeitungen zu finden — da zog es mich am Nacken zu Boden, daß ich laut schrie, — dann wollte ich mich heilen, mich mit Gewalt in eine Frau verlieben, die mich auch schon halb in ihren Netzen hatte."* (B. Litzmann, a.a.O., S. 111).

wie in dem Eichendorff-Liederkreis, sie bringen Trostlosigkeit (*"Ich hab im Traum geweinet"*), sind ironisch gebrochen (*"Allnächtlich im Traume seh ich dich"*: Schumann gibt die bittre Ironie der Schlußzeilen jeder Strophe deklamatorisch, in metrisch verkürzten Schlußkadenzen nach pathetisch geweiteten Melodiesprüngen wieder). Auch das Zauberland der *"alten Märchen"* im vorletzten Lied des Zyklus, das der Sänger *"oft im Traum"* sieht, ist nur eitles Ziel — in der Morgensonne zerfließt es wie Schaum, das Land der Zukunft kann es nicht sein; denn es sind ja *"alte Märchen"*, man erreicht sie nur, wenn man sich rückwärts wendet. So bleibt denn nichts, als die Lieder und die Träume zu begraben.

Das letzte Lied, *"Die alten, bösen Lieder"*, ist ein Finallied wie das letzte des ersten Heine-Liederkreises (op. 24), wie das letzte der *Myrten* — nur werden die Lieder diesmal der Geliebten nicht gewidmet, sondern begraben, tief ins Meer versenkt und mit ihnen Liebe und Schmerz. Schumann aber will so endgültig nicht schließen: Das Nachspiel führt uns zurück in seine Blumenwelt. Dieses Nachspiel ist ein Lied für sich, rezitativisch-deklamatorisch, wie in *Der Dichter spricht* aus den *Kinderszenen* op. 15. Und tatsächlich spricht hier „der Dichter" — aber eben nicht Heine: Schumann behält das letzte Wort. Das Nachspiel klingt innig, wie versöhnlich — aber es endet doch mit einer Frage. Schumann schließt in Des-dur, nicht in A-dur. Wir haben darauf hingewiesen, daß das ungewöhnlich ist. Wollte Schumann damit an den Schluß des ersten Liedes erinnern — an den Septakkord auf Cis (enharmonisch gleich Des)? Ist, was der Dichter spricht, im Grunde noch einmal der Anfang? Meint er „den wunderschönen Monat Mai", und damit aber auch das *„aus meinen Tränen sprießen viel blühende Blumen hervor, und meine Seufzer werden ein Nachtigallenchor",* soll das Nachspiel also das Versenken der Lieder und Träume doppelt widerrufen?

Ein solcher Widerruf macht die Enwicklung, die die Gattung Liederzyklus genommen hat, wie mit einem Schlage deutlich. Es ist der Komponist, der nicht nur den musikalischen Verlauf des Zyklus bestimmt, sondern auch wesentlich den „Text". Vorgegeben sind ihm nur mehr Partikel, semantische Blöcke; die „Poesie" montiert er sich selbst. Er komponiert gewissermaßen alle drei Bestandteile des polyrhythmischen Verlaufs — den Text ebenso, wie Melodie und instrumentalen Kommentar. Er wählt die Bausteine aus, die er zum Zyklus verbinden will, ordnet sie nach seinem Gutdünken und bezieht sie aufeinander durch die Mittel der Musik. Nicht Inhaltliches nämlich ist in der *Dichterliebe* mehr das verbindende Moment, sondern Musikalisches. Es ist musikalische Ordnung, die verlangt, daß ein bestimmtes Lied auf ein anderes folge, es sind musikalische Mittel, die Korrespondenzen schaffen, die so auch verschiedene Inhalte aufeinander beziehen und dadurch, sekundär, neue Inhalte schaffen.

Eine ähnliche Bedeutung wie bei Schumann hat die Gattung „Liederzyklus" kaum je wieder gewonnen. Selbstverständlich: was bei Schubert und Schumann vorgegeben ist, findet sich auch später wieder. So ordnet Hugo Wolf etwa — und zwar mit einer Konsequenz wie kein anderer vor ihm — seine Lieder nach den Dichtern seiner Texte. 1889 erscheinen beispielsweise bei Emanuel Wetzler in Wien 53 Lieder unter dem Titel *Gedichte von Mörike für eine Singstimme und Klavier*. Die Lieder waren kurz zuvor, zwischen Februar und November 1888 entstanden, Wolf hat sie jedoch in veränderter Reihenfolge zum Druck gegeben. Im selben Jahre noch folgen bei C. Lacom in Wien zwanzig *Gedichte von Joseph von Eichendorff*, in der Mehrzahl auch 1888 komponiert, zu denen Wolf jedoch einige weitere hinzufügte, zwei davon bereits aus dem Jahre 1880. Ein Jahr darauf, 1890, kamen dann wieder bei C. Lacom 51 *Gedichte von Goethe* heraus, entstanden in den

Jahren 1888 und 1889. Lieder von Mörike, Eichendorff oder Goethe hat Wolf danach nicht mehr komponiert. Später erschienen noch weitere Sammlungen: das *Spanische Liederbuch* (nach Paul Heyse und Emanuel Geibel, 1891, 44 Lieder), zwei Hefte *Italienisches Liederbuch* (nach Paul Heyse, 1892 und 1896, 22 und 24 Lieder). Sie enthalten zwar Texte verschiedener Provenienz; durch den gemeinsamen Übersetzer aber sind die einzelnen Lieder auf ähnliche Weise miteinander verbunden wie in den früheren Liedersammlungen. Die Zahl der eine Sammlung bildenden Lieder zeigt dabei bereits, daß es sich um wirkliche „Zyklen" nicht handeln kann — selbst wenn die Neuordnung für den Druck (durch die Wolf etwa bei den Mörike-Liedern die humoristischen Gesänge am Schluß zusammenfaßt) darauf hindeuten könnte. Es lassen weder tonartliche Beziehungen noch inhaltliche Verbindungen engere Verknüpfungen unter den Liedern vermuten, als sie z.B. durch so allgemeine Prinzipien wie dem der Abwechslung gegeben sind. Darin entsprechen Wolfs Liederhefte in etwa den Vorstellungen, die 1816 Schuberts ersten, fehlgeschlagenen Publikationsplänen zugrundelagen[224]. Nur einzelne, meist kleinere Liedergruppen innerhalb der größeren Liederhefte zeigen engeren Zusammenhang, etwa die bereits erwähnten Wilhelm-Meister-Lieder (s.o., S. 134), oder auch Lieder, die schon durch ihre Titel aufeinander verweisen: *Peregrina I* und *II* (die auch musikalisch unmittelbar zusammenhängen) und *Auf eine Christblume I* und *II* aus den Mörike-Liedern, oder *Der Soldat I* und *II* aus den Eichendorff-Liedern.

Zyklische Bindung im engeren Sinne zeigt allenfalls eine einzige größere Liedergruppe: die zehn geistlichen Lieder, die das *Spanische Liederbuch* eröffnen. Sie heben sich im Ton, in der musikalischen Sprache, in der Bewegungsart

---

224 Vgl. oben S. 256, und Anm. 178.

deutlich von den folgenden weltlichen Liedern ab — doch zu einem geschlossenen Werk, in dem jedes Lied seinen festen Ort hat, fügen auch sie sich nicht zusammen. Sie sind ja auch vom Komponisten nicht als Gruppe herausgehoben oder gar als Zyklus bezeichnet. In der Geschichte des Liederzyklus also stehen Wolfs Lieder nur am Rande.

Richard Wagners 1857/58 entstandene „Wesendonck-Lieder" sind ein Beispiel für eine Liedergruppe, die eigens für den Widmungsträger zusammengestellt sind. Mathilde Wesendonck, der die fünf Lieder zugeeignet sind, hat hierfür nicht nur die Texte selbst geschrieben — diese Texte und ihre Vertonungen sind zugleich Ausdruck der engen Beziehung zwischen Wagner und Frau Wesendonck. „*Daß in selig süßem Vergessen ich mög alle Wonnen ermessen! Wenn Aug' in Auge wonnig trinken, Seele ganz in Seele versinken; Wesen in Wesen sich wieder findet, und alles Hoffens Ende sich kündet . . .*" — diese Verse aus dem zweiten der Lieder (*Stehe still!*) könnte auch Wagner selbst geschrieben haben. „*Besseres als diese Lieder habe ich nie gemacht, und nur sehr weniges von meinen Werken wird ihnen zur Seite gestellt werden können*", schrieb Wagner in seinen Tagebuchblättern für Mathilde[225]. Einen Zyklus im engeren Sinne freilich bilden auch diese Lieder nicht. Zwar hat auch Wagner die Lieder nicht in derselben Reihenfolge zum Druck gegeben, in der sie entstanden sind[226], doch ist die neue Ordnung wieder keine zyklische: weder der Inhalt der Gedichte, noch etwa die tonale Folge macht sie zwingend. Maßgebend für Wagner war dabei wahrscheinlich nur, daß das entscheidende Lied *Träume* (das er auch selbst

---

225 Zitiert nach Martin Gregor-Dellin, *Richard Wagner. Sein Leben. Sein Werk. Sein Jahrhundert*, München und Zürich 1980, S. 431.
226 *Der Engel* (30.11.1857), *Träume* (4.–5.12.1857), *Schmerzen* (17.12.1857), *Stehe still!* (22.2.1858), *Im Treibhaus* (1.5.1858); endgültige Ordnung: *Der Engel — Stehe still! — Im Treibhaus — Schmerzen — Träume*.

für Orchester gesetzt hat) nunmehr am Ende stand und im übrigen ein befriedigender Wechsel der musikalischen Affekte erreicht wurde. Was die Lieder hingegen verbindet, ist ein gemeinsamer musikalischer Ton, eine Hochspannung der musikalischen Sprache: Nicht nur die beiden ausdrücklich so bezeichneten Lieder sind *„Studien zu Tristan und Isolde"* (*Im Treibhaus* und *Träume*)[227], auch in den übrigen Liedern ist die Nähe zum *Tristan* — die ja auch von der Dichtung her gegeben ist — überall spürbar.

Liederzyklen im engeren Sinne, fest gefügte Liedergruppen, deren innere Ordnung nicht verändert werden darf, sind — wir sehen es — selten geworden in der zweiten Hälfte des neunzehnten Jahrhunderts. Am ehesten trifft man noch auf kleinere Zyklen, wie Gustav Mahlers vier 1883—1885 entstandene *Lieder eines fahrenden Gesellen* (die freilich eigentlich Orchesterlieder sind und damit über den Rahmen der Gattung hinausführen, s.o., S. 147). Die Texte dieser Lieder hat der Komponist selbst geschrieben. Die innere Kongruenz von poetischer und musikalischer Intention ist somit von vornherein gegeben. Man sieht in dem kleinen Zyklus nicht selten ein Gegenstück zu Schuberts *Winterreise*[228], nur wandert der Geselle, der seine Liebste verloren hat, hier nicht mehr durch eine Winterlandschaft (die sein Inneres nicht nur widerspiegelt, sondern oft auch darstellt), sondern durch *„eine schöne Welt"* (Nr. 2), die im Sonnenschein funkelt, und die den Schmerz des Gesellen ebenso infrage stellt, wie dieser die Schönheit der Welt.

Ausschließlich Werk des Dichter-Musikers ist auch Peter Cornelius 1854 entstandener, 1858 bei Schott in Mainz erschienener Liederzyklus op. 3: *Trauer und Trost*. Wie in

227 Aus diesen beiden Liedern hat Wagner musikalisches Material unmittelbar für den *Tristan* verwendet, und zwar für das Duett im zweiten Akt (*Träume*) und für den Beginn des dritten Aktes (*Im Treibhaus*).
228 W. Oehlmann, a.a.O. (s. Anm. 121), S. 630.

den meisten seiner Lieder hat Cornelius sich die Texte selbst geschrieben. Die Liederfolge handelt von der „Trauer" dessen, dem die geliebte Frau gestorben ist, und dem „Trost", den ihm die Träume spenden, die ihm ihr Bild verklärt zeigen, Träume, aus denen ihm Lieder erwachsen und damit die Unsterblichkeit. Cornelius hat diesen Zyklus seinem älteren Freunde Carl Hestermann gewidmet, dessen Frau Lydia gestorben war; er schrieb Hestermann dazu: *„Die Widmung ist keine gemachte und hängt eng mit unsern teuersten Erinnerungen zusammen. Das Efeublatt* (das er auf dem Grabe der Gestorbenen gepflückt hatte) *veranlaßte zunächst den Zyklus, und während ich auf Bernhardshütte schon im vorigen Herbst die Lieder, das fünfte und sechste, hinzudichtete, war bei mir beschlossen, es niemand anders als Ihnen zu widmen"*[229].

Das erste Lied, *Trauer*, stellt dem Hörer die Situation vor; der Sänger beklagt den Verlust der Geliebten: *„Ich wandle einsam, mein Weg ist lang; zum Himmel schau ich hinauf so bang. Kein Stern von oben blickt niederwärts, glanzlos der Himmel, dunkel mein Herz. Mein Herz und der Himmel hat gleiche Not, sein Glanz ist erloschen, mein Lieb ist tot."* Dem volkstümlichen Ton der Verse entspricht eine scheinbar volkstümliche Diktion der Musik: einfache rhythmisch-melodische Formeln im Klavier, psalmodierende, um den Ton „h" kreisende Deklamation in der Singstimme. Freilich: der volkstümliche Ton ist nur „Zitat", im Text wie in der Musik; Singstimme und Klavierstimme wollen nicht zueinander passen; die musikalischen Phrasen überschneiden sich und kommen erst bei den Worten *„mein Herz und der Himmel hat gleiche Not"* zusammen. Dieses erste Lied, in e-moll, gibt aber auch das musikalische Mate-

---

[229] P. Cornelius, *Ausgewählte Schriften und Briefe*, hsg. von Paul Egert, Berlin 1938, S. 154 (Widmungsschreiben vom August 1855).

rial für den ganzen Zyklus. Da ist einmal der Ton „*h*": Er ist sowohl in der Singstimme herausgehoben (sie kehrt immer wieder zu ihm zurück), als auch in der Klavierstimme (sie beginnt und endet in der Quintlage und betont das „*h*" durch akzentuierte Vorhaltsbildung noch besonders im Nachspiel). Da ist andererseits die häufige Wendung nach F, die das e-moll gleichsam nach Phrygisch hin verschiebt, eine Wendung, die wieder sowohl in der Singstimme eine Rolle spielt (durch melodische Tritonusbildung *h-f*), als auch in der Klavierstimme (die einen F-Klang schon im zweiten Takt exponiert, wobei die verminderte Quinte *H-f* im Baß hervortritt, und dann mehrfach nach F moduliert).

Das zweite Lied, *Angedenken,* spricht von einem Besuch am Grabe der Verstorbenen und von dem in Cornelius' Brief erwähnten Efeublatt. Den rückwärtsgewandten Versen entspricht eine Tonart, die durch die altertümlich phrygischen Wendungen des ersten Liedes herausgefordert war: F-dur. Aber der Weg zurück ist ein Irrweg. Nicht das Grab, kein „Angedenken", bringt „Trost", sondern *Ein Ton* — so der Titel des dritten Liedes: *„Mir klingt ein Ton so wunderbar in Herz und Sinnen immerdar. Ist es der Hauch, der dir entschwebt, als einmal noch dein Mund gebebt? . . . Mir klingt der Ton so voll und rein, als schlöß er deine Seele ein . . .".* Wir sind wieder in e-moll, das diesmal von phrygischen Klängen ungetrübt ist. Doch führt wieder ein Tritonus vom zweiten zum dritten Lied, vom F-dur zum „*h*", mit dem die Klavierstimme einsetzt. Auf diesem „*h*", dem „einen Ton", deklamiert dann die Singstimme das ganze Lied, umspielt von der Klavierstimme, die selbst metrische Unregelmäßigkeiten der Singstimme übernimmt. Der Ton „*h*" dominiert. Um ihn aber wirklich zum Leben zu erwecken, bedarf es des Traums, der Wiederkehr der Geliebten in der Phantasie. Im vierten Lied, *An den Traum,* erklingt der Ton „*h*" — diesmal Grundton in h-moll —

durchweg im Klavier, das am Ende, die inneren Bezüge der Lieder verdeutlichend, noch das Nachspiel des ersten Liedes zitiert. Die Singstimme rezitiert dazu: *"Öffne mir die goldne Pforte, Traum, o laß mich glücklich sein!"*. Träume aber, so antwortet das fünfte Lied (*Treue*) in G-dur, sind die Lieder selbst, sind die Tränen, die das Bild der Geliebten in Verklärung zeigen. Wieder zielt die erste melodische Phrase auf den Ton *„b"* — doch verschwindet er im Verlauf des Liedes, ist zwar immer noch präsent, aber nurmehr versteckt.

Das letzte Lied, *Trost*, bringt dann gewissermaßen die Synthese, die Zusammenfassung der in dem Zyklus vorgestellten musikalischen Mittel. Das Lied steht wieder in e, diesmal aber nicht in e-moll, sondern tatsächlich in e-phrygisch. Der Ton *„fis"* kommt in dem ganzen Lied nur ein einzigesmal, und da als Durchgangsnote, vor. Das *„h"* wird vor allem in kurzen Zwischenspielen herausgestellt, aber nicht für sich, sondern wieder als Tritonus, in Verbindung mit dem *„f"* (entweder als Akkord $f'+h'+a''+d'''$, Vorhaltsdissonanz zum E-dur-Septakkord, oder nach einer entsprechenden Vorhaltsdissonanz $c''+f''+a''+d'''$ als Quintsextakkord auf G: $h'+f''+g''+d'''$). Der ganze Satz wirkt im übrigen choralartig mit gelegentlichen Einschüben der Singstimme; er zielt auf den letzten Vers: *„In Schmerzen hat mir hell getagt Unsterblichkeit"*. Das Altertümliche der Setzweise erscheint dabei nicht mehr einfach rückwärtsgewandt als „Angedenken", sondern affirmativ. Der Traum wird zur Gewißheit, indem er über das Subjekt, den Träumenden, hinausgreift.

Freilich: Text und Musik sind in diesem Zyklus des *„Dichterkomponisten"* (wie Cornelius sich selbst nennt) vielleicht nur scheinbar kongruent. Der musikalische Anspruch ist größer als der des Wortes. Man gewinnt den Eindruck, als habe Cornelius nachträglich einen Text zu seinen Liedern geschrieben, um ihren Sinn zu deuten, als spreche er sich in der Musik eigentlich schon ganz aus. In seiner Selbstbiographie für das *Musikalische Wochenblatt* vom 6. November 1874 schrieb Cornelius im Hinblick auf seine frühe Komponententätigkeit (vor den 1853 entstandenen Liedern des op. 1): *„... meine Lieder und Duette zu fremden Dichtungen ... ich sang sie bei Freunden mit meiner Schwester Auguste; sie wurden gern gehört. Nur meine Verse bleiben die stillen Gebete im Kämmerlein, und niemals dacht' ich an den ‚Dichterkomponisten'. Der Ton herrschte — das Wort war da, aber es duckte sich"*[230]. Es schien sich auch später noch zu ducken. Dennoch: auch wenn Text und Musik ihre Stelle im polyrhythmischen Geflecht hier fast vertauscht haben — es ist unbestreitbar, daß beide ganz zusammengehen. In der Geschichte des musikalischen Liederzyklus bleibt dies ein Sonderfall.

Ein für das späte 19. Jahrhundert bezeichnender Zyklus hingegen sind die fünfzehn *Romanzen aus L. Tiecks Magelone* op. 33 von Johannes Brahms. Die Reihenfolge der Lieder ist hier wieder von einem fremden Dichter vorgegeben. Brahms entnahm sie der 1796 entstandenen *Liebesgeschichte der schönen Magelone und des Grafen Peter von Provence* von Ludwig Tieck, die dieser später in seine Sammlung *Phantasus* aufgenommen hat. Die märchenhafte Ritternovelle ist in 18 kleine Kapitel aufgeteilt, die in der Regel auf ein abschließendes Gedicht hinführen, ganz ähnlich einer Szene und Arie in der „opera seria". Manchmal scheint es fast, als sei dieses Gedicht der einzige Grund für das ganze Kapitel. Tieck hat sie denn auch später für sich, ohne den verbindenden Text und unter dem Titel *Des Jünglings Liebe,* in seine Gedichtsammlungen aufgenommen. Freilich: Der Fortgang der Handlung läßt sich an ihnen so wenig, oder wenigstens so ungenau ablesen, wie etwa die

[230] *Ausgewählte Schriften,* a.a.O., S. 123.

Handlung eines Singspiels oder einer Oper an den in ihr enthaltenen Musiknummern. Der Gedichtzyklus ist kein Liederspiel wie etwa *Die schöne Müllerin;* er bedarf zu seinem Verständnis der Kenntnis der ganzen Novelle.

Ob Brahms die Lieder aus der *Magelone* von Anfang an als Zyklus verstanden hat, ist schwer zu sagen: Er schrieb zunächst nur die ersten vier (Juli 1861), fügte dann noch Nr. 5—6 an (Mai 1862) und veröffentlichte diese Lieder separat bei Rieter-Biedermann in Winterthur und Leipzig (1865). Erst vier Jahre später erschienen dann auch die übrigen Nummern des Zyklus (Nr. 7—15). Dazu mag passen, daß Brahms gerade diese späteren Lieder, wenn dies dem Verleger günstiger erschien, mit Liedern anderer Dichter vermischt zu veröffentlichen gedachte — *„oder riskieren Sie es mit der Fortsetzung"* (des Zyklus)? (So in einem Brief an Rieter vom 5. Juli 1868[231]). Der inhaltliche Zusammenhang der Lieder war ihm offenbar nicht sehr wichtig: Seine Magelonen-Musik, so schrieb er am 10. November 1875 wieder an Rieter, habe *„nun einmal durchaus nichts mit dem ‚Phantasus' und der Liebesgeschichte vom Peter zu tun",* er habe *„wirklich bloß die Worte in Musik gesetzt, und es geht niemand dabei die Landschaft oder das Hospital oder sonst was an"*[232]. Später allerdings, so berichtet Max Friedlaender, habe er seine Meinung geändert. Er würde, so habe ihm Brahms gesagt, *„bei einer neuen Ausgabe einige wenige Worte aus der Dichtung gern hinzufügen, um den Sänger und den Spieler in die Stimmung zu versetzen, aus der heraus er selbst die Lieder komponiert hätte"*[233].

---

231 *Johannes Brahms im Briefwechsel mit Breitkopf & Härtel, Bartholf Senff, J. Rieter=Biedermann, C.F. Peters, E. W. Fritzsch und Robert Lienau,* hsg. von Wilhelm Altmann, Berlin 1920 (= Brahms, Briefwechsel Band XIV), S. 158.
232 a.a.O., S. 256.
233 M. Friedlaender, *Brahms' Lieder* . . . (s. Anm. 69), S. 31.

Drei Gedichte (und damit drei Kapitel) des Tieckschen Märchens hat Brahms ausgelassen. Zunächst das des *Vorberichts* (Kapitel 1), da ja auch das erste komponierte Lied noch Prologcharakter hat. Ausgelassen sind außerdem die Gedichte der Kapitel 16 und 17, Gedichte die (und darin unterscheidet sich ihre Funktion von der der zugehörigen, die Handlung zuende führenden Kapitel) den *Beschluß* (Kapitel 18) eigentlich nur hinauszögern. Durch diese Auslassungen also gewinnen die Lieder an innerem Zusammenhang.

Die ersten sechs Lieder, die Brahms zunächst für sich hat erscheinen lassen, bestehen aus zwei Liedgruppen[234]: Die ersten beiden bilden gleichsam die Ouvertüre und die Introduktion der Liederfolge. Das erste Lied stellt im Zusammenhang dar, worum es überhaupt geht, berichtet von Fernweh, Abenteuern, Ruhm und Liebe und führt dann zum Schluß: *„Sind Jahre verschwunden, erzählt er dem Sohn in traulichen Stunden und zeigt seine Wunden, der Tapferkeit Lohn. So bleibt das Alter selbst noch jung, ein Lichtstrahl in der Dämmerung"*. Das zweite Lied zeigt dann die tatsächliche Abreise des jungen Peter. Die beiden Lieder sind tonal aufeinander bezogen (Es-dur / c-moll); das erste jedoch ist breit ausladend, episch, das zweite hingegen dramatisch, in die Handlung unmittelbar hineinführend. Darauf folgen drei Lieder, in denen Peter seine Liebe zu Magelone erfährt und bekennt: erst das unbestimmte Gefühl der Liebe (*„Sind es Schmerzen, sind es Freuden, die durch meinen Busen ziehn?"*), dann das Bekenntnis der Liebe (*„Liebe kam aus fernen Landen"*) und das Liebesversprechen (*„So willst du des Armen dich gnädig erbarmen?"*). Die ersten beiden dieser Lieder stehen wieder in

---

234 Es ist bezeichnend, daß diese Liedgruppen (2 + 4 Lieder) nicht der Entstehungsgeschichte des Zyklus entsprechen (4 + 2 Lieder).

verwandten, von der Ausgangstonart abgeleiteten Tonarten (As-dur / Des-dur); dann aber folgt ein Sprung in die Obermediante F-dur. Und wie um diesen Sprung zu bekräftigen, steht das letzte Lied dieser Liedergruppe, das der Liebesgewißheit (*"Wie soll ich die Freude, die Wonne denn tragen?"*) in A-dur: ein neuer Terzsprung, der aus dem Bereich der Ausgangstonart Es-dur weit herausführt. Die ersten sechs Lieder, die Brahms zum Druck gab, führen so zwar inhaltlich zu einem gewissen Abschluß — musikalisch aber enden sie offen. Wenn überhaupt Zyklisches intendiert war, dann mußte die Liederfolge weitergehen.

In den neun bis 1869 nachkomponierten Liedern zeigt sich dann auch das Bestreben, zu einer tonalen Rundung zu gelangen. Sie erscheint freilich in gewisser Weise erzwungen: Das freie Reihungsprinzip wirkt nach. Das letzte Lied (*"Treue Liebe dauert lange"*) nimmt den Ton der Ouvertüre wieder auf und kehrt folgerichtig nach Es-dur zurück. Dazwischen aber stößt man auf tonale Brüche, tonartliche Beziehungen, die sich weder durch Quint- noch durch Terzverwandtschaft erklären lassen. Vor allem aber ist der Sprung vom vorletzten Lied in G-dur zum letzten in Es-dur so überraschend, daß sich das Gefühl, ein Ziel, gar eine tonale Rundung erreicht zu haben, nicht einstellen will.

Das siebente Lied (*"War es dir, dem diese Lippen bebten"*) knüpft unmittelbar an das sechste an; aus Liebesgewißheit erwächst gemeinsames Glück — und daraus der Plan der Entführung (Nr. 8: *"Wir müssen uns trennen, geliebtes Saitenspiel"*). Auf A-dur folgte zunächst D-dur, dann wieder die Obermediante, jedoch Ges-dur, nicht Fis-dur, um in den Bereich der B-Tonarten zurückzuführen. Die gemeinsame Flucht wird durch eine Ruhepause im fernen Walde unterbrochen (Nr. 9: *"Ruhe, Süßliebchen, im Schatten der grünen, dämmernden Nacht"*), ein Schlummerlied, aber voll unruhiger, sich ständig steigernder Bewegung, die

Unheil verspricht. Dieses Lied führt zu dem ersten tonalen Bruch (As-dur nach Ges-dur): nicht auf die vorigen Lieder, denen es inhaltlich verbunden scheint (*„und treue Liebe wacht"*), weist es zurück, sondern auf das folgende voraus, das zum erstenmal einen Titel trägt (Nr. 10: *Verzweiflung*), mit dem Peter hinausgetragen wird auf das Meer — weil er eben nicht „treu gewacht" hat. Dieses Lied steht in c-moll. Ihm entspricht das elfte, in f-moll, ein melancholisches Klagelied der verlassenen Magelone (*„Wie schnell verschwindet so Licht als Glanz"*).

Es folgt wieder ein Bruch: Peter ist in der Fremde (*„unter den Heiden"*, so Tiecks Kapitelüberschrift) und erwidert Magelones Klagelied, aber in g-moll. Wieder ist die inhaltliche Korrespondenz der beiden Lieder musikalisch infrage gestellt — Peter und Magelone sind auf sich selbst verwiesen. Mit dem dreizehnten Lied kehrt die Welt der Kreuztonarten wieder. *Die Heidin Sulima liebt den Ritter,* lautet Tiecks Überschrift; auch Brahms gibt diesem Lied wieder einen eigenen Titel: *Sulima.* In E-dur erklingt ihr Gesang, in irritierenden, fremdartigen Rhythmen, für die es im ganzen Zyklus nichts Entsprechendes gibt. Doch Peter, so Tiecks Prosatext, *„erschrak im Herzen, als er diesen Gesang vernahm; das Lied rief ihm seine Untreue und seinen Wankelmut nach."* Er widersteht der Lockung und entflieht. Nun erst, mit dem vorletzten Lied (Nr. 14: *„Wie froh und frisch mein Sinn sich hebt"*) findet er das wirkliche Gegenstück zu der Trennungsklage in g-moll: *„O tragt mich, ihr schaukelnden Wogen, zur längst ersehnten Heimat hin".* Dieses Lied steht in G-dur; danach folgt überraschend der *Beschluß* (Tiecks Überschrift) in der Ausgangstonart Es-dur — wir wiesen bereits darauf hin.

Trotz der nur erzwungen wirkenden tonalen Rundung ist die Liederreihe ein wirklicher Zyklus: Ihre innere Einheit ist gegeben durch die Identität der handelnden Personen, durch die fortschreitende Handlung selbst (auch wenn sie in den Liedern allein nur rudimentär sichtbar wird), durch die daraus sich ableitende Folge der Affekte. Ihre innere Einheit ist auch gegeben durch die musikalische Faktur der Lieder, durch ihre weitgespannte Melodik (die sich nicht selten wie eine auf die Singstimme übertragene Hornmelodik ausnimmt), durch eine vielfach von musikalischen, nicht prosodischen Modellen beherrschte Deklamation (wir haben an anderer Stelle gezeigt, wie sehr dies charakteristisch ist für Brahmssche Lieder), schließlich durch eine starke Neigung zu arioser Faktur in den umfangreicheren Liedern, bis hin zu einer ausgesprochenen „Stretta"-Bildung. Im engeren Sinne liedhafte Gesänge sind, wie Arietten, dazwischen geflochten (Nr. 2, 5, 9, 11, 12, 13). Die Nähe zur Oper und zum Singspiel, die uns an der Dichtung aufgefallen ist, spiegelt sich darin.

Es war nicht Brahms' Absicht, Tiecks Märchennovelle in Musik zu setzen. So wie Tieck selbst die Gedichte unabhängig von der Novelle gelten lassen wollte, so steht Brahms' Zyklus neben dieser als unabhängiges Kunstwerk. Wenn er später meinte, verbindende Texte seien – für den Sänger, nicht für den Hörer! – notwendig, um ihn in die „Stimmung" zu versetzen, aus der heraus er, Brahms, die Lieder komponiert hatte, dann dachte er nicht an den vollständigen Tieckschen Prosatext, sondern an *„wenige Worte aus der Dichtung"* (Hans Schmidt, der Dichter der *Sapphischen Ode* op. 94,4 und der Lieder op. 84,1–3, hat sie interpoliert). Es ging ihm nicht um die Handlung, sondern um das Verständnis der musikalischen Affekte. Der musikalische Zyklus bedarf der Dichtung nicht zu seiner Interpretation, und er interpretiert auch diese nicht selbst. Er schafft eine Reihe von „Stimmungsbildern". Der Dichter hat zwar die Texte und die Affekte vorgegeben, dann aber tritt er zurück und überläßt dem Musiker das Wort.

In diesem Sinne ist der Brahmssche Liederzyklus ein vielleicht extremes, aber nicht uncharakteristisches Beispiel für diese Gattung in der Geschichte des deutschen Liedes im 19. Jahrhundert überhaupt. Während sich im einzelnen Lied in verschiedener Weise eine Entwicklung von einem ausgewogenen Verhältnis von Text, Singstimme und Instrument hin zu einem Musikstück mit Text beobachten ließ, stand für den Liederzyklus von Anfang an der Komponist im Vordergrund, der die Texte nach Belieben ordnete, aufeinander bezog und so auch inhaltlich deutete. Brahms nun ging es zwar nicht mehr um den „Inhalt", den poetischen Bezug der einzelnen Lieder zueinander — er befreite die „Stimmungsbilder", die „Arien" und „Arietten", von den „Szenen", die sie bei Tieck miteinander verknüpften; dabei vertraute er auf die bindende, vereinheitlichende Kraft seiner Musik — und deshalb kann der Zyklus auch ebenso gut aus vier wie aus sechs oder allen 15 Liedern bestehen. Sein Verfahren aber unterscheidet sich nicht grundsätzlich von dem früherer Komponisten. Tritt dabei allerdings nicht der Komponist an die Stelle des Dichters, indem er (wie wir das bei Schubert und Schumann gesehen haben) die Liederfolge durch die Musik inhaltlich neu definiert, drängt er vielmehr das inhaltliche Moment zugunsten des musikalischen zurück, ohne daß die Musik dabei neue, über das einzelne Lied hinausgreifende Strukturen entwickelt, dann löst sich der Zyklus auch leicht wieder in Einzellieder auf. So wird es verständlich, daß Brahms in seinem Brief vom 5. Juli 1868 an Rieter eine Veröffentlichung der Lieder Nr. 7—15 des Zyklus als Einzellieder für möglich hielt. Dies könnte uns einen Hinweis darauf geben, weshalb das Interesse der Komponisten am Liederzyklus im gleichen Maße zurückzugehen scheint, in dem im einzelnen Lied musikalische Momente in den Vordergrund drängen: Der Verzicht auf inhaltliche Bindung im Zyklus macht musikalische Strukturierung notwendig; diese aber geht, wie wir gesehen haben, auch im späten 19. Jahrhundert von der Dichtung aus — es ist daher schwer vorstellbar, wie übergreifende musikalische Strukturierung möglich sein kann, wenn sie durch übergreifende Bindung von der Dichtung nicht vorgegeben ist. Der Rückgriff auf autonome musikalische Formen wie die Variation (man denke an Friedrich Silchers Variationen *Nach Sevilla* op. 19) schließt die Verwendung verschiedener Texte aus, macht Liederzyklen unmöglich.

Nachwort

Die Geschichte des deutschen Sololiedes im 19. Jahrhundert ist — auch — eine Geschichte der „Polyrhythmie", die Geschichte jener vierten Epoche der *„Liederkunst"*, die Hans Georg Nägeli 1817 eher proklamiert als beschrieben hat. „Polyrhythmie" in Nägelis Sinn, d.h. Gleichrangigkeit der drei Konstituenten des Liedes — Text, Singstimme, Instrumentalstimme — ist wahrscheinlich das wesentliche Merkmal Schubertscher Liedkunst, das Merkmal, durch das sich seine Lieder von denen der Komponisten der dritten Epoche (Zumsteeg, Reichardt, Zelter) unterscheiden. Wir sind daher in unseren Überlegungen in der Regel von Schubert ausgegangen; wir haben dann versucht, anhand einzelner Lieder späterer Komponisten typische Stationen zu beschreiben, Stationen eines Weges, den man schlagwortartig als „Emanzipation des Musikalischen", vor allem des Instrumentalen bezeichnen könnte. Typisch sind die Stationen dabei für diesen Prozeß der Emanzipation — nicht immer im gleichen Maße sind sie es für den jeweiligen Autor eines Liedes. Das gilt bereits für Schubert: Es gibt Lieder von ihm, die durchaus noch Nägelis dritter Epoche zuzurechnen sind, in der die Dichtung dominierte, in der Musik vor allem ein Mittel zum Vortrag der Dichtung war. Man denke etwa an das *Heidenröslein* (D 257) oder an das *Wiegenlied* (*„Schlafe, schlafe, holder süßer Knabe"*, D 498). Auf der anderen Seite sind auch in Schuberts Liedern solche Abschnitte nicht ganz selten, in denen das Instrumentale derart an Übergewicht gewinnt, daß die polyrhythmische Faktur gestört erscheint — so beispielsweise durch den Alpenländler in dem Lied *Das Heimweh* (D 851, T. 86—155). In gleicher Weise gibt es dann Lieder fast Schubertscher Polyrhythmie bei Brahms und Wolf — so etwa *Am Sonntag Morgen* von Brahms (op. 49,1) oder *Der Gärtner* von Wolf (Nr. 17 der Mörike-Lieder). Ich glaube dennoch, daß die Beobachtungen an den einzelnen Liedern auch als bezeichnend für ihre Komponisten gelten können. Dies nachzuweisen, ist in einer Untersuchung wie dieser nicht möglich; dies zu belegen — dazu mögen die verschiedentlichen Hinweise auf den Stellenwert dienen, den ein bestimmtes Lied im Oeuvre eines Komponisten besitzt.

Wir erinnern uns der fünf Kategorien sprachlich-musikalischer Wechselwirkung, die am Schluß der *Einleitung* aufgeführt sind. Zu Beginn des 19. Jahrhunderts gab es liedhafte Kompositionen der ersten Art (und das war die Mehrzahl der eigentlichen Lieder jener Zeit), in der sich Sprache wie unmittelbar in Musik umsetzte. Es gab solche der zweiten Art (wie etwa Schuberts frühe rezitativische Lieder), und es gab schließlich solche der vierten Art, ariose Gesänge wie Beethovens *Adelaide*. Diese drei Kategorien vermischen sich im polyrhythmischen Lied Schuberts; aus ihrer Verbindung entstehen Lieder der dritten Art, in der Musik einen Text in allen seinen Strukturen interpretiert. Das schließt nicht aus, daß auch einmal abschnittsweise das Instrument hervortritt, einmal die deklamierende Singstimme, einmal der wie naiv gesungene Text. Wie diese verschiedenen Möglichkeiten vom Komponisten eingesetzt werden, um einen Text im Ganzen zu interpretieren, sahen wir an Schuberts Vertonung des Harfner-Liedes aus Goethes *Wilhelm Meister*: „Wer sich der Einsamkeit ergibt".

In der Folgezeit nun scheint es, daß sich die so miteinander verbundenen Arten der Sprachvertonung wieder voneinander lösen. Wenn beispielsweise aus einem sprachlich-metrischen Modell ein musikalisches wird, das (wie in dem *Vergeblichen Ständchen* von Brahms) im Verlauf des Liedes der Sprache aufgezwungen wird, dann verselbständigt sich wieder die „ariose" Kompositionsweise (vierte Kategorie). Wenn Deklamatorisches und Instrumentales nebeneinander hergehen (wie in Hugo Wolfs Vertonung des Harfner-Liedes), dann verselbständigt sich die „rezitativische" Kompositionsweise (zweite Kategorie), die aber — und das ist ein wesentlicher Unterschied zum rezitativischen Lied Schuberts — harmonisch konditioniert bleibt durch eine Art „Lied ohne Worte".

All das sind freilich lediglich Tendenzen einer Verselbständigung. Fassen wir den Begriff „Polyrhythmie" weiter, im Sinne einer Wechselwirkung von Sprache und Musik, d.h. ohne die zusätzliche Forderung nach Gleichrangigkeit der drei Konstituenten, dann bleiben ihre Grundprinzipien weiter wirksam — auch noch im Lied des 20. Jahrhunderts. Wenn Paul Hindemith im Vorwort zu seiner Neufassung des Liederzyklus *Das Marienleben* schreibt, daß *„in der vierten und letzten Gruppe"* dieser Lieder der Punkt erreicht wird, *„wo in höchster Abstraktion fast nur noch rein musikalische Ideen und Formen sprechen: ein Epilog, in dem Menschen und Handlungen keine Rolle mehr spielen"*[235], dann ist gerade die Einschränkung bezeichnend: nur in dem Epilog ist das so und auch dort nur „fast". Arnold Schönberg schreibt 1920 in einem Aufsatz über sein Verhältnis zum Text, *„daß ich viele meiner Lieder, berauscht von dem*

---

235 P. Hindemith, *Das Marienleben*, Neue Fassung (1948), Mainz, Vorwort: *Das Marienleben. Einleitende Bemerkungen zur neuen Fassung*, S. V.

Anfangsklang der ersten Textworte, ohne mich auch nur im geringsten um den weiteren Verlauf der poetischen Vorgänge zu kümmern, ja ohne diese im Taumel des Komponierens auch nur im geringsten zu erfassen, zu Ende geschrieben und erst nach Tagen darauf kam, nachzusehen, was denn eigentlich der poetische Inhalt meines Liedes sei. Wobei sich dann zu meinem größten Erstaunen herausstellte, daß ich niemals dem Dichter voller gerecht geworden bin, als wenn ich, geführt von der unmittelbaren Berührung mit dem Anfangsklang, alles erriet, was diesem Anfangsklang eben offenbar mit Notwendigkeit folgen mußte"[236]. Der Text zeigt, daß es auch Schönberg — und das gilt offenbar auch noch für seine letzten Lieder op. 48 von 1933 — letztlich um den „poetischen Inhalt" des Liedes ging, der sich ihm in dem „Anfangsklang" des Textes verbarg — auch wenn während der Komposition für den Komponisten der musikalische Aspekt im Vordergrund stand (aber das dürfte auch für die Liederkomponisten des 19. Jahrhunderts zutreffen). Daß gar auch Ausgewogenheit in der Wechselwirkung von Text und Musik für den Wert eines Liedes ausschlaggebend sei, wird schließlich, um ein letztes Beispiel anzuführen, von Hanns Eisler zum Postulat erhoben. In seinem Aufsatz *Einiges über das Verhältnis von Text und Musik* weist er ausdrücklich darauf hin, daß die Kriterien des 19. Jahrhunderts für ihn weiter gelten (und daß *„die Dekadenz des Wiener Konzertliedes ... mit Brahms und Hugo Wolf begonnen hat"*)[237]. Seine *Anakreontischen Fragmente* oder seine *Hölderlin Fragmente* von 1943 zeigen dies deutlich an.

236 A. Schönberg, *Das Verhältnis zum Text*, in: *Melos* I, 1920, S. 462—464, vgl. *Arnold Schönberg. Sämtliche Werke*, Abt. I, Reihe A, Band 1: *Lieder mit Klavierbegleitung*, hsg. von Josef Rufer, Mainz und Wien 1966, Vorwort, S. XII.
237 Hanns Eisler, *Materialien zu einer Dialektik der Musik*, Leipzig 1976, S. 241—247, bes. S. 242.

Es scheint somit, daß man sich im Lied zwar zurückziehen kann auf „naive Sprachvertonung" und auf rezitativische Deklamation, daß aber, sobald musikalische Momente an Gewicht gewinnen, „Polyrhythmie" in dem beschriebenen weiteren Begriff das entscheidende Merkmal der Gattung überhaupt ist. Es ist dabei durchaus möglich, daß das Instrumentale und damit primär die musikalische Gestaltung Text und Singstimme zurückdrängt (und man kann das auch als „Dekadenz" begreifen) — sobald auf Wechselwirkung von Poesie und Musik überhaupt verzichtet wird, im Sinne unserer fünften Kategorie, dann sind auch die Grenzen der Gattung Lied überschritten.

Wenn nun aber, wie eingangs dargestellt, Polyrhythmie eine Voraussetzung für das ist, was man „romantisches Kunstlied" nennt, scheint mir auch die Frage beantwortet, ob der Begriff „romantisches Kunstlied" nicht eigentlich auf jene Lieder eingegrenzt bleiben muß, in denen romantische Dichtung vertont ist. Polyrhythmie, so sagten wir, führt aufgrund der Konkurrenz poetischer und musikalischer Strukturen zu einer offenen Form, die wiederum wesentliches Kennzeichen des romantischen Liedes ist. Das allerdings setzt nun eine gewisse Ausgewogenheit der drei polyrhythmischen Konstituenten voraus; nur diese erlaubt ja „Konkurrenz". Je stärker daher eine dieser Konstituenten hervortritt, desto weniger „romantisch" ist das Lied. Insofern ist die Geschichte des deutschen Sololiedes im 19. Jahrhunderts auch die Geschichte einer allmählichen Entfernung vom romantischen Prinzip des Liedes, was letzten Endes auch eine „Dekadenz" der Gattung bedeuten mußte.

Solange wir unser Augenmerk auf diesen einen Begriff „Polyrhythmie" richten, bleiben weite Bereiche aus unseren Überlegungen ausgegrenzt, die in einem weiteren Verständnis ebenfalls zum „Lied" gehören: Da sind zunächst jene Arten des Liedes, in denen ältere Traditionen weiter leben,

Lieder, die sich aus dem Volkslied ableiten — politische Lieder, Tanzlieder, auch Moritaten. Solche Liedgattungen finden allenfalls ein Echo im polyrhythmischen Kunstlied. Auf das Volkslied haben wir so im Zusammenhang mit dem Strophenlied verschiedentlich aufmerksam gemacht. Tanzlieder wirken nach in Gesängen wie dem ersten aus Schumanns kleinem Heine-Zyklus *Der arme Peter* (op. 53,3; *„Der Hans und die Grete tanzen herum"*), aber auch, wie wir sahen, in Brahms' *Vergeblichem Ständchen*. Wie etwa das politische Lied auf das Kunstlied zurückwirken kann, haben wir am Beispiel von Schumanns *Die beiden Grenadiere* angedeutet, doch bleibt dies — als Zitat — ein Sonderfall. Häufiger schon werden polyrhythmische Lieder selbst zu Trägern politischer Boschaften[238] — man denke an die Vertonungen von Uhlands *Frühlingsglauben* oder an Schuberts Liedergruppe op. 23.

In einem weiteren Sinne gehören zum „Lied" dann auch „liedhafte" Arien und Ariletten, Cavatinen und Couplets, selbst geistliche Gesänge. Das deutsche Sololied im 19. Jahrhundert gilt ja — wie das Klavier- und Charakterstück — als eine zentrale Gattung der bürgerlichen Musikkultur, des bürgerlichen Salons. Zwar wird der Charakter des Intimen im Lied nicht selten überbetont (Eisler spricht nicht zu Unrecht vom „Wiener Konzertlied"): auch wenn renommierte Sänger wie Johann Michael Vogl oder später Julius Stockhausen Liederabende in Opernhäusern oder vor großen Sälen gaben[239], wie Liszt oder Thalberg in den

---

238 Der Zusammenhang von politischem Lied und romantischem Kunstlied ist auch Gegenstand des Schulmusikunterrichts geworden; beide Gattungen stehen aber auch dort recht unverbunden nebeneinander, vgl. Hartmut Flechsig, *Revolution und Romantik in Deutschland. Politische und andere Lieder aus der Zeit von 1813 bis 1848 im Unterricht der Sekundarstufe*, Regensburg 1980.

239 Schuberts *Erlkönig*, gesungen von J. M. Vogl, wurde am 7. März 1821 im Wiener Kärntnertortheater aufgeführt; derselbe Sänger

Konzertsälen mit Klavierstücken brillierten — bestimmt waren Lied wie Klavierstück doch für die bürgerliche Musikausübung. Aus dieser Funktion heraus läßt sich allerdings das klavierbegleitete deutsche Sololied nicht als polyrhythmisches Kunstlied definieren — das Repertoire des Salons war weiter gespannt. Es manifestiert sich in nicht selten handgeschriebenen, für den persönlichen Gebrauch bestimmten Liederalben[240]. Drei Beispiele für solche Liederalben mögen dies verdeutlichen.

Da ist zunächst eine umfangreiche Liedersammlung in 70 überwiegend handgeschriebenen Heften, die Johann Peterstein angelegt hat und die sich seit 1906 im Archiv des Wiener Schubertbundes befindet. Peterstein war ein glühender Verehrer Schuberts und lernte ihn auch persönlich kennen[241]. Dessen Lieder bilden daher auch den Grundstock seiner Sammlung; daneben finden wir deutsche und

sang verschiedene Lieder Schuberts (*Der Kreuzzug*, D 932, *Die Sterne*, D 939, *Fischerweise*, D 881, *Fragment aus dem Aeschylus*, D 450, *Die Allmacht*, D 852) im Wiener Musik-Verein während Schuberts einzigem eigenen Konzert am 26. März 1828 (vgl. O.E. Deutsch, *Schubert. Die Dokumente seines Lebens* . . ., s. Anm. 39, S. 503 f.). Julius Stockhausen, der am 16. März 1854 Schuberts Müller-Lieder zum erstenmal als vollständigen Zyklus gesungen hatte, schrieb am 13. Mai 1861 über ein geplantes Konzert an Henny Möller in Bremen: „*Wissen Sie aber auch schon . . . daß bereits die zwölfhundert Sitzplätze (zum Volkskonzert in Hamburg zu zwölf Shilling Entree) vergriffen sind und nur Stehplätze an der Kasse verkauft werden? Es freut mich zu sehen, daß nicht nur die Reichen, sondern auch die Unbemittelten was von mir und meiner Schönen Müllerin wissen. Brahms meint, es wird ein recht lustiges Konzert werden. Er wird sämtliche Lieder begleiten . . .*" (Vgl. *Julius Stockhausen. Der Sänger des deutschen Liedes. Nach Dokumenten seiner Zeit dargestellt von Julia Wirth geb. Stockhausen*, Frankfurt a.M. 1927, S. 213).

240 Vgl. hierzu das Kapitel *Einleitung* in: W. Dürr, *Franz Schuberts Werke in Abschriften: Liederalben und Sammlungen* (= Neue Schubert-Ausgabe VIII, Band 8), Kassel etc. 1975, S. 7—13.
241 Zu Peterstein s. W. Dürr, *Franz Schuberts Werke in Abschriften*, a.a.O., S. 55 ff.

italienische Arien und Arietten, geistliche Gesänge, französische Couplets in bunter Folge. Der Inhalt der Hefte 13 und 14 sei dafür ein Beispiel (in Heft 14, geschrieben am 23. Januar 1825 in Wien, treffen wir zum erstenmal in dieser Sammlung auf Lieder von Schubert). Heft 13: W.A. Mozart, 3 Arien aus der *Entführung aus dem Serail* (Nr. 3, *„Solche hergelauf'ne Laffen"*, Nr. 15, *„Wenn der Freude Tränen fließen"*, Nr. 17, *„Ich baue ganz auf deine Stärke"*) — Peter Winter (1754—1825), Duett aus dem Singspiel *Das unterbrochene Opferfest* (*„Wenn mir dein Auge strahlet"*) — Friedrich Heinrich Himmel (1765—1814), *Auferstehungsgesang* (Klopstock) — Maximilian Stadler (1748—1833), 3 Psalmen — Thauß, *„Was zieht zu deinem Zauberkreise?"* (Karl Mühler) — Traugott Maximilian Eberwein (1775—1831), *Der Liebe Leitung* — Anonym, *Lied. „Liebliche Morgendüfte"* (Siegfried August Mahlmann). Heft 14: Carl Czerny (1791—1857), *Die Schiffende* (Hölty) — F.H. Himmel, *Aus der Urania* (Christoph August Tiedge) — F. Schubert, *Erlkönig* (D 328) — L.v.Beethoven, *Mignon* (*„Kennst du das Land"*, op. 75,1) — F. Schubert, *Gesänge des Harfners aus ‚Wilhelm Meister'* (D 478) — Schulze, *„In stiller Nacht"* — F. Schubert, 2 Lieder (*Hänflings Liebeswerbung*, D 552, *Frühlingsglaube*, D 686).

Im Gegensatz zu Petersteins Liedersammlung beschränkt sich das um 1835 geschriebene Liederbuch der Sophie Kühnau in der Ratsbücherei Lüneburg (*Mus. ant. pract. 1189*)[242] weitgehend auf Lieder im engeren Sinne. Das Repertoire reicht vom Lied der mittleren Goethezeit bis zu Felix Mendelssohn Bartholdy. Wie bei Johann Peterstein sind manche Lieder anonym überliefert; manche Komponisten sind inzwischen völlig in Vergessenheit geraten: Luise Reichardt (1779—1826), *Das Mädchen am*

---

242 Vgl. Friedrich Welter, *Katalog der Musikalien der Ratsbücherei Lüneburg*, Lippstadt 1950, S. 24 f.

Ufer — W. Osthoff, Lied aus *Gabriele* („*O laßt mich ruhn*") — C.M.v.Weber, „*Meine Lieder, meine Sänge*" (op. 15,1) — J.F.Reichardt, *Lied der Nacht* — Anton Diabelli (1781—1858), *Ihr Wuchs ist nymphenhaft und schlank* — Kniewel (= Hermann Ignaz Knievel, geb. um 1802?), *Sehnsucht* — Karl Keller (1784—1855), *Land meiner seligsten Gefühle* und *Die Laute* — F. Schubert, *Der Wanderer* (D 489) — Peter Joseph von Lindpaintner (1791—1856), *Abschied* und *Hier ist es ja so schön* — O.A., *Das Bild der Rose* — F. Mendelssohn Bartholdy, *Frage* (op. 9,1) — Heinrich Werner (1800—1833), *Der arme Thomas* — K. Kreutzer, *Ich wäre ja fröhlich* (op. 75, Heft 2, Nr. 4) — Carl oder Louis Dames (?), *Nachruf* (von Sophie Kühnau Beethoven zugeschrieben, vgl. Kinsky-Halm, *Beethoven-Verzeichnis*, Anhang 18) — G. Weidner, *Das harrende Mägdlein* — Anonym, *Heimweh* und *Schwabenlied*.

In gewisser Weise repräsentativ für das „Lied"-Repertoire um 1850 dürfte eine umfangreiche Sammlung handgeschriebener Lieder und Arien in sieben Bänden mit insgesamt 753 fortlaufend foliierten Blättern sein, die aus dem Besitz der sonst unbekannten Sophie Miller-Hager und Amalie Hager stammt und sich jetzt in der Österreichischen Nationalbibliothek Wien befindet (*Mus.Hs. 3334*). Arien und Lieder bilden hier vielfach eigene Gruppen (die Bände II und VII tragen ausdrücklich die Bezeichnung „Arien", der Band I ist mit „Lieder" überschrieben). Unter den Komponisten dominiert Schubert deutlich; von ihm stammen insgesamt 42 Lieder der Sammlung (in Band III—V). Daneben überwiegen Schuberts Zeitgenossen. Das Lied aus Nägelis dritter Epoche ist gänzlich aus dem Repertoire verschwunden; weder die Norddeutschen, Reichardt oder Zelter, noch Süddeutsche oder Österreicher, wie Zumsteeg oder auch Sigismund Neukomm, sind vertreten. Wenn ältere Namen auftauchen (Pergolesi, Mozart), dann als Arienkomponisten. Die wichtigeren Autoren, denen man begegnet, sind (chronologisch nach dem Geburtsjahr): L.v.Beethoven, K. Kreutzer, Robert Nicolas Charles Bochsa (1789—1856), W.A.Mozart, Sohn (1791—1844), G. Meyerbeer, G. Rossini, Moritz Hauptmann (1792—1868), Heinrich Marschner (1795—1861), K. Loewe, F. Schubert, G. Donizetti, Carl Gottlieb Reissiger (1798—1859), Joseph Dessauer (1798—1876), V. Bellini, Alexander Jegorowitsch Warlamow (1801—1848), Benedikt Randhartinger (1802—1893), Johann Vesque von Püttlingen (1803—1883), Karl Friedrich Curschmann (1804—1841), Luigi Ricci (1805—1859), Wenzel Heinrich Veit (1806—1864), Joseph Staudigl (1807—1861), Joseph Netzer (1808—1864), Maria Felicità Malibran (1808—1836), Charles Louis Vogel (1808—1892), F. Mendelssohn Bartholdy, Gottfried Wilhelm Taubert (1811—1891), Sigismund Thalberg (1812—1871), Josephine Lang (1815—1880), Alexander Ernst Fesca (1820—1849) und Ferdinand Wrede (1827—1899).

Zweierlei fällt auf an dieser „Lieder"-Sammlung wahrscheinlich österreichischer Provenienz und vermutlich aus den Jahren 1845—1855. Einmal: Lieder von Schumann, Liszt oder gar Robert Franz fehlen völlig. Man versteht daher, daß noch 1897 Hermann Kretzschmar sich gegen Schubertepigonen wandte und befriedigt konstatiert, die Liedkomponisten vor Wagners Tod stünden *„unter dem Zeichen Schumanns. Ihm ist die große Mehrzahl aller deutschen Lieder, die in den fünfundzwanzig Jahren vor 1880 ans Tageslicht traten, tief verpflichtet. Er machte den gemütlichen, rührseligen und äußerlichen Schubertnachzüglern ein Ende und hob die Ansprüche an den geistigen Gehalt des Lieds auf eine Stufe, die der Durchschnitt der Komponisten so gut als es ging erklimmen mußte* . . ."[243].

---

[243] H. Kretzschmar, *Das deutsche Lied seit dem Tode Richard Wagners*, in: *Gesammelte Aufsätze über Musik und anderes*,

Zum andern: Der „Durchschnitt der Komponisten" spielt bei den Liedern dieser Sammlung — und das ist bei Johann Peterstein oder Sophie Kühnau nicht anders — eine bedeutende Rolle. Untersuchungen also, die sich nicht an diesem „Durchschnitt" orientieren, können zumindest nicht den Anspruch erheben, sich mit dem Lied zu beschäftigen, wie es im Bewußtsein der Zeit lebendig war. Auch der zitierte Aufsatz von Kretzschmar über *Das deutsche Lied seit dem Tode Richard Wagners* mag das belegen: Dort ist zwar auf Hugo Wolf und auch auf Richard Strauss nachdrücklich hingewiesen, aber zahlreiche andere, inzwischen nicht selten vergessene Namen, spielen eine kaum minder wichtige Rolle. Man warnt daher zurecht vor einer *„bisher in der Liedgeschichtsschreibung übliche(n) ‚Gipfelwanderung' von Schubert über Schumann zu Brahms und Wolf, bei der schon Robert Franz und Franz Liszt nicht gebührend beachtet wurden"*[244]. Eine Liedgeschichtsschreibung, die auch dem „Durchschnitt" gerecht wird, ist derzeit aber noch nicht möglich — es bedarf dazu umfangreicher vergleichender Repertoire-Untersuchungen, für die es allenfalls erste Ansätze gibt[245]. Bei den hier vorliegenden Studien zum Problem der „Polyrhythmie" im Lied war allerdings Liedgeschichtsschreibung in diesem Sinn nicht beabsichtigt: Es dürfte unmittelbar einleuchten, daß da nur von den „Gipfeln" Antwort auf unsere Fragen kommen konnte, nicht vom „Durchschnitt" und schon gar nicht von den „Nachzüglern".

Band II, *Gesammelte Aufsätze aus den Jahrbüchern der Musikbibliothek Peters*, Leipzig 1911, S. 25.
[244] Magda Marx-Weber, *Cornelius' Kritik des Liedes*, in: *Peter Cornelius als Komponist, Dichter, Kritiker und Essayist*, hsg. von Hellmut Federhofer und Kurt Oehl, Regensburg 1977 (= *Studien zur Musikgeschichte des 19. Jahrhunderts* XLVIII), S. 177.
[245] Walburga Leitgeb, *Studien zum italienischen Lied in Wien zur Zeit der Klassik (1750—1820)*, 3 Bände, Diss.Wien 1980 (mschr.).

Register

Personenregister

A

Abegg, Werner 12
Aibl, Joseph 171
Altmann, Wilhelm 305
Andersen, Hans Christian 278
Archibald Douglas VI. 223

B

Bach, Albert B. 203
Bach, Carl Philipp Emanuel 15
Bach, Johann Sebastian 92, 193
Barth, Richard 157
Bassenge, Friedrich 13
Baumann, Hans Heinrich 24
Beethoven, Ludwig van 20 f., 210, 219, 247 ff., 256, 282, 314, 320, 321, 322
Bellini, Vincenzo 322
Benz, Richard 275
Béranger, Pierre Jean de 278
Berger, Ludwig 65, 247
Berlioz, Hector 285
Biba, Otto 260
Bie, Oskar 7
Bierbaum, Julius 171
Bitter, Carl Hermann 203
Blankenburg, Christian Friedrich von 182
Bochsa, Robert Nicolas Charles 322
Boettcher, Hans 254
Boetticher, Wolfgang 279, 285 f.
Boie, Heinrich Christian 182
Brahms, Johannes 64, 84, 87 f., 92 ff., 126, 146, 153, 157 ff., 165, 175, 304 ff., 314, 315, 316, 318, 319, 323
Breitkopf & Härtel 186
Brendel, Franz 286
Bruchmann, Franz von 259 f.

Bungert, August 147
Bürger, Gottfried August 183
Burns, Robert 284
Byron, George 284

C

Caccini, Giulio 30
Challier, Ernst 147
Chamisso, Adalbert von 278, 282 f.
Claudius, Matthias 278
Collin, Matthäus von 208 ff.
Cornelius, Peter 84, 88, 300 ff., 323
Curschmann, Karl Friedrich 64, 70, 322
Czerny, Carl 320

D

Dahlhaus, Carl 7
Dahn, Felix 170, 171
Dalmonte, Rossana 27, 164
Dames, Carl (oder Louis) 321
Damian, Franz Valentin 247
Dehmel, Richard 171
Dessauer, Joseph 322
Deutsch, Otto Erich 41, 55, 66, 105, 133, 207, 210, 256, 258, 261, 268, 270, 319
Diabelli, Anton 77, 171, 221, 321
Donizetti, Gaetano 322
Dümling, Albrecht 289, 292 f., 294, 295
Düring, Werner-Joachim 203, 207

E

Eberwein, Traugott Maximilian 320
Eckstein, Friedrich 230
Eco, Umberto 25, 29
Egert, Paul 301
Eggebrecht, Hans Heinrich 13
Eichendorff, Joseph Freiherr von 285, 286 ff., 297 f.
Eisler, Hanns 316, 318
Eismann, Georg 285
Elisabeth von Rumänien 147

F

Federhofer, Hellmut 323
Fehn, Ann Clark 153
Feil, Arnold 12, 20, 33, 54, 65, 70, 247, 265, 269, 276, 278

Ferstl, Leopold von 258
Fesca, Alexander Ernst 322
Fink, Gottfried Wilhelm 105
Fischer, Kurt von 147
Fischer-Dieskau, Dietrich 281, 283, 291
Flechsig, Hartmut 318
Fleming, Paul 87
Fontane, Theodor 222 f.
Forchert, Arno 21, 286
Fouqué, Friedrich de la Motte 261
Franz, Robert 84, 85 ff., 88 ff., 162, 164, 168 f., 323
Friedlaender, Max 53, 63, 77, 93, 99, 123, 158, 171, 182, 183, 247, 305

G

Geibel, Emanuel 298
Genast, Eduard 39, 78
Georgiades, Thrasyboulos G. 265, 275
Gerstmeier, August 127
Giannatasio del Rio, Fanny 248
Goethe, Johann Wolfgang von 39, 41, 46, 47 f., 103, 106 ff., 147 ff., 185, 203, 230, 256, 261 f., 263, 297 f., 314
Goldschmidt, Harry 258, 261
Gottschall, Rudolf 88
Grasberger, Franz 56, 133
Gregor-Dellin, Martin 299
Grimm, Julius Otto 157, 158
Grimmer, Friedrich 162
Gruber, Georg Wilhelm 182
Gura, Eugen 133

H

Hager, Amalie 321
Hallmark, Rufus 153
Händel, Georg Friedrich 92
Hanslick, Eduard 12, 93
Harold, Edmund Baron de 221
Harweg, Roland 24 f.
Haugwitz, Karl 207
Hauptmann, Moritz 64, 322
Haydn, Josef 20 f.
Hegel, Georg Wilhelm Friedrich 12 f., 37, 91
Heine, Heinrich 128, 162 f., 263, 279 ff., 292 f.

Hensel, Wilhelm 247
Hestermann, Carl 301
Hestermann, Lydia 301
Heyse, Paul 281, 298
Himmel, Friedrich Heinrich 320
Hindemith, Paul 315
Hjelmslev, Louis 24
Hoffmann, Ernst Theodor Amadeus 11 f., 13, 21, 37 f., 46
Hölty, Ludwig Christoph Heinrich 320
Hoorickx, P. Reinhard Van 256

J

Jacobsen, Christiane 153, 156, 162
Jakob V. von Schottland 223
Jeittels, Alois 248 ff.

K

Kalisch, Volker 179
Kasen-Bek, Jan 25
Karpf, Roswitha 41
Keller, Karl 320
Kerman, Joseph 248, 249
Kerner, Justinus 278
Kirchner, Theodor 132
Kirnberger, Johann Philipp 182, 183

Klein, Bernhard 65
Klein, Joseph 127
Klopstock, Friedrich Gottlieb 170 ff., 255, 320
Knaus, Herwig 239, 287 f., 291
Knievel, Hermann Ignaz 321
Koch, Heinrich Christoph 8, 9, 11 ff., 33, 104, 181 f., 231
Köchert, Melanie 133
Koller, Josefine 206
Körner, Theodor 255
Kosegarten, Ludwig Theobul 255
Kraus, Felicitas von 113
Kreisig, Martin 127
Kretzschmar, Hermann 322 f.
Kretzschmer, Andreas 93
Kreutzer, Konradin 321, 322
Kross, Siegfried 162
Kühnau, Sophie 320 f., 323

L

Lacom, C. 297
Lang, Josefine 322
Laux, Karl 21
Leber, Titus 210
Leitgeb, Walburga 323
Leven, Luise 65, 149

Liess, Andreas 40
Liliencron, Detlev von 133, 171
Lindpainter, Peter Joseph von 321
Liszt, Franz 162 ff , 173, 177, 285, 318, 323
Litzmann, Berthold 279, 295
Loewe, Karl 184, 203 ff., 222 ff., 282, 322

M

Mackay, John Henry 170
Macpherson, James 221
Mahler, Gustav 147, 179, 300
Mahlmann, Siegfried August 320
Maier, Gunter 186, 192
Malibran, Maria Felicità 322
Mandyczewski, Eusebius 40
Marschner, Heinrich 322
Marx, Adolf Bernhard 65, 205
Marx-Weber, Magda 323
Matthisson, Friedrich 255 f.
Mayrhofer, Johann 79 f., 257
Mendel, Hermann 10
Mendelssohn, Fanny 247
Mendelssohn, Bartholdy, Felix 65 ff., 149 ff., 175, 177 f., 321 f.
Mendelssohn Bartholdy, Paul 150
Merbach, Alfred 192
Meyerbeer, Giacomo 322
Mies, Paul 108
Miller-Hager, Sophie 321
Möller, Henny 319
Mörike, Eduard 230 f., 281, 297 f.
Mosen, Julius 284
Moser, Hans Joachim 222, 272, 287
Mosevius, Johann Theodor 285
Mozart, Wolfgang Amadeus 20 f., 320, 321 f.
Mozart, W.A. (Sohn) 322
Mueller von Asow, Erich H. 171
Mühler, Karl 320
Müller, Wilhelm 247, 263 f., 268 f., 274 f.

N

Nägeli, Hans Georg 14 ff., 34, 55, 56, 62, 83, 106, 188, 198, 202, 313
Nauenberg, Gustav 8 ff., 12, 16

Netzer, Joseph 322
Neukomm, Sigismund 321

O

Oehl, Kurt 323
Oehlmann, Werner 170, 177, 222, 300
Osterwald, Wilhelm 85 ff.
Osthoff, W. 321

P

Pagnini, Marcello 27, 30
Peake, Luise Eitel 247
Pergolesi, Giovanni Battista 321
Peterstein, Johann 319 f., 323
Pfordten, Hermann von der 85, 92, 164
Platen, August Graf von 260
Preisendanz, Wolfgang 18

R

Raabe, Paul 163, 164
Randhartinger, Benedikt 322
Rasch, Wolfdietrich 185
Reger, Max 170, 179
Reichardt, Johann Friedrich 15, 16, 39, 46, 48 ff., 64, 97, 100, 105, 184, 247, 251, 313, 321
Reichardt, Luise 320
Reinick, Robert 278
Reissiger, Carl Gottlieb 322
Reissmann, August 10 f., 13 f., 33, 80, 186
Rellstab, Ludwig 263
Ricci, Luigi 322
Riemerschmid, Marie 171
Ries, Ferdinand 248
Rieter-Biedermann, J. 305, 310
Rochlitz, Friedrich 40, 46
Rossini, Gioacchino 322
Rubinstein, Anton 123
Rückert, Friedrich 170, 284
Rufer, Josef 316

S

Sams, Eric 289, 294, 295
Schering, Arnold 210
Schiller, Friedrich von 186 ff.
Schilling, Gustav 8 ff., 12, 16, 184, 198 f., 200, 201, 220, 222
Schlegel, August Wilhelm 17 ff., 21, 34, 81, 84, 131, 220

Schlegel, Friedrich 22, 184 f., 257
Schlesinger, A.M. 203
Schmidt, Christian Martin 100
Schmidt, Hans 309
Schmied, Alfred 133
Schnapp, Friedrich 12
Schober, Franz von 259 ff., 268
Schochow, Lilly 256
Schochow, Maximilian 256
Schönberg, Arnold 189, 315 f.
Schubart, Christian Friedrich Daniel 192, 198, 200, 271, 276
Schubert, Ferdinand 40
Schubert, Franz 20 f., 33, 39 ff., 55 ff., 65, 68 f., 70, 77 f., 78 ff., 99, 105, 108 ff., 127, 128, 129, 133, 134 f., 152 f., 155 f., 163, 171 ff., 186, 193 f., 194 ff., 203, 205 ff., 221, 246, 255 ff., 278, 281, 291, 298, 300, 310, 313 f., 318, 319, 320, 321 f., 323
Schulz, Johann Abraham Peter 15, 52 f., 65
Schumann, Clara 279 f., 284, 287 ff., 292 ff.
Schumann, Robert 64, 123 ff., 162, 164, 179, 201, 220, 221 f., 239, 278 ff., 310, 318, 322 f.
Schwab, Heinrich W. 8, 39, 103, 104
Schwarmath, Erdmute 206
Schwind, Moritz von 259
Scott, Walter 121, 246, 262
Sedlnitzky, Josef von 258
Seidl, Gabriel 263
Senn, Johann Chrisostemus 258 ff., 280
Siebold, Agathe von 157
Silcher, Friedrich 311
Spaun, Josef von 194, 256, 268
Spies, Günther 80
Spina, C.A. 158
Spitta, Philipp 157 f.
Spohr, Ludwig 64
Stadler, Albert 206
Stadler, Maximilian 320
Stägemann, Friedrich August von 246
Staudigl, Joseph 322
Steffen, Hans 19
Stockhausen, Julius 245, 318 f.

Storm, Theodor 281
Strasser, Josef 132
Strauss, Richard 170 ff., 323
Strodtmann, Adolf 183
Suerbaum, Ulrich 24
Sulzer, Johann Georg 182
Széchényi, Ludwig von 278

T

Taubert, Gottfried Wilhelm 322
Thalberg, Sigismund 318, 322
Thayer, Alexander Wheelock 248
Thürmer, Helmut 139
Tibbe, Monika 179
Tieck, Ludwig 304 ff.
Tiedge, Christoph August 320
Triest, Heinrich Wilhelm 128
Tyson, Alan 248

U

Uhland, Ludwig 66 ff., 318

V

Veit, Wenzel Heinrich 322
Vesque von Püttlingen, Johann 322
Vogel, Charles Louis 322
Vogl, Johann Michael 40 ff., 60 f., 77 f., 112, 206 f., 318

W

Wagner, Johann Jacob 199
Wagner, Richard 299 f., 322 f.
Waldmann, Wilhelm 92
Walker, Frank 133 f., 230 f.
Warlamow, Alexander Jegorowitsch 322
Weber, Bernhard Anselm 53
Weber, Carl Maria von 20 f., 321
Weidmer, G. 321
Weis, Friedrich Wilhelm 182
Weißmann, Johann Heinrich 11 f.
Welter, Friedrich 320
Werner, Eric 76, 149
Werner, Heinrich 321
Wesendonck, Mathilde 299

Wessely, Othmar 56
Wetzler, Emanuel 297
Willemer, Marianne von 284
Winter, Peter 320
Wiora, Walter 7, 135
Wirth, Julia 319
Wolf, Georg Friedrich 182
Wolf, Hugo 132 ff., 169, 230 ff., 297 ff., 314, 315, 316, 323
Wrede, Ferdinand 322

Z

Zelter, Karl Friedrich 15 f., 64, 65, 103, 105, 156, 313
Zöllner, Karl Friedrich 265
Zuccalmaglio, Anton Wilhelm Florentin von 93 ff.
Zumsteeg, Johann Rudolf 15, 133, 184, 186 ff., 194, 203, 222, 243, 254, 313

Liedertitel und Textanfänge

A

Abendlied für die Entfernte (Schubert) 81 ff., 99
Abschied (Lindpainter) 321
Ach, der Gebirgssohn (Schubert) 314
Ach neige, du Schmerzensreiche (Schubert) 246
Adelaide (Beethoven) 248, 314
Adelaide (Schubert) 255 f.
Ahidi! ich liebe (Schubert) 320
Allnächtlich im Traume (Schumann) 296
Altes Volkslied (Curschmann) 64
Am Brunnen vor dem Tore (Schubert) 272 f., 275
Am leuchtenden Sommermorgen (Schumann) 294, 295
Am Sonntag Morgen (Brahms) 314
An den Traum (Cornelius) 302 f.
An die ferne Geliebte (Beethoven) 248 ff., 282
An die Türen will ich schleichen (Schubert) 109, 261 f.
An dir allein, an dir hab ich gesündigt (Beethoven) 249
Anakreontische Fragmente (Eisler) 316
Angedenken (Cornelius) 302
Archibald Douglas (Loewe) 222 ff.
Auf dem Flusse (Schubert) 273
Auf dem Hügel sitz ich (Beethoven) 248 ff.
Auf der Burg (Schumann) 290 f.
Auf eine Christblume I, II (Wolf) 298

Auf einen Totenacker (Schubert) 275 f.
× Auf ihrem Leibrößlein (Wolf) 314
Auferstehungsgesang (Himmel) 320
Aus alten Märchen (Schumann) 296
× Aus der Heimat (Schumann) 288
Aus der Urania (Himmel) 320
Aus meinen Tränen sprießen (Schumann) 294, 296
Ave Maria (Schubert) 246, 263

B

Bächlein, laß dein Rauschen sein (Schubert) 266
Bei Nacht im Dorf (Wolf) 230
Botschaft (Cornelius) 88
Bußlied (Beethoven) 249

C

Carmen Sylva (Bungert) 147
Colma (Zumsteeg) 194

D

Da droben auf jenem Berge (Schubert) 55
Da nachts wir uns küßten (Schumann) 278
Dämmrung will die Flügel spreitzen (Schumann) 290, 291
Das harrende Mägdlein (Weidner) 321
Das Fräulein vom See (Schubert) 121, 246, 262
Das Heimweh (Schubert) 314
Das ist ein Flöten und Geigen (Schumann) 294, 295
Das Mädchen (Brahms) 162
Das Mädchen am Ufer (Luise Reichardt) 320 f.
Das Marienleben (Hindemith) 315
Das Rosenband (Schubert) 171 ff.

Das Rosenband (Strauss) 171 ff.
Das Wandern ist des Müllers Lust (Schubert) 264 f., 271
Das Wandern ist des Müllers Lust (Zöllner) 265
Das Wasser rauscht' (Schubert) 41 ff., 186
Das Wirtshaus (Schubert) 275 f.
Dein Angesicht, so lieb und schön (Schumann) 292
Dein Bildnis wunderselig (Schumann) 288
Dein Gedenken lebt in Liedern (Cornelius) 303
Dein Schwert, wie ist's (Loewe) 205
Den Fischer fechten Sorgen (Schubert) 319
Der arme Peter (Schumann) 318
Der arme Thomas (Werner) 321
Der bleiche, kalte Mond (Schubert) 221
Der du so lustig rauschtest (Schubert) 273
Der du von dem Himmel bist (Liszt) 170
Der Engel (Wagner) 299
Der Feierabend (Schubert) 266
Der Feuerreiter (Wolf) 230 ff.
Der Fischer (Schubert) 41 ff., 186
Der frohe Wandersmann (Schumann) 287 f.
Der Gärtner (Wolf) 314
Der Glückes Fülle mir verliehn (Cornelius) 303
Der Gott und die Bajadere (Schubert) 39 f., 186
Der greise Kopf (Schubert) 275
Der Hans und die Grete (Schumann) 318
Der König in Thule (Schubert) 105
Der Kreuzzug (Schubert) 63, 319
Der Leiermann (Schubert) 269, 276 f.
Der Liebe Leitung (Eberwein) 320
Der Lindenbaum (Schubert) 272 f., 275
Der lustige Wanderer (Curschmann) 64
Der Müller und der Bach (Schubert) 266
Der Neugierige (Schubert) 266
Der Nußbaum (Schumann) 284

Der Rattenfänger (Wolf) 230
Der Reif hat einen weißen Schein (Schubert) 275
Der Sänger (Schubert) 134, 195
Der Säugling an der Brust (Schumann) 278
Der Schiffer (Schubert) 78 f.
Der Soldat I, II (Wolf) 298
Der Spiegel dieser treuen (Wolf) 298
Der Taucher (Schubert) 195
Der Tod und das Mädchen (Schubert) 267, 278
Der Wallensteiner Lanzknecht beim Trunk (Schubert) 63
Der Wanderer / Schlegel (Schubert) 257
Der Wanderer / Schmidt von Lübeck (Schubert) 267, 321
Der Wegweiser (Schubert) 275 f.
Der Wind spielt mit der Wetterfahne (Schubert) 271
Der Wirtin Töchterlein (Loewe) 205
Der Zwerg (Schubert) 129 f., 208 ff.
Des Baches Wiegenlied (Schubert) 264, 266 f., 274
Des Fischers Liebesglück (Schubert) 63
Des Sonntags in der Morgenstund (Schumann) 220
Dichterliebe (Schumann) 162, 280, 292 ff.
Die Allmacht (Schubert) 319
Die alten, bösen Lieder (Schumann) 280, 296
Die beiden Grenadiere (Schumann) 221 f., 318
Die böse Farbe (Schubert) 267
Die Erwartung (Schubert) 194 ff., 264, 265
Die Erwartung (Zumsteeg) 184, 186 ff.
Die Forelle (Schubert) 70
Die Kartenlegerin (Schumann) 278
Die Laute (Keller) 321
Die liebe Farbe (Schubert) 273
Die Liebe hat gelogen (Schubert) 260
Die Liebende schreibt (Brahms) 157 ff., 165
Die Liebende schreibt (Bungert) 147
Die Liebende schreibt (Mendelssohn) 149 ff.

Die Liebende schreibt (Schubert) 152 f., 158, 216
Die linden Lüfte sind erwacht (Curschmann) 65, 318
Die linden Lüfte sind erwacht (Mendelssohn) 70 ff., 318
Die linden Lüfte sind erwacht (Schubert) 65, 68 f., 318, 320
Die Löwenbraut (Schumann) 278
Die Mutter spricht (Reger) 179
Die Nacht (Schubert) 221
Die Nebensonnen (Schubert) 276 f.
Die Post (Schubert) 275, 277
Die Rose, die Lilie (Schumann) 294
Die rote Hanne (Schumann) 278
Die Schiffende (Czerny) 320
Die schöne Müllerin (Berger) 247
Die schöne Müllerin (Schubert) 77 f., 80, 263 ff., 281, 319
Die Sterne (Schubert) 319
Die Stille (Schumann) 288 f.
Die Taubenpost (Schubert) 263
Die Wetterfahne (Schubert) 271
Dioskuren, Zwillingssterne (Schubert) 257
Don Gayseros (Schubert) 261
Dort blinket durch Weiden (Schubert) 63
Drei Sonnen sah ich (Schubert) 276 f.
Drüben hinterm Dorfe (Schubert) 269, 276 f.
Du meine Seele (Schumann) 284
Du meines Herzens Krönelein (Strauss) 170
Du Ring an meinem Finger (Schumann) 282

E

Edward (Loewe) 205
Eichendorff-Lieder (Wolf) 297
Eifersucht und Stolz (Schubert) 266, 273
Ein Blick von deinen Augen (Brahms) 157 ff., 165
Ein Blick von deinen Augen (Bungert) 147

Ein Blick von deinen Augen (Mendelssohn) 149 ff.
Ein Blick von deinen Augen (Schubert) 152 f., 158, 216
× Ein Jüngling liebt ein Mädchen (Schumann) 295
Ein Licht tanzt freundlich (Schubert) 275 f.
Ein Münich steht in seiner Zell (Schubert) 63, 319
Ein Ton (Cornelius) 302
× Eingeschlafen auf der Lauer (Schumann) 290 f.
Einsam wandelt dein Freund (Beethoven) 248, 314
Einsam wandelt dein Freund (Schubert) 255 f.
Einsamkeit (Schubert) 269, 274, 277
Elfenlied (Wolf) 230
Ellens Gesang I (Schubert) 121 ff.
Erlkönig (Reichardt) 105
Erlkönig (Loewe) 203 ff., 222
Erlkönig (Schubert) 105, 113, 194, 203, 205 ff., 211, 318, 320
Erlkönig (Zelter) 105
Erstarrung (Schubert) 271 f.
Es bellen die Hunde (Schubert) 275
Es brennt mir unter beiden Sohlen (Schubert) 273, 275
Es flüstert's der Himmel (Schumann) 284
Es grünet ein Nußbaum (Schumann) 284
ζ Es ist schon spät (Schumann) 288, 290
Es leuchtet meine Liebe (Schumann) 292
Es rauschen die Winde (Schubert) 63
Es rauschen die Wipfel (Schumann) 128, 290, 291
× Es war als hätt der Himmel (Schumann) 128, 289 f.
Es war ein König in Thule (Schubert) 105
Es weiß und rät es (Schumann) 288 f.
Es zog eine Hochzeit (Schumann) 291
Es zogen zwei rüst'ge Gesellen (Schumann) 220
Esther (Loewe) 282

F

Fischerweise (Schubert) 319
Fliegt der Schnee (Schubert) 276
Frage (Mendelssohn) 321
Fragment aus dem Aeschylus (Schubert) 319
Frauenliebe und Leben (Loewe) 282
Frauenliebe und Leben (Schumann) 281 ff., 287, 293
Fremd bin ich eingezogen (Schubert) 269, 270 f., 273, 275
Frühlingsfahrt (Schumann) 220
Frühlingsglaube (Curschmann) 65, 318
Frühlingsglaube (Mendelssohn) 70 ff., 318
Frühlingsglaube (Schubert) 65, 68 f., 318, 320
Frühlingsnacht (Schumann) 128, 201, 291
Frühlingstraum (Schubert) 274, 275, 276

G

6 Gedichte aus „Wilhelm Meister" von Goethe (Klein) 127
Gefrorne Tränen (Schubert) 271, 275
Gefrorne Tropfen fallen (Schubert) 271, 275
Geliebter, wo zaudert (Brahms) 308
Gesänge des Harfners aus „Wilhelm Meister" (Schubert)
    108 ff., 134 f., 261 f., 320
Gesänge aus „Wilhelm Meister" (Schubert) 262 f.
Goethe-Lieder (Wolf) 297 f.
Gretchen am Spinnrade (Schubert) 7, 105, 113, 194
Gretchen im Zwinger (Schubert) 246
Groß ist Jehova (Schubert) 319
Guten Abend, mein Schatz (Brahms) 92 ff., 126, 146,
    158, 315, 318
Gut Nacht, gut Nacht (Brahms) 64
Gute Nacht (Schubert) 269, 270 f., 273, 275
Gute Ruh, gute Ruh (Schubert) 264, 266 f., 274

H

Hagars Klage (Schubert) 194
Hagars Klage (Zumsteeg) 194
Hänflings Liebeswerbung (Schubert) 320
Harfenspiel I—III (Wolf) 135
Hätt' ich tausend Arme (Schubert) 266
Hauptmanns Weib (Schumann) 284
He! schenket mir (Schubert) 63
Heidenröslein (Schubert) 55, 186, 313
Helft mir, ihr Schwestern (Schumann) 282
Heliopolis I (Schubert) 257 f.
Heraus in eure Schatten, rege Wipfel (Reichardt) 221
Herbst (Schubert) 63
Hie und da ist an den Bäumen (Schubert) 275
Hier am Hügel heißen Sandes (Schubert) 194
Hier am Hügel heißen Sandes (Zumsteeg) 194
Hier in diesen erdbeklommnen (Schumann) 283 f.
Hier ist es ja so schön (Lindpaintner) 321
Hinaus mein Blick! (Schubert) 81 ff., 99
Hoch zu Pferd (Schumann) 284
Hochgewölbte Blätterkronen (Wagner) 299 f.
Hölderlin Fragmente (Eisler) 316
Hör ich das Liedchen klingen (Schumann) 294
Hör ich das Pförtchen (Schubert) 194 ff., 264, 265
Hör ich das Pförtchen (Zumsteeg) 184, 186 ff.

I

Ich armer Teufel (Wolf) 135
Ich bin der wohlbekannte Sänger (Wolf) 230
Ich frage keine Blume (Schubert) 266
Ich hab eine Brieftaub (Schubert) 263
Ich hab es getragen (Loewe) 222 ff.

Ich hab im Traum geweinet (Schumann) 296
Ich hör die Bächlein rauschen (Schumann) 290
Ich hört' ein Bächlein rauschen (Schubert) 80, 264 f.
Ich kann wohl manchmal singen (Schumann) 290
Ich komme vom Gebirge her (Schubert) 267, 321
Ich liebe dich (Liszt) 170
Ich möchte ziehn in die Welt hinaus (Schubert) 267
Ich such im Schnee vergebens (Schubert) 271 f.
Ich träumte von bunten Blumen (Schubert) 274, 275, 276
Ich treibe auf des Lebens Meer (Schubert) 260
Ich wandle einsam (Cornelius) 301 f.
Ich wäre ja fröhlich (Kreutzer) 321
Ich will meine Seele tauchen (Schumann) 294
Ihr Blümlein alle (Schubert) 266
Ihr Wuchs ist nymphenhaft (Diabelli) 321
Im Dorfe (Schubert) 275
Im Felde schleich ich (Reichardt) 39, 48 ff., 78
Im Felde schleich ich (Schubert) 55 ff., 84, 112
Im Felde schleich ich (B. A. Weber) 53
Im Frühlingsschatten fand ich sie (Schubert) 171 ff.
Im Frühlingsschatten fand ich sie (Strauss) 171 ff.
Im kalten, rauhen Norden (Schubert) 257 f.
Im Rhein, im heiligen Strome (Franz) 162, 168 f.
Im Rhein, im heiligen Strome (Grimmer) 162
Im Rhein, im heiligen Strome (Schumann) 162, 164, 295
Im Rhein, im schönen Strome (Liszt) 162 ff.
Im Treibhaus (Wagner) 299 f.
Im trüben Licht (Schubert) 129 f., 208 ff.
Im Walde (Schumann) 291
Im Winterboden schläft (Wolf) 298
Im wunderschönen Monat Mai (Schumann) 293, 296
In der Fremde I (Schumann) 288
In der Fremde II (Schumann) 290
In der Kindheit frühen Tagen (Wagner) 299

In die tiefsten Felsengründe (Schubert) 273, 275
In einem Bächlein helle (Schubert) 70
In Grün will ich mich kleiden (Schubert) 273
In tiefster Erde ruht (Schubert) 260 f.
Intermezzo (Schumann) 288
Irrlicht (Schubert) 273, 275
Ist auch schmuck nicht (Wolf) 298
Ist es wahr? (Mendelssohn) 321
Italienisches Liederbuch (Wolf) 298

J

Jagdlied (Schubert) 221
Jägers Abendlied (Schubert) 55 ff., 84, 112
Jägers Abendlied (B. A. Weber) 53
Jägers Nachtlied (Reichardt) 39, 48 ff., 78

K

Keinen hat es noch gereut (Brahms) 306
Kennst du das Land (Beethoven) 320
Kennst du das Land (Schubert) 134
Kennst du den Fluß (Zumsteeg) 184
Kindertotenlieder (Mahler) 179

L

Land meiner seligsten Gefühle (Keller) 321
Laß mich ihm am Busen hangen (Schumann) 284
Lebensfunke, vom Himmel erglüht (Schubert) 33
Lehn deine Wang (Schumann) 292
Lehnst du deine bleichgehärmte Wange (Schubert) 33
Lenore (Gruber, Weis, G. F. Wolf) 182
Lenore (Kirnberger) 182 f.

Lenore (Reichardt, Zumsteeg) 184
Letzte Hoffnung (Schubert) 275
Liebe kam aus fernen Landen (Brahms) 306 f.
Liebendes Wort (Cornelius) 88
Liebes Töchterlein (Reger) 179
Lied der Braut (Schumann) 284
Lied der Nacht (Reichardt) 321
Lied der Suleika (Schumann) 284
Lied eines Schiffers an die Dioskuren (Schubert) 257
Lieder der Liebe und der Einsamkeit (Reichardt) 221
Lieder eines fahrenden Gesellen (Mahler) 179, 300
Lieder Mignons, des Harfners und Philinens (Schumann) 123, 134 f.
Liederkreis / Eichendorff (Schumann) 128, 201, 281, 285 ff., 293, 295 f.
Liederkreis / Heine (Schumann) 279 ff., 296
Lodas Gespenst (Schubert) 221

M

Magelone, Romanzen aus (Brahms) 304 ff.
Mahadöh, der Herr der Erde (Schubert) 39 f., 186
Mnache Trän' aus meinen Augen (Schubert) 272 f.
Maria Stuart (Zumsteeg) 194
Marie (Franz) 88 ff.
Marienwürmchen, setze dich (Schumann) 64
Meeres Stille (Schubert) 55
Mein! (Schubert) 266
Meine Lieder, meine Sänge (Weber) 321
Mein Wagen rollet langsam (Schumann) 292
Meine Laute hab ich gehängt an die Wand (Schubert) 266
Meine Ruh ist hin (Schubert) 7, 105, 113, 194
Mignon (Beethoven) 320
Mignon I—III (Wolf) 135

Mir klingt ein Ton (Cornelius) 302
Mit der Myrte geschmückt (Schumann) 278
Mit Myrten und Rosen (Schumann) 280
Mondnacht (Schumann) 128, 289 f.
Monolog aus Goethes Iphigenie (Reichardt) 221
Morgen! (Strauss) 170
Mörike-Lieder (Wolf) 297 f.
Mut (Schubert) 276
Mutter, Mutter, glaube nicht (Schumann) 284
Myrten (Schumann) 283 ff., 287, 296

N

Nach Frankreich zogen zwei Grenadier' (Schumann) 221 f., 318
Nach Sevilla (Silcher) 311
Nachruf (Dames) 321
Nun hast du mir den ersten Schmerz getan (Schumann) 282 f.
Nun merk ich erst (Schubert) 273 f.
Nur wer die Sehnsucht kennt (Schubert) 263

O

O banger Traum (Franz) 85 ff.
O Dank, Dank (Zumsteeg) 194
O laßt mich ruhn (Osthoff) 321
O liebliche Wangen (Brahms) 87 f.
Öffne mir die goldne Pforte (Cornelius) 302 f.

P

Pause (Schubert) 266

Peregrina I, II (Wolf) 298
Punschlied (Schubert) 221

R

Rast (Schubert) 273 f.
Raste, Krieger, Krieg ist aus (Schubert) 121 ff.
Rätsel (Schumann) 284
Requiem für Mignon (Schumann) 123
Ritter Toggenburg (Zumsteeg) 193, 194
Ritter, treue Schwesterliebe (Zumsteeg) 193, 194
Romanzen aus L. Tiecks Magelone (Brahms) 304 ff.
Rosen brach ich (Brahms) 309
Rückblick (Schubert) 273, 275
Ruhe, Süßliebchen (Brahms) 307 f.

S

Sag, welch wunderbare Träume (Wagner) 299 f.
Sah ein Knab ein Röslein stehn (Schubert) 55, 186, 313
Sapphische Ode (Brahms) 309
Sausendes, brausendes Rad der Zeit (Wagner) 299
Schäfers Klagelied (Schubert) 55
Schatzgräbers Begehr (Schubert) 260 f.
Schlaf, Kindchen, balde! (Curschmann) 64
Schlafe, schlafe, holder süßer Knabe (Schubert) 313
Schlichte Weisen (Reger) 179
Schlief die Mutter endlich ein (Schumann) 278
Schmerzen (Wagner) 299
Schöne Fremde (Schumann) 128, 290, 291
Schwanengesang / Rellstab-Heine (Schubert) 263
Schwanengesang / Senn (Schubert) 260
Sehet ihr am Fensterlein (Wolf) 230 ff.
Sehnsucht (Knievel) 321

Sehnsucht (Zumsteeg) 184
Seit ich ihn gesehen (Schumann) 282
Selige Welt (Schubert) 260
Sind es Schmerzen (Brahms) 306 f.
Singet nicht in Trauertönen (Schumann) 135
Singet nicht in Trauertönen (Wolf) 135
So tönet denn, schäumende Wellen (Brahms) 308
So willst du des Armen (Brahms) 306 f.
So wird der Mann (Schubert) 319
Sonne, weinest jeden Abend (Wagner) 299
Sonntags am Rhein (Schumann) 220
Spanisches Liederbuch (Wolf) 298 f.
Stand das Mädchen (Brahms) 162
Ständchen (Brahms) 64
Stehe still (Wagner) 299
Stern der dämmernden Nacht (Zumsteeg) 194
Suleika I (Schubert) 212, 216
Sulima (Brahms) 308
Süßer Freund, du blickest (Schumann) 282

T

Täuschung (Schubert) 275, 276
The Lady of the Lake (Schubert) 121, 246, 262
Tiefe Stille herrscht im Wasser (Schubert) 55
Tochter des Walds (Wolf) 298
Trarah! Trarah! Wir kehren daheim (Schubert) 221
Trauer (Cornelius) 301 f.
Trauer und Trost (Cornelius) 300 ff.
Träume (Wagner) 299 f.
Traun! Bogen und Pfeil (Brahms) 306
Treue (Cornelius) 303
Treue Liebe dauert lange (Brahms) 307, 308
Trockne Blumen (Schubert) 266

Trost (Cornelius) 303
Trost. An Elisa (Schubert) 33

U

Überm Garten durch die Lüfte (Schumann) 128, 201, 291
Und morgen wird die Sonne (Strauss) 170
Und wüßten's die Blumen (Schumann) 294

V

Vergebliches Ständchen (Brahms) 92 ff., 126, 146, 158, 315, 318
Vergessen (Franz) 85 ff.
Verklärung (Schubert) 33
Verratene Liebe (Schumann) 278
Verzweiflung (Brahms) 308
Vier Elemente, innig gesellt (Schubert) 221
Volksliedchen (Schumann) 64
Von der Straße her (Schubert) 275, 277
Von stillem Ort (Cornelius) 302
Vorüber, ach vorüber (Schubert) 267, 278

W

Wagen mußt du (Wolf) 298
Waldesgespräch (Schumann) 288, 290
War es dir, dem diese Lippen (Brahms) 307
Warum Geliebte (Wolf) 298
Was bedeutet die Bewegung (Schubert) 212, 216
Was hör ich draußen vor dem Tor (Schubert) 134, 195
Was vermeid ich denn die Wege (Schubert) 275 f.
Wasserflut (Schubert) 272 f.
Wehmut (Schumann) 290

Wem Gott will rechte Gunst erweisen (Schumann) 287 f.
Wenn ich früh in den Garten geh (Schumann) 64
Wenn ich in deine Augen seh (Schumann) 294
Wer nie sein Brot mit Tränen aß (Schubert) 109, 261 f.
Wer reitet so spät (Reichardt) 105
Wer reitet so spät (Loewe) 203 ff., 222
Wer reitet so spät (Schubert) 105, 113, 194, 203, 205 ff., 211, 318, 320
Wer reitet so spät (Zelter) 105
Wer sich der Einsamkeit ergibt (Rubinstein) 123
Wer sich der Einsamkeit ergibt (Schubert) 108 ff., 261 f., 314
Wer sich der Einsamkeit ergibt (Schumann) 123 ff.
Wer sich der Einsamkeit ergibt (Wolf) 134 ff., 169, 315
Wer wagt es, Rittersmann oder Knapp (Schubert) 195
Widmung (Schumann) 284
Wie blitzen die Sterne (Schubert) 319
Wie deutlich des Mondes Licht (Schubert) 257
Wie eine trübe Wolke (Schubert) 269, 274, 277
Wie froh und frisch (Brahms) 308
Wie klag ich's aus (Schubert) 260
Wie mit innigstem Behagen (Schumann) 284
Wie schnell verschwindet (Brahms) 308
Wie soll ich die Freude (Brahms) 307
Wiegenlied (Schubert) 313
Wilhelm Meister-Lieder (Schubert, Schumann) 134 f.
Wilhelm Meister-Lieder (Wolf) 134 f., 298
Winterreise (Schubert) 63, 262, 263, 268 ff., 291, 300
Wir müssen uns trennen (Brahms) 307
Wo ein treues Herze (Schubert) 266
Wohin? (Schubert) 80, 264 f.
Wohin so schnell (Schubert) 266, 273

Z

Zum Schluß (Schumann) 283 f.
Zwielicht (Schumann) 290, 291